城市政策译丛编辑委员会

城市政策译丛　傅蔚冈 主编

交通困局

[美] 兰德尔·奥图尔〔Randal O'Toole〕著

周　阳译

Gridlock
Why We're Stuck in Traffic
and What to Do About It

上海三联书店

城市政策译丛序

我们现在大都生活在城市中了。

按照国家统计局在 2012 年 1 月 17 日发布的统计数据,中国城市人口统计为 6 亿 9079 万,农村人口则为 6 亿 5656 万。城市人口占全国人口的比例为 51.27%,而在 1978 年,中国的城市化率只有 18%,城市人口只有 1.7 亿。也是在 2011 年,世界范围内的城市人口也占到全球总人口的一半以上。

短短三十多年间,中国的城市化率超过了 50%,有近 5 亿人口从农村转移到城市,无论是横向比较还是纵向比较,这都是一项了不起的成就。

为什么我们要来到城市?城市有种种好处,但是对绝大多数人来说,无非是城市提供了更多的就业机会,而且城市越大收入越高。在美国,在大城市的大都会区工作的工人的收入比不在大都会区工作的工人高出30%。为什么大都市居民的收入更高?哈佛大学格莱泽教授的解释是,"高工资体现的是大都市里具有更高劳动生产效率的现实。"[1]

更多人涌入城市,对城市治理能力提出了更高要求。因为城市集聚了更多的人口,古今中外治理城市都非易事,尤其是对中国这样一个赶超

---

[1] 爱德华·格莱泽著:《城市的胜利》,上海社会科学出版社 2012 年版,第 6 页。

型国家而言,城市所面对的问题也更为复杂:既有属于各国城市普遍拥有的交通拥堵、房价高涨和空气污染等通用"城市病",同时也有中国的特色弊病。

如何解决"城市病"?从目前来看,存在两种完全不同的路径,概而言之,一种是基于计划,另一种则是基于市场。

从上世纪90年代中国实施市场经济以来,已经很少有人喜欢被贴上"计划经济"的标签,但是这并不代表着他们已经开始用市场的思路来分析和解决问题,相反,他们用很多新词汇来包装其计划思维。尽管计划思维会以各种各样的新词所出现,但是其本质并没有改变,那就是相信政府的决定性作用,而政府的作用简单到一点就是数量控制。

以城市交通为例。随着中国城市机动车保有量的增加,交通拥堵在各大城市渐次出现。如何解决交通拥堵?从各城市的办法来看,数量控制是常用手段,无论是尾号限行、限制外地车牌进入城市还是限制本地机动车数量。但严格的数量管制并没有缓解城市的交通拥堵,相反还导致了另外的问题。首先是来自法律上的困境。根据《中华人民共和国道路交通安全法》第9条的规定,只要满足以下要件就可以申请车牌:"(一)机动车所有人的身份证明;(二)机动车来历证明;(三)机动车整车出厂合格证明或者进口机动车进口凭证;(四)车辆购置税的完税证明或者免税凭证;(五)法律、行政法规规定应当在机动车登记时提交的其他证明、凭证。"很显然,各城市控制车辆数量的做法并没有获得法律和行政法规的认可。因此,数量控制存在着严重的法律困境。其次,数量控制办法还导致了地域分割。不少城市在实施车辆保有量的控制后,还对外地车辆的行驶设置了种种障碍,包括但不限于禁止非本地车牌进入中心城区、上下班高峰期不得进入城市快速路等措施,这种措施将一个原本是统一的市场以城市为单位变成几十个甚至上百个市场,大大降低了统一市场的益处,让全社会承担其成本。假设目前国内各省会城市都以北京为榜样禁止外地车辆进入核心区域,会对物流公司的运营成本造成非常大的影响。

一辆满载货物的货车从石家庄到北京,由于车牌是河北的,它就必须在郊区将货卸下,换到本地牌照车上——本来它是可以直接将货物运进市区的。

事实上,以数量控制为导向并不只是出现在中国城市,同时还在很多国家和地区出现,只不过鲜有国家会对机动车的数量进行限制。但是在其他领域,政府实施数量控制的办法并不在少数。最为典型的就是住宅市场,尽管世界上鲜有城市向中国这样直接在土地一级市场控制土地供应量的方式来影响土地市场价格,但是通过土地分区等方式来影响土地市场供应的例子也不在少数。格莱泽教授有过一篇论文分析了为什么美国旧金山湾区的房价在美国首屈一指,原因就是因为当地不是当的土地用途管制限制了土地供应,而不是很多人说的当地居民收入更高。[1]

什么是市场的方式?那就是让价格机制起作用,通过价格信号来决定市场的供给和需求。以交通拥堵为例,让市场发挥作用就是通过价格机制把那些最需要上路的车主给筛选出来,就像新加坡在上世纪70年代就开始实施的拥堵费,通过价格机制让私家车主选择更为合适的出行方式,从而把有限的交通资源配置给最需要出行的群体,改善了城市交通,这在当下各大城市都在陷入拥堵的今天,实属难得。

市场方式,也就是价格机制之所以重要,很重要的一个原因就在于现代社会城市里的公共服务绝大多数都是由政府直接提供,也正是因为由政府直接提供,所以公众并不在意其成本。在特定情况下,公共服务的运营方甚至会以做大成本为己任,比如说在存在财政补贴、且财政补贴是补贴供方的情况下即是如此。

事实上,所有的公共服务都需要成本。公共服务的成本会以两种方式来呈现,一种方式是政府的直接支出,而另一种方式则是城市居民为了获得这个服务所需要支付的成本。或许很多人会认为这两种划分是多余

---

[1] 爱德华·格莱泽著:《城市的胜利》,上海社会科学出版社2012年版,第179页。

的,因为所有以的政府支出都是来自于纳税人的税收。不过在我看来,这种划分还是非常重要。最为重要的一点就是,当公共服务支出直接来自于政府的财政资金时,那么就很少有人会关注其使用效率;只有当公共服务的支出直接由市民承担时,每个市民才会关注公共服务的效率。也正是如此,使用者付费才会成为很多公共服务的选项。

公共服务的范围很广,不同形式的公共服务机制其中的"使用者付费"模式并不一致,但是面对有效的财政资源,有效率的公共服务应当是追求的目标。当你在这个领域投入更多资金则意味着那个领域的资金就会减少,但是城市所需要的资金却可能是无底洞:交通基础设施、教育、社会保障、医疗……

不过从全球的经验来看,城市化后很少有城市能够正视效率问题,而是将目光求助于政府和规划,但如果政府不以市场为导向,其后果将难以承受。我们已经可以明白房价暴跌的"鬼城"是很多城市政策不当的后果,但对那些限制供给导致的天价房产价格却毫不在乎,甚至会洋洋自得于资产上涨。

类似的情况在很多城市都出现过,而且也不仅限于房产,就像有研究者所指出的:

> "今天,房地产泡沫、与日俱增的交通拥堵、人们在以被容许方式使用其财产方面所遭到的越来越多的限制,以及一些城区本应快速增长却反而掉头走低的就业率,都可让人们大略体会到法律和规划所带来的消极后果。然而,规划师们却想方设法把交通拥堵归咎于宁肯独自开车出行而不搭乘公共交通的人们,把房价成为难以承受之重归咎于投机者和低利率,把失业归咎于贪婪的企业把业务外包到世界其他地区而造成,从而为自己开脱责任。他们当中没有什么人指责所应当指责的东西:规划者所控制的势力范围,他们明知故犯地制造交通拥堵,乐呵呵

地抬高房价,迫不及待地起草与当地商业交恶的规制。"①

　　作为发展中国家的城市,中国各城市所要面对的问题很多,所需要花钱的地方也就特别多,因此提高效率就是当务之急。鉴于此,上海金融与法律研究院组织的"城市政策"译丛将以效率为导向来讨论城市治理。他山之石、可以攻玉,希望本译丛能为"以人为核心的新型城镇化"贡献微薄之力。

傅蔚冈

---

① Randal O' Toole, The Best-laid Plans: How Government Planning Harms Your Quality of Life, Your Pocketbook, and Your Future, Cato Institute 2007, p. 1.

目　录

前　言

1811 年,纽约州花费巨资把曼哈顿整成网格形,大多数街道以直角相交,街区的宽度为 200 英尺。160 年后,这种网格成为城市管理者的恐惧之源。因前方街区的汽车停滞不前或缓慢移动,太多的司机闯黄灯,而这只能让路口更加拥挤。如果足够多的司机阻塞了足够多的路口,交通管理者们发觉他们只能以无人可动的结果来结束此境地。两个城市工程师,山姆·施瓦茨和罗伊·科特,把这种让人担忧的可能性称作“交通困局”(Gridlock)。[1]

市区高速公路和城市街道网大不相同。由于高速公路并不形成网格,因此没有会堵塞的路口,进而从理论上来说不会陷于“交通困局”的境地。即便如此,交通困局这个术语现在也被广泛应用于所有的交通严重拥挤状态。此交通的技术术语是“服务等级 F”(level of service F),其中 F 很明显地标志着“失败”(flunk)。[2]

数百万的乘车上班族和其他旅行者们,每个工作日都在遭受服务等级 F。据德州交通研究院的数据,美国城市里的交通拥挤在 2007 年浪费了 42 亿小时的时间。[3]该数据几乎是 25 年前的 5 倍之多。[4]该研究院的数据仅关注乘车上班族,还未把商业损失计算进来,例如在拥堵地区需要运营更多的卡车来运送产品所需要的成本。

我们为何无所作为呢? 如果我们的手机因为网络繁忙而不能打通电

1

话,那么我们将更换运营商。如果我们的高速互联网服务由于使用人数太多而停止运行,我们将更换网络提供商。

我们之所以接受高速公路拥堵的一个理由是,政府对道路进行了垄断:我们不能轻易地决定使用另一个道路提供商的道路。我们当中的部分人可以选择用乘坐公交车替代开车,但是政府对大多数公交系统也是垄断的。部分地由于这种垄断,对大多数人而言,公共交通和开车一样没用,甚至在道路交通崩溃的时候也是一样。

五十年前,美国人自吹自擂称拥有"全世界最好的交通系统"。[5]今天,这个系统正在瓦解。历史上,平均城区交通速度从 1995 年开始降低。[6]桥梁坍塌和关闭催生了对基础设施恶化的忧虑。最近的交通技术的实质性变革——超级高速公路和喷气式飞机——都已是 50 多年前的事情了。交通资金正越来越政治化,每年在那些看得见却并没有必要的项目上浪费了数百万亿美元。所有的这些问题正被一个强有力的反移动性联盟变得更加糟糕,该联盟声称现代交通是诸多社会问题之源,因而这些问题只有通过减少个人旅行才能被解决。

规划者和政策分析者对日益增长的拥堵提供了诸多解决方案:轻轨火车、拥堵定价、紧凑型城市、高承载/通行费车道、高速铁路、交通信号协调、智能公路和汽车,以及其他一些方案。这些方案中的部分在缓解拥堵方面要比其他方案效果好,本书将提出我们如何判别哪种方案最有成效。

然而,其实际问题并非技术性的,而是制度性的。那些建造和运营我们交通系统的联邦、州、地方政府部门已经成为花费巨款的专家。而当处理诸如拥堵、污染和安全问题时,他们几乎是不起作用的。在某些情况下,国会给这些部门很多互相冲突的不同目标,以至于安全和有效率的交通系统这样一个简单的理念几乎被忽视了。在其他一些情况下,这些部门本身就放弃解决拥堵了,甚至决定需要更多的拥堵,他们以一个模糊的目标之名来故意地增加拥堵,他们称之为"宜居性"。

困局真的只是这个不起作用的系统的一个症状。所以本书的主要关注点将是制度性问题。交通部门是怎样从试图解决拥堵问题转变为接受拥堵甚至推崇拥堵的？它们的观点有多有效，有多少程度上只是因其预算而导致的不当动机的结果？我们怎样才能改善他们？我们应当对这些部门进行改革，还是彻底地废除它们？

3

如果我对这些问题有偏见，那就是关于交通的决策最好是由那些支付其选择全部费用的个人来决定——一个于理论和经验都合乎情理的偏见。我的个人交通偏好是自行车和火车，但是我并不像某些人一样希望纳税人对我的这些偏好有特别的补贴。

作为一个相信自由市场的益处的经济学家，我试图简单地论述我们应当对我们的道路和公共交通系统私有化。作为一个对那些写出宪法的人们的本意抱有信念的美国人，我还试图论述：我们应当废除联邦交通项目并把其交给州政府和地方政府。这些是有益的想法，并会在某一天实现。

但是我还是一个实用主义者，我发现除了在极端紧急情形下，政治变化多是渐变的。本书将提供在联邦、州和地方政府层面的多元化渐变改变，这些改变将显著改善我们的交通系统，而不会关闭那些未来可能需要的或可行的巨大变革的可能。

任何一本与此类似的书都承担着迅速过时的风险。在我完成书稿之时和该书付诸打印之日的这段时间里，众议院运输和基础设施委员会将会提交其对下一轮联邦交通开支授权的提案，奥巴马当局将会宣布哪一个州将接受高速铁路的授权，其他的几个州可能会决定增加汽油和/或其他交通税。当然，本书第 10 章和第 11 章提到的那些提案的许多在未来20 年内仍将和现在一样有效，正如它们在过去 20 年里一直有效一样。

这些提案主要围绕三个简单概念。第一，一个交通系统的大部分收益是由那些使用它的人们获得的，所以这些受益者应当为其付费。一个用者付费驱动的交通系统必然是内在平等的，并会比那些用税收作支撑的交通系统更有效率，因为交通提供者将不得不设计系统来取悦使用者，

4 而非设计出旨在分享最大税收份额的系统。

第二,当处理诸如污染等交通的社会成本时,找到最有效降低成本的方法就变得非常关键。在降低温室气体排放的成本为 10 美元/吨的项目和成本为 1 万美元/吨的项目之间做选择,选择后者意味着降低每吨排放时放弃了 999 吨的可能减排。

第三,移动性倡导者必须支持并推广那些可以革新交通,尤其是个人移动性的新技术。这些新技术包括多种多样的智能公路和智能汽车,其可以减少拥堵并增加平均行进速度。高平均行进速度将会使更多的美国人可以接触到更多工作和其他机会,这将复制从摩托车、超级高速公路和商业喷气式飞机服务等先前的技术革新产生的巨大经济收益。

这些简单的想法看起来有逻辑性且理由充分。然而,它们遭受着来自很多官员们的异同寻常的抵触。他们设计运营这些系统,然后通过征税来为其融资。其结果是,联邦、州、地方政府每年在这些交通系统上花费约 2000 亿美元,而它们却越来越不能满足人们的期望:为人们提供移动性,为货物提供安全高效的全国运输。通过本书的帮助,我希望我们可以扭转它,25 年之后,美国人民将不必再承受我们今天所承受的拥堵,比现在还要糟糕五倍的拥堵。

注释:

1. Eric Wolf, "Transit Authority," *New York Sun*, November 26, 2004, tinyurl. com/84phr7.

2. *Highway Capacity Manual* (Washington: Transportation Research Board, 2000), p. 11 – 5.

3. With apologies to residents of other countries in the western hemisphere, this book will use the term "America" and "Americans" to refer to the nation and residents of the United States.

4. David Schrank and Tim Lomax, *The 2009 Urban Mobility Report* (College Station, TX: Texas Transportation Institute, 2009), p. 1, tinyurl. com/mk6rvn.

5. Mark Rose, Bruce Seely, and Paul Barrett, *The Best Transportation System in the World: Railroads, Trucks, Airlines, and American Public Policy in the*

Twentieth Century (Columbus, OH: Ohio State University Press, 2006), p. 102.

6. Pat S. Hu and Timothy R. Reuscher, *Summary of Travel Trends*: 2001 *National Household Travel Survey* (Washington: Federal Highway Administration, 2004), p. 45, tinyurl. com/2xsqa6.

第 1 章 移动性之地

美国是史上最具移动性的社会。2006 年,美国人平均出行了 18,700 英里,相当于环绕地球一圈的四分之三。[1]这比欧洲人平均水平的两倍还高,几乎是日本人平均水平的三倍。[2]我们的货运系统也运输了人均 15,000 吨/英里的商品。[3]这几乎是欧洲和日本的人均商品移动的 4 倍。[4]

我们美国人不具有移动性,因为自 20 世纪 50 年代以来,阴险的石油公司或邪恶的汽车制造商强迫我们把人均驾驶增加到 3 倍。航空公司没有扭着我们的双臂,然后强迫我们把人均空中旅行自 20 世纪 50 年代以来增加了几乎 40 倍。我们不是糟糕的城市设计的受害者。我们是具有移动性的,因为移动性给了我们获得更好工作的机会、各种各样的低成本消费品、广泛的社交和娱乐机会和其他很多好处。

移动性的好处是巨大的,是无可否认的。最明显的好处是我们的个人收入。增加了的行驶速度允许人们在给定的通勤时间内可以接触到更多的潜在就业机会。在法国的研究发现,行驶速度每增加 10％,可得的劳动力就增加 15％。这使雇主可以获得更多的高技能工人,反过来又把工人的生产率增加了 3 个百分点。[5]同样的,在加利福利亚的研究发现,把工人可接触到工作的距离翻一番可以把生产率提高 25％。[6]

经济学家估计,新公路的建设为 20 世纪 50 年代美国高速经济增长贡献了几乎三分之一,为 60 年代的增长贡献了几乎四分之一。[7]增长并非是由施工作业产生的;而是源自于新道路提供的增加的移动性。这可能并非巧合,70 和 80 年代我们的公路建设减少了,经济增长也放缓了。

移动性也减少了我们的消费成本,使我们可以获得玲琅满目的消费商品。典型的 1912 年的杂货店有 300 种不同的商品出售。[8]今天,一般的超市拥有超过 30000 种产品,且许多售卖超过 50000 种商品。[9]此外,杂货、服饰和其他商品的成本占个人收入的比重,自 1930 年以来已经明显下降了 50%。[10]

多亏我们的移动性,大多数美国人享受着既比他们一个世纪之前更好的住房,也比当今世界的其他大多数人要好的住房。移动性不仅增加了可用于购买住房的收入,它还使我们可以到达住房所在地,且土地价格也更可承受。

移动性最无形的收益可能是很多美国人声称最看重的:自由。在 20 世纪二三十年代,移动性使得黑人逃离奴役成为可能。移动性是 20 世纪五六十年代民权运动的重要组成部分,或许还是必要前提。"我一直把汽车看成通往自由的列车",华盛顿邮报的作家沃伦·布朗说,因为在罗莎·帕克斯因拒绝把她的座位让给一个白人而被捕之后,顺风车帮助了阿拉巴马州蒙哥马利的黑人们抵制当地的巴士服务。[11]移动性在 20 世纪六七十年代的女权运动中也起到了重要作用:随着美国家庭从拥有一辆汽车到拥有两辆,越来越多的妇女加入到劳动大军,并要求平等的权利。"你不会相信拥有她们的第一辆汽车是如何解放了女人的。"亚利桑那大学交通研究院桑德拉·罗森布鲁姆说到。[12]

无论你身处美国的何处,你身边所有的一切都要归功于移动性。如果你住在一个大城市,你获得食物、衣服和其他通过移动性运进城的商品。如果你住在乡下,你获得城镇居民享受的服务,如由卡车安装和服务的电力和通讯线路,这依赖于移动性。如果你在最偏远的荒野地区远足度假,你能到达远足小道起点的能力依赖于你的移动性。[13]

　　一种赞扬我们今天正享受着的移动性的优点的方式是,回顾过去两个世纪美国人的移动性。接下来的 1800 年、1850 年、1900 年、1950 年和 2000 年的数据,是基于可获得的那些年份数据中最佳的。

1800 年:人和马力

7

平均行驶速度:3 英里/小时

平均移动:1,500 英里/年

人均国内生产总值:1,200 美元[14]

　　美利坚合众国制宪会议召开 13 年之后,陆地运输并没有显著推进到超过 1000 年前的欧亚所享受的那样。自公元 3 世纪中国人对马镫的发展,欧洲在美国革命 1000 年之前采用以来,没有新发明真正地变革了陆上交通技术。[15]

　　在 1800 年,从未有一个活人可以比马跑的更快。一匹顶级赛马可以携带一位较轻的骑手以 40 英里/小时的速度短程移动。但是大部分骑手很少超过 30 英里/小时,且长途平均骑马速度更接近于 3—4 英里/小时。马拉的货车或客车更慢:忘记好莱坞电影的高速驿马车吧;一段坑坑洼洼 20 英里的旅程可以花掉一整天。[16]

　　1800 年,美国 16 州中只有不到 6% 的人生活在城市或其他不少于 2,500 人的群落——人口普查局现今定义的"城区"。[17]美国生产的平均人均国内生产总值(GDP)约为 1,200 美元一年(通胀调整后为 2,007 美元),以 0.7% 的年增速从 1700 年的 625 美元估值增长。[18]

　　这个国家的 300 万农村居民中的大多数大概是农民,且他们中的大多数肯定已经有了马匹。男人比女人更具移动性,但平均而言,成年人离开他们的农场不超过一周两次。一趟 3 小时的时速 3 英里的往返行程,一周两次的话,就是约 1,900 英里一年。把儿童考虑进来,人均旅途约为 1,500 英里每年。无论是步行或者骑马,平均速度约为 3 英里每小时。

第一次运输革命的先驱早已出现了。1787 年,约翰·菲奇(John Fitch)在美国制宪会议的与会者们面前展示了美国的第一艘蒸汽船。到了第二年,他经营着全国唯一的商业蒸汽船服务,新泽西州的费城和伯灵顿之间 18 英里的距离。不过他的业务在 1800 年之前就已经停业了,在随后的几年内也没有新的蒸汽船业务启动。

1850 年:运河、汽船和铁路革命

平均行驶速度:4 英里/小时

平均移动:1,600 英里/年

人均国内生产总值:1,900 美元

1800—1850 年间的五项新技术革新了交通运输。第一位的当然是蒸汽船。1850 年前,超过 500 艘蒸汽船在特拉华河、哈德逊河、俄亥俄河、密苏里河、密西西比河和其他美国河流上运行。约近 200 艘船,它们之中的很多是蒸汽驱动的,穿梭在五大湖区上。[19] 蒸汽船没有比马快很多,但是他们可以以低得多的成本运输大量货物和人员。

第二项革命是运河。美国西进的第一个障碍是阿巴拉契亚山脉。运河是解决的方案,1825 年伊利运河完工,随后是切萨皮克和俄亥俄运河和其他几条运河。1850 年之前,美国已经建造了超过 5000 英里的运河,其中的大多数在纽约州、宾州和马里兰州。

第三,各种各样的企业家和政府机构也在重山之间建造了大量的道路。这其中包括很多私人收费道路及国道,一条从马里兰州到伊利诺伊州的免费道路。鉴于他们当时使用的唯一真正的新技术只是 1820 年开发的碎石道路,这些道路只构成了一个微小的革命。

到 19 世纪中叶,运河和马车道都在第四项革命铁路之前黯然失色。19 世纪 30 年代,全国第一台蒸汽机车在巴尔的摩和俄亥俄之间的铁路上驰骋,其基石在 1828 年就被查尔斯·卡罗尔奠定,他是签署独立宣言的最后一位在世者。到 1850 年,超过 9000 英里的铁路线——其列车平

均时速在 10—30 英里——贯穿全美 30 个州。

第五项革命是马力有轨车。在轨道上运行,"轨道马车"让顾客可以风雨无阻平稳地乘车除此之外就是未铺设或者不好铺设的道路。美国第一辆轨道马车于 1832 年在纽约开始运营,并且在 1850 年之前已经出现在几十个城市街头。

这前四项革命对美国货运系统的影响比对旅客出行的影响要大。例如,伊利运河减少了从水牛城到纽约市 90—95% 的运输成本,这反过来又增加了至少成百倍的货运量。这条运河有效地让任何五大湖附近的农民或者制造商抵达美国最大的市场,以及可能对外进行出口。

对大多数美国人而言,蒸汽船、运河或者蒸汽火车旅行乃是一种难得的享受。1839 年,尤利塞斯·格兰特(Ulysses Grant)认为自己是"俄亥俄州乔治城同游最广的男孩",他在乔治城上高中。而这都是因为他曾经"东达弗吉尼亚的惠灵(约 240 英里),北至西部保留地(约 240 英里),在俄亥俄内西到路易斯维尔(约 140 英里),且南抵肯塔基的波旁县(约 70 英里),此外还在家附近 50 英里范围内的乡土上纵横驰骋。"[20]

1839 年,他踏上了去西点军校的旅程,开始他骑在马背上,然后乘坐蒸汽船、运河、火车和驿马车。他对火车留下了最深刻的印象。"我认为完善的快速交通已经实现了,"他随后写道,"全速前进时,我们以至少 18 英里的时速行进,而全程均速都达到了 12 英里每小时。这看起来像在消灭空间。"即使到了 1850 年,这样的旅程也会被认为是非比寻常的。

1848 年,波士顿和阿尔巴尼铁路从波士顿到麻省的劳伦斯用 26 分钟行驶了 26 英里,它重新定义了速度的概念。记者们恐惧地畏缩在乘客车厢内。这是史上第一次有人以一分钟一英里的速度出行并活下来报道这件事。[21]

美国人中有 85% 住在乡下,其中大多数在 1850 年所旅行过的路程可能只比他们的父母或祖父母在 1800 年所旅行过的只多一点点。对于那住在城市的 15% 人口而言,轨道马车是对步行的巨大改善。但其票价

绝非一般人可以长期支付的。对于那些人而言,从乡下搬到城市是一种
移动性上的倒退,至少以年移动英里数来看是这样。鲜有城市居民有能
力维持一匹马和马厩,所以步行或轨道马车是他们唯一的选择。

10 　人均国内生产总值自 1800 年始每年增长约 0.85%,比上一个世纪
稍快。个人移动性的机会被大幅提高了,但与从事运输业务的人不同,只
有少数人能经常利用这些机会。典型的,18 岁孩子们离开他们东海岸的
家园,乘运河或者蒸汽船,或许会找到一片足以生存的农场,但他们很少
能够再回去看望留在身后的家人了。

1900 年:铁路和有轨电车

平均行驶速度:8 英里/小时

平均移动:2,000 英里/年

人均国内生产总值:5,000 美元

1850 年,蒸汽铁路已经开始取代蒸汽船、运河和马拉货车,至 1900
年已近乎完成其在美国交通的革命。全国 45 个州和 3 个相邻地区拥有
超过 1850 年时 21 倍的铁路线,总量达到 193,000 英里。[22] 1893 年,纽约
中央铁路运营从纽约到芝加哥的 960 英里的纽约博览会快线,仅需 20 小
时,包括停站平均时速还达到了 48 英里,这使全国惊叹。[23]

铁路创造了对煤炭、高品质钢铁和重型机械的需求,并同时提供了把
运输上述物资运送到全国各地供其他产业使用的手段。其结果是,尽管
其人口还不足欧洲的四分之一,美国开始生产出和欧洲等量的物资。

尽管如此,在 1850 年,这场难以置信的交通革命在货运方面的影响
比在旅客出行方面的影响大得多。1900 年,美国人火车旅行了惊人的
160 亿乘客英里,但该数值对 7,600 万居民而言只有 210 英里每人。主
要原因是成本:铁路票价平均为 2 美分每乘客每英里,相当于今天的约
50 美分。[24] 由于人均实际收入只有当今的七分之一,此成本对大多数人是
高昂的。

超过 60％的美国人仍然住在农村,他们中的大多数比 1850 年的对应者旅行的稍微多一点。"虽然大多数农场家庭有周期性地进城或者访亲,"历史学家迈克尔·伯格写道(引用一篇 1915 年的杂志文章),"这样的旅行通常是'一种被归为最难受的经历。'"[25] 其结果是,农村生活,尤其对女性而言,仍然是孤独和孤立的。"从来没有一种东西像孤立和孤独这样严重地困挠着耕种和农村家庭"1927 年一位作家回顾道。[26]

11

其他革新对城市旅客出行影响更大。是时,3,000 万美国人住在城区,且其中大多数人比 1850 年至少要多 2 种新的交通方式。

第一种是脚踏车——二轮人力驱动的机械,在 19 世纪 60 年代就出现了,但对大多数人而言并不实用。美国第一场真正的自行车热潮是在 19 世纪 80 年代随着"安全自行车"的引入开始的,这是一种链条和后轮驱动的自行车。这些自行车与当今在城市居民中流行的单速自行车形状上非常相似。自行车主要是年轻人使用,但即便如此,它们仍然导致了自 19 世纪 40 年代以来便被铁路黯然失色的乡村路的改良运动。

另一项城市交通革命是有轨电车的发展,其同样发生在 19 世纪 80 年代。这种交通模式比轨道马车、电缆汽车和其他大众运输形式都更经济,至 1900 年时,电车在 500 到 800 个美国城市,把停靠计算在内,以 11 英里的平均时速开动。[27]

一些大城市,诸如纽约和芝加哥,还高架了快速轨道线路。与行人、马匹和马车分开,芝加哥电车轨道把停靠计算在内,均速达到 13 英里每小时。[28]11 - 13 英里每小时在今天听起来并不多,但是它与 3 英里每小时的行走速度相比是一个巨大的进步。

不过,并不是每个人都能够负担得起定期乘坐有轨电车或高架列车的。1902 年,在有数据可查的最早一年,轨道电车运输了 58 亿人次。20 世纪初轨道客流量每年增长约 10％,所以 1900 年的载客量可能不足 50

亿人次。如果一次典型的通勤每天旅行两次,每年300天,同时除上下班之外无人乘坐轨道车的话,轨道系统运输了约830万乘客。这意味着城市里只有不到三分之一是定期轨道乘坐者,剩下的都只是偶尔使用。

12 　　如今的平均轨道行程为4英里多一点。在速度和其他服务特色方面,1900年盛行的轨道电车和今天的公共巴士差不多,所以轨道出行平均约为4英里。对一个每周工作6天的普通通勤人员而言,达到2400英里每年。结合所有城市居民的话,城市平均行程肯定会少一点,约为2,200英里每年。把210英里的城际铁路旅行算进来(前文已引用),总和超过2,400英里每年。如果乡村旅行和1850年的差不多,再加上偶尔的火车旅行,平均总行程为2,000英里每年。

　　那些能够负担得起的人——主要是白领工作者的家庭•——使用轨道电车来购物和通勤。1900年,大多数杂货是在公共市场上出售的,其拥有农产品、肉类、咖啡和其他产品的摊位。公共市场平均有500—1000种不同商品供出售。人们乘坐有轨电车去市场,在店员的协助下挑选自己的杂货,再给销售商付费让其运送食物,以便他们可以乘坐电车回家,而不必满载所购之物。

　　全国的首部车辆出现在1900年的前几年。到1900年,有超过250家自称生产汽车的公司。[29]但是,大多数只是生产几辆车,所以当年只有约8,000辆汽车在美国的道路上行驶,或约1,000人中有一辆。[30]因此,汽车只是比玩具稍微好点儿,还没有成为个人移动性的主要贡献因素。

　　自1850年以来个人移动性的平均增长很小——平均旅程增加了约20%——且分布并不均匀。尽管如此,它对那些承担得起公交或城际铁路的人仍然是一大福音。城市速度升到4倍意味着人们可以获得16倍之多的工作机会和其他资源。铁路已经远超4倍的城际速度。对货运和客运的流动性改善,直接或间接的占到了自1850年来人均生产率的1.9%年增长的大部分,这是美国前半个世纪的速率的两倍。

1950 年：汽车革命

平均行驶速度：24 英里/小时

平均地面速度：23 英里/小时

平均移动：6,900 英里/年

人均国内生产总值：12,000 美元

随着两次世界大战和经济大萧条，1900 至 1950 年之间的年份见证了两次交通革命，它们对个人移动性的影响比以往任何一次都要来得多。亨利·福特（Henry Ford）的量产化汽车给大众带来了移动性。商业航空服务，虽然此时只有富人和精英阶层用的起，但仍然发展迅速。

表 1.1　1950 年各方式的乘客英里数和平均速度

方式	乘客英里数（十亿）	乘客英里数每人	英里数每小时
汽车	730	4,800	25
卡车	89	600	25
城际铁路	27	180	30
通勤铁路	5	30	30
其他公交	90	630	11
城际巴士	26	170	30
国内航空	8	50	200
步行	60	400	3
骑自行车	8	50	10
合计/平均	1048	6,900	24

来源：汽车和卡车来自至 1995 年高速公路数据汇总，表 VM-201；城际铁路、通勤铁路和航空来自美国历史统计第 729 页和 769 页；城际巴士来自历史统计第 707 页；其他交通方式来自 2008 年公共交通状况书，第 2 部分第 1 页。

注：步行和骑自行车为估值。汽车占用假设为平均两人每辆；卡车为一人。其他交通平均出行假设为 5.2 英里。人均数值四舍五入。

交通困局

1920 年人口普查第一次发现生活在城市的美国人超过了在农村的人数。到 1950 年,约五分之三的美国人居住在城市地区,因此城市交通比其在 100 年前乃至 50 年前都重要得多。自 1900 年始,美国的农村人口已经增长了 18%,而其城市人口超过了原先的三倍。虽然郊区在扩张,但是超过四分之三的城镇居民仍住在中心城市。

铁路、电车和其他公交系统在战争期间给予了有效帮助。但到了 1950 年,公交载客量已经从其 1944 年人均 900 英里的峰值下跌了约 30%。战前峰值在 1920 年也接近人均 900 英里。到 1950 年,人均还不足 630 英里。

公交系统面临的一个缺点是电车车队的车龄。"在 1947 年,大多数(芝加哥)轨道电车接近 40 年,"一位历史学家观察道,"且大多数木头制作的高架车在 45—50 年之间。"[31] 置换电车暗示着更换铁轨和其他基础设施的承诺。随着 1950 年劳动力成本比 1900 年大幅度上升,且公交票价由当地议会和委员会严格监管,重建电车线路没有意义,所以公交公司开始尽可能快地转变为巴士。

战争末期,铁路部门比公交公司经济境况上要好,且许多甚至在战争结束之前就订购了全新的客运设备。然而,城际铁路遭遇了比城市交通更大的跌幅,在 1944 年之后的短短 6 年里暴跌了 67%。

战争之前,铁路服务在 1920 年达到了峰值,接近 250,000 英里铁路线贯穿全国,每天定期运行着 20,000 辆定期客运列车。然而美国人在 1920 年平均每年只乘火车出行了 450 英里。随着庞大的军队调动和对汽车驾驶的战时限制,人均铁路出行在 1944 年几乎达到了每年 650 英里。

然而,到 1950 年,城际铁路出行已经下降到仅有人均 180 英里,比 1900 年还要少。奇怪的是,乘客票价只从 1900 年的每英里 2.0 美分增长到 1950 年的每英里 2.6 美分——意味着,通胀因素调整之后,以今天的币值而言它们从 50 美分下跌到了 20 美分每英里。相比之下,城际巴士票价平均刚好超过 1 美分每乘客英里。[32]

美国城市公交和城际铁路系统曾达到的最高个人移动性水平是1944 年的人均 1,600 英里。尽管有大萧条,人均车辆里程——不是乘客里程——驾驶里程超过了 1934 年的值,乘客里程数肯定至少是车辆里程的两倍(汽车承载率是家庭规模的函数,且 20 世纪 30 年代家庭规模比今天要大,而如今汽车承载率约为 1.6。)

到 1950 年,在乡下,美国人平均每人每年驾驶 3,000 英里。[33] 假设平均每辆汽车两个人,每辆卡车一个人,结果将是人均 4,800 乘客英里——几乎是公交和城际铁路的最大运送值的三倍。美国人在驾驶自己的车上平均花费 6 美分每英里,因此城际列车对一个或两个人而言将更加便宜。但是一辆私人汽车的便利性,可以随时随地的出行,显然超过了乘坐火车可能的节约。

第一批的汽车非常昂贵,并且当它们开始大量出现的时候——到1913 年,美国人已拥有超过 100 万辆汽车,或超过百人一辆车——它们被视为富人们的玩物。"没有什么比汽车的使用在这个国家传播的社会主义感更强的了,"伍德罗·威尔逊在 1906 年警告道,"对乡下人而言,它们是财富的傲慢的巨大图景,伴随着它所有的独立和粗心大意。"[34] 但是托马斯·爱迪生,或许比政客看得更远一些,则显得更加乐观。"随着时间的推移,汽车将成为穷人的货车,"他在 1904 年说道,"他会用汽车来牵引自己的木材,运送他农场的货物,往返邮局并送到家庭和教堂。"[35]

亨利·福特——把自己视作爱迪生的门徒——当他在 1913 年引进更多的汽车装配生产线时,证明了爱迪生是正确的。这使得他即使翻番了工人工资,还把汽车价格下降了一半。到 1922 年,美国已经每十个人就有一辆车,且它们中的大多数是福特。到 1950 年,汽车数量增加到近5000 万辆,即每三人一辆车。[36]

量产化汽车彻底改变了生活的每一个部分。通过有效地三倍增长了地面交通速度,汽车让人们接触到 9 倍于 1900 年的工作机会和资源。此

15

外,"汽车移动性"延伸跨越社会阶层。1900 年的有轨电车主要是中产阶层在使用,而工薪阶层的上班族和家庭大多靠走路。到 1950 年,工薪阶层和中产阶层家庭的绝大多数都拥有了至少一辆汽车。住房拥有率自 1900 年以来已经增加了约 20%,因为汽车使城区工薪阶层家庭史上第一次可达到独户家庭住房。[37](的确,规划历史学家彼得·霍尔表示就"城市蔓延"的争论的多数实际上是阶层之争,因为中层和上层阶层的居民不满工薪阶层家庭带着他们的不同价值观和品味入侵市郊的聚居地。[38])

16

超市通过提供免费停车场来迎合汽车购买者,取代了公共市场。随着消费者从方圆数英里的地区开车前来,杂货店可以提供超过 5,000 种不同产品的选择以供出售。由于客户自助服务,且自己把他们购买的商品带回家,超市可以提供以比所剩不多的公共市场上更低的价格。

战后的美国人发现汽车非常有用,他们把自己个人收入的 9.8% 贡献给了驾驶,包括购买汽车、修理、轮胎及其他部件、燃料和油、税、过路费和保险。在最近的 1948 年,该百分比只有 7.4%;这种增长反映出了战时限制取消后汽车保有量的增长。[39]

空中旅行仍然是微不足道的,但 180 英里的时速对那些使用它的人而言区别很大。[40]旅客为每英里支付 5 美分,比火车旅行的两倍还多。但是使用航空方式出行的人数依然很少,可能是由于人们对飞行的恐惧和其成本:如 1950 年,超过 90% 的美国人从未乘坐过商业航线。[41]

虽然铁路运输的货物量在 1944 年达到了顶峰,到 1950 年其已经下降了 20%,且注定要超过 20 世纪 60 年代的战时记录。1950 年,美国铁路系统运送了人均超过 4,000 吨的货物,是 1900 年的两倍,也比其他模式运输的总和要多。[42]

高速公路也运送了人均 1,100 吨英里的货物,于 1950 年第一次超过了内河航道的货运量。人均国内总货运量,包括铁路、公路、内河航道、管道和航空,超过了 7,200 吨英里。[43]虽然 1900 年的完整数据现不可得,但人均货运量大概是本世纪开始时的三倍了。

　　尽管货运量的增长令人印象深刻,但是这是客运增长超过货运增长的前半世纪。客运和货运的增长促成了人均国内生产总值自 1900 年以来 1.8% 的增长。这比前半个世纪略显不足,毫无疑问这是两次世界大战和大萧条造成的。

2000 年:高速公路和喷气式飞机　　　　　　　　　　　　　　*17*

平均行驶速度:73 英里/小时

平均地面速度:34 英里/小时

平均移动:18,000 英里/年

人均国内生产总值:35,000 美元

　　相对于前半个世纪见证了的诸多革命而言,自 1950 年以来交通领域仅有的显著改善是相当小的:首先,州际公路和其他限制通行的高速公路的广泛建设提高了个人移动速度,减少了运输成本。其次,商业航空服务,速度约为螺旋桨飞机的两倍,也提高了出行速度。最后,铁路的柴油-电力机车对蒸汽机车的取代,一场于 20 世纪 50 年代前开始的转变,大幅降低了铁路的运输成本。虽然没有前一个半世纪那么壮观,但是这些进步对美国人的出行习惯产生了巨大影响。

　　美国的人口在 1950 年至 2000 年间几乎翻了一番,而且几乎所有的增长都是在城区;其中农村地区增长了 8%,而城市人口增长了 130%。2000 年的普查发现,美国 79.9% 的人口居住在 2,500 人及以上的城市地区。主要的故事是城郊的爆炸式扩张,其人口自 1950 年以来翻了两番,而中心城市只翻了一番。

　　如表 1.2 所示,城际铁路和公共交通(包括通勤铁路)已经萎缩到微不足道了。城际公交车几乎运载了铁路和城市轨道交通运载总数的三倍,而航空运载了巴士和铁路的总量的 2.5 倍。美国人失去了他们的飞行恐惧症:到 2000 年,美国 83% 的人曾坐过商业飞机,其中四分之三的人已经多次乘坐过了。[44]其结果是，空中旅行自1950年来增加了超过66倍。尽管航班依然只占到乘客英里数的10%，它们的高速度把平均速度至少翻了一番：由于航空服务，平均速度是73英里每小时，而地面速度平均是34英里每小时。

18

表1.2 2000年各方式的乘客英里数和平均速度

方式	乘客英里数（十亿）	乘客英里数每人	英里数每小时
汽车	4,024	14,300	35
卡车	206	700	35
城际铁路	6	20	35
通勤铁路	9	30	30
其他公交	38	130	20
城际巴士	160	600	40
国内航空	531	1,900	100
步行	60	200	3
骑自行车	30	100	10
合计/平均	5,060	18,000	73

来源：汽车和卡车来自至1995年高速公路数据汇总（*Highway Statistics Summary to 1995*），表VM-201；城际铁路、通勤铁路、其他交通方式、城际巴士和航空来自国家交通统计（*National Transportation Statistics*），表01-37。

注：步行和骑自行车为估值。汽车占用假设为平均两人每辆；卡车为一人。其他交通平均出行假设为5.2英里。人均数值四舍五入。

客运的另一大事件是驾驶量450%的增长。全国几乎翻番的人口和下降了20%的汽车占有率是这种增长的原因；即便如此，这代表着人均汽车移动性几乎三倍的增长。

虽然1950年的数据并不可得，但是在1960年，64%的美国通勤者开车去上班，而只有12%的是乘公交的。到2000年，87%的人使用汽车去上班（包括摩托车和出租车），而只有5%的人乘公交。

14

汽车流动性不停地革新着日常的生活。在固定的出行时间内,从1950 年的不到 24 英里每小时到 2000 年的 34 英里每小时,增加的地面交通速度使人们能接触到双倍的工作机会和资源。[45] 一个结果是,自 1950年始,住房拥有率增长了又一个 20%。到 2000 年,每三个美国家庭里就有两个拥有他们自己的住宅。如果一些州,诸如加州,没有通过土地使用立法而使住房无法负担的话,这一统计数字可能已接近四分之三。因为类似的限制,加州的住房拥有率只增长了 5%,而俄勒冈州和华盛顿实际上则下降了。[46]

现在一般的超市有 30,000 种不同产品。许多消费者被新的零售方式吸引,诸如沃尔玛和其他超级购物中心,它们一般有 10 万种以上的不同商品,还有仓储超市、会员批发店和其他种类的食品卖家。如果没有汽车,所有的这一切都是不可能的。

汽车移动性的一项鲜为人知的好处是其对农村土地的影响。汽车常常因城市扩张而被责备,这是一个用来妖魔化工薪阶层增加的住房能力的术语。但是汽车、卡车和拖拉机对乡村土地的影响更加显著。1920 年之前,美国农民把他们多达三分之一的土地用来承担马匹和其他牲口。1920 年之后,马达动力对畜力的替代允许农民把那些土地用到更有效率的用途上。

在 1920—2003 年之间,农民减少了 2.44 亿英亩的草场和牧场用地。几乎所有的这些土地转变为森林,很可能是采伐后被重新造林最大面积的地区。与此同时,尽管对城市化扩张抱怨频频,农田面积却保持不变。[47] 显然,从农田到城市用地的转变由牧场到农田的转变补偿了。由于牧场是农业用地最低价值的使用方式,这些转变显著提高了整体农业生产力,而对曾经的牧地再造林增加了生物多样性和分水岭值。

2000 年的普查发现美国所有 2,500 人及以上的城市地区的人口只占用了不到 9,300 万英亩土地,其中的大多数即便没有汽车也会是城区。因此,汽车从"马场扩张"中节约了的土地比它们造成的城市扩张多得多。

自 1950 年来,美国人可以在不用增加其收入中用于驾驶的份额的情况下,把他们的个人汽车出行增加近两倍。事实上,在 2000 年这一比例只有 9.4%,比 1950 年的 9.8% 要低。在 20 世纪的后半叶,汽车的费用平均为个人收入的 9.3%,范围为 8.1%—10.1%。[48]

乘客出行的相对成本的变化导致了出行习惯的一些改变。1950 年,航空票价比火车票的两倍还多;然而,2000 年美铁(Amtrak)23.3 美分每乘客英里的票价比 14.6 美分每乘客英里的航空票价贵出 60%,而城际巴士平均只收取 12.8 美分每英里。[49]美国人在驾驶上花费了 7,940 亿美元,即 19.7 美分每乘客英里。[50]公交部门试图通过收取平均 18.3 美分每乘客英里来提高竞争性。[51]

当然,这些个人的费用是由政府对航空、公路、公交系统和美铁的补贴补助的。2000 年,对航空公司和机场的总补贴平均不到 0.1 美分每乘客英里,而对公路的补贴平均达到 0.8 美分每乘客英里(如果部分补助被分配到卡车的话就少一些)。[52]对美铁的补贴超过 14 美分每英里,而对公交的补贴超过 50 美分每英里。[53]

由于某种原因,航空补贴在 2000 年非常的低,在前后几年平均值一般为 1—2 美分每乘客英里。另外,这些相关的补助自 1971 年以来改变甚微,是年,美铁接管了私人客运列车,而公共部门取得了大多数公交系统的所有权。除了自 1971 年以来对美铁和公交的巨额补贴,城际铁路和公共交通对客运的影响越来越微不足道了。

铁路一直比其他交通方式运载着更多的货物,人均达到 5,200 吨英里。把所有的交通方式考虑进来,每个美国人的运输量近乎 13,400 吨英里,几乎是 1950 年的双倍。[54]

货运铁路从 1980 年的放松管制中受益匪浅。[55]尽管铁路曾在 1900 年运输了接近 90% 的货物,在 1950 年运输了超过 50% 的货物,到了 1980 年,沉重的监管已经把其货运份额拉低到 30% 左右。[56]得益于管制的放松,铁路的市场份额在 2000 年恢复到 39%,并于 2001 年达到了 40%。[57]

虽然自 1950 年以来的人均货运量 92% 的增长对美国人影响巨大，但人均出行 160% 的增长影响更加巨大。得益于移动性、移动装备生产线和电气化，人均 GDP 在 1950—2000 年间年均增长 202%，比美国历史上的任何半个世纪都要快。

是什么让美国如此易于移动？

这些小插曲揭示了移动性的重要一课。首先，19 世纪的交通革命对货运的影响比个人出行的影响要重要的多。通过降低移动货物的成本，蒸汽船、运河和铁路大幅度增加了美国人的财富和生产率。但它们对一般人的个人移动性贡献很少。即便在其顶峰时期，城际铁路加上城市公交比航空运载的人均里程也要少，且只有当今汽车运载数的十分之一之多。

此外，19 世纪技术导致的个人移动性的改善主要是使社会的上中阶层受益。在 20 世纪的早期，很大一部分美国人毕生没有离开过超过其出生地 50 英里的地方，且对大多数工薪阶层而言，坐火车旅行是一种稀罕的事。

对个人移动性真正的革命要等到量产化的汽车和喷气式飞机（尤其是与航空管制的取消相结合）。这些技术不仅仅大幅增加了个人出行，而且对每个经济阶层而言都是付得起的。例如，2000 年的普查发现，93% 的美国家庭拥有至少一辆汽车。[58]

开车在当今是如此的便宜，对于大多数美国人而言，最主要的限制因素并不是他们有多少钱可以花在出行上，而是有多少时间。研究人员发现，人们无论收入多少，平均而言都愿意每天在交通上花上一个小时多一点。[59] 由于对大多数美国人而言，时间是比美元成本更大的限制因素，最富有的那 20% 的美国人每年只比最穷的那 20% 的美国人多开了几英里。

这意味着汽车是机械化旅行史上最平等的形式。这一点重要到值得重复：不仅是美国是史上最具移动性的国度，移动性在经济和社会层面的传播比其他任何国家都要广泛。

这反过来意味着白领和蓝领家庭生活方式之间的差异比早些年的时候要小得多。在 1900 年,工薪基层、蓝领家庭几乎完全居住在租住的多户住房。而汽车允许他们中的很多人可以拥有和那些白领家庭的十分相似的单户住宅。他们在同样的道路上开车,同样的商场里购物,把他们的孩子送到同样的学校。虽然 19 世纪的移动性革命加剧了美国社会阶层间的差异,20 世纪的革命则降低了它们。

在世界上众多的富裕国家之中,美国在个人移动性方面远超其他所有国家。美国之后,地球上最具移动性的国家是冰岛,其居民每年平均出行 11,000 英里。随后是意大利和法国,其居民每年出行约 10,000 英里。在整个欧洲,平均水平略低于 8,000 英里每年,而在日本,则低于 7,000 英里每年(见表 1.3)。

22　表 1.3　美国、欧洲和日本人均出行里程(2004)及美国人出行里程(1944)

方式	美国	欧洲	日本	美国 1944 年
汽车	15,200	6,000	4,010	3,070
铁路	50	480	1,880	1,550
高速铁路	10	100	400	0
巴士	480	680	350	200
航空	1,900	350	400	20
总量	17,630	7,840	6,640	4,840

来源:美国和欧盟 2004 年数据来自交通运输全景(*Panorama of Transport*)(布鲁塞尔,比利时:欧洲委员会,2007),103 页;日本 2004 年数据来自国土资源部基础设施与运输 2008 年“交通统计摘要(Summary of Transportation Statistics)”,tinyurl.com/6x7rx6;1944 年数据来自美国历史统计:殖民地时代至 1970 年(*Historical Statistics of the United States: Colonial Times to 1970*)(华盛顿:人口普查局,1975),729 页,769 页;1995 公路统计摘要(华盛顿:美国联邦公路管理局,1996),表 VM-201。

注:数值四舍五入到最接近的十位。铁路包括高速铁路。

美国更多的移动性似乎并不是因为其较低的人口密度:加拿大的人口密度更低,而加拿大人每年平均出行只有美国的三分之二。[60]也不是因为收入：挪威、瑞士和丹麦的人均 GDP 都高于美国,但是人均出行无一超过美国的一半。[61]

　　欧洲很多国家的平均收入都比美国低。法国和德国的人均 GDP 约为美国的四分之三。而移动性和收入是协同的:高收入产生高移动性,而高移动性又可以通过使雇主接触到更多的高技能工人导致高收入。因此,准确地说,这些国家收入更低是因为他们拥有较低的移动性,也就是说因为他们较低的收入所以他们拥有较低的移动性。

　　造成美国的较大的移动性的一个原因似乎是政府对各种交通工具的态度差异。美国历来对汽车和燃油征税以支付高速公路。个别州可能对汽车征收额外的销售税,但不比他们对其他干货征收的税率高。国会和一些州的立法机关偶尔把公路的汽油税收入转移到公交和其他项目,但是这些转移自 1957 年以来,已经达到或超过配套在道路上的一般资金花费。

　　与此相反,欧洲国家、日本、加拿大、澳大利亚和新西兰对汽车和燃油进行惩罚性征税。因此从公路使用者中收取的税收,显著高于国家花在公路、道路和街道上的支出,也高于从其他商品那征收的税。这些高税率是一项旨在故意阻止驾驶的社会政策。

　　在美国,州和联邦的汽油税率平均为 39 美分每加仑。[62]在加拿大,省和联邦汽油税平均为 93 美分每加仑(不包括适用于所有商品的一般服务税和省销售税)。[63]澳大利亚和新西兰征收 80 到 90 美分每加仑,而日本征收 1.25 美元每加仑。欧洲国家征收范围为 1.25 到 2.70 美元每加仑。[64]

　　大多数国家还对汽车征税,以比其他商品高得多的税率。1956 年,美国国会针对汽车有 10% 税以用于公路,但于 1971 年废除了该税。[65]

　　法国经济学家雷米·普罗多姆估计欧洲的对汽车和燃油的道路使用税收入——超过了一般的商品,而服务税或增值税——几乎是政府花在公路上的两倍。[66]这些税负对为所有这些国家提供了最大的移动性的交通形式设置了巨大障碍。

24 　这些税收的很大一部分都花在了补贴城市公交和城际铁路上。然而,对这些形式的巨额补贴产生的所增加的移动性并不够弥补高汽车和燃油税造成的移动性限制。2004 年,欧盟的居民平均只开车出行了6,200英里,而这一数据在美国超过了 15,000 英里。欧洲人乘巴士和火车平均出行的 1,200 英里很难和损失的汽车移动性相比。

　欧洲 2004 年的人均 GDP 和美国 1982 年的人均 GDP 大致相同。然而,由于反移动性税,欧洲的移动性和美国相比落后了不止 50 年:2004年的人均汽车、巴士和铁路出行和美国 1952 年的水平大概差不多。鉴于移动性和收入之间的关系,移动性的缺失可能是欧洲人收入更低的一个主要原因。[67]

　日本只是稍微有点不同。日本人的铁路出行比其他任何一个国家的人都多。然而在 2000 年,日本人平均铁路出行少于 1,900 英里,比美国人乘坐飞机的里程稍少。而其中只有 400 英里是通过高速铁路的。

　日本和欧洲的情况很清楚:即便有着沉重的汽车和燃油税以及对城市铁路和高速成绩铁路项目巨额补贴,铁路对个人移动性贡献甚少。极有可能只有很少一部分的欧洲和日本人经常铁路出行,而每个人都必须分摊税负补贴,无论其是否使用铁路。

　美国有一个明确的选择。我们可以学习欧洲模式,通过征税来阻碍汽车的移动性,同时补贴客运火车和其他公共交通方式。或者,我们可以建立一个运输系统,它依赖于用户付费而非惩罚性税收。第一种选择意味着每个人都将为只有小部分精英使用的交通系统提供补贴。第二个选择意味着基于谁使用谁付费,对每个人而言有更多的移动性。在做选择之前,我们必须清醒地认识到收益、成本和每种选择的权衡。

注释:

1. *National Transportation Statistics* (Washington: Bureau of Transportation Statistics, 2008), table 1 – 37.

2. *Panorama of Transport* (Brussels: European Commission, 2007), p. 103; "Summary of Transportation Statistics," Ministry of Land, Infrastructure and Transport, 2008, tinyurl. com/23py4r.

3. *National Transportation Statistics* (2008), table 1 – 46b.

4. *Panorama of Transport*, p. 68.

5. Re′my Prud'homme and Chang-Woon Lee, "Size, Sprawl, Speed, and the Efficiency of Cities," *Urban Studies* 36, no. 11(1999):1849 – 58.

6. Robert Cervero, "Efficient Urbanization: Economic Performance and the Shape of the Metropolis," *Urban Studies* 38, no. 10(2001):1651 – 71.

7. M. Ishaq Nadiri and Theofanis P. Mamuneas, "Effects of Public Infrastructure and R&D Capital on the Cost Structure and Performance of U. S. Manufacturing Industries," *Review of Economics and Statistics* 76, no. 1(1994):22 – 37.

8. William I. Walsh, *The Rise and Decline of the Great Atlantic & Pacific Tea Company* (Secaucus, NJ: Lyle Stuart, 1986), p. 29.

9. "Happy Birthday, Supermarket!" *Progressive Grocer*, August 2005.

10. Bureau of Economic Analysis, "Personal Incomes Expenditures by Type of Expenditure," in *National Income and Production Accounts* (Washington: Department of Commerce, 2008), table 2.5.5, tinyurl. com/mgxv7d.

11. Warren Brown, "Automobile Played Role on Long Ride to Freedom," *Washington Post*, September 5, 2004, p. G – 2.

12. Jane Holtz Kay, *Asphalt Nation: How the Automobile Took over America and How We Can Take It Back* (New York: Crown, 1997), pp. 22 – 23.

13. A lengthier discussion of the benefits of mobility can be found in Randal O'Toole, *The Best-Laid Plans* (Washington: Cato Institute, 2007), chapter 27, or in Randal O'Toole, *The Greatest Invention: How Automobiles Made America Great* (Bandon, OR: American Dream Coalition, 2006), tinyurl. com/3rzh2p.

14. Per capita gross domestic products for 1800 to the present are adjusted for inflation to 2007 dollars and are from "What Was the U. S. GDP Then?" Measuring Worth, 2009, tinyurl. com/bho8y7.

15. "The Stirrup," *UNESCO Courier*, October 1988, tinyurl. com/8unugd.

16. "Stagecoach Travel Tough but Worth It," Oregon Department of Transportation, 2009, tinyurl. com/d7jolw.

17. *Historical Statistics of the United States: Colonial Times to 1970* (Washington:

Census Bureau, 1975), p. 12.

18. Angus Maddison, *The World Economy: Historical Statistics* (Paris: OECDDevelopment Centre, 2001), table 4 - 1, tinyurl. com/obepqk.

19. *Historical Statistics of the United States: Colonial Times to* 1970, p. 756.

20. Ulysses S. Grant, *Personal Memoirs of U. S. Grant* (New York: Webster, 1885).

21. Norman Bel Geddes, *Magic Motorways* (New York: Random House, 1940), p. 150.

22. *Historical Statistics of the United States: Colonial Times to* 1970, p. 728.

23. Lucius Beebe, *20th Century: The Greatest Train in the World* (Berkeley, CA: Howell North, 1962), p. 14.

24. *Historical Statistics of the United States: Colonial Times to* 1970, p. 730.

25. Michael L. Berger, *The Devil Wagon in God's Country: The Automobile and Social Change in Rural America*, 1893 - 1929 (Hamden, CT: Archon Books, 1979), p. 55.

26. Ibid.

27. "List of town tramway systems in the United States," Wikipedia, tinyurl. com/7za8zb.

28. Paul Barrett, "Chicago's Public Transportation Policy, 1900 - 1940s," Illinois Periodicals Online, 2001, tinyurl. com/ac7vry.

29. Floyd Clymer, *Treasury of Early American Automobiles 1877 - 1925* (New York: McGraw-Hill, 1950).

30. *Highway Statistics Summary to* 1995 (Washington: Federal Highway Administration, 1996), table MV - 200.

31. Paul Barrett, "Chicago's Public Transportation Policy, 1900 - 1940s."

32. *Historical Statistics of the United States: Colonial Times to* 1970, pp. 711,729.

33. *Highway Statistics Summary to* 1995, table VM - 201.

34. "Motorists Don't Make Socialists, They Say," *New York Times*, March 4,1906, tinyurl. com/8lgrez.

35. Sylvia Adcock, "The Age of the Auto," *Newsday*, April 12,1998, tinyurl. com/ aywu8n.

36. *Highway Statistics Summary to* 1995, table MV - 200.

37. Census Bureau, "Historical Census of Housing Tables—Homeownership," 2004,

tinyurl. com/2m5j5j.

38. Peter Geoffrey Hall, *Cities of Tomorrow: An Intellectual History of Urban Planning and Design in the Twentieth Century* (Cambridge, MA: Blackwell, 2002), pp. 79 – 84.

39. Bureau of Economic Analysis, *National Income and Production Accounts*, tables 2. 1 and 2. 5. 5.

40. *Historical Statistics of the United States: Colonial Times to 1970*, p. 769.

41. M. J. King, "Fear of Flying: Marketing Research and the Jet Crisis," *Journal of American Culture* 7(1984):122 – 27, tinyurl. com/cc2s6o.

42. *Historical Statistics of the United States: Colonial Times to 1970*, pp. 707,728, 731.

43. Ibid, p. 707.

44. Mark Gillespie, "American Public Has Mixed Feelings on Airline Safety," Gallup, February 2,2000, tinyurl. com/agzqjr.

45. Note that 34 squared is twice 24 squared.

46. Census Bureau, "Historical Census of Housing Tables," tinyurl. com/2m5j5j.

47. *Historical Statistics of the United States: Colonial Times to 1970*, series J72 – J74; *Natural Resources Inventory: 2003 Annual NRI* (Washington: Natural Resources Conservation Service, 2007), p. 5, tinyurl. com/cljsvd.

48. *National Income and Production Accounts*, tables 2. 1 and 2. 5. 5.

49. *National Transportation Statistics* (2008), table 3 – 16.

50. *National Income and Production Accounts*, table 2. 5. 5.

51. 2008 *Public Transportation Fact Book* (Washington: American Public Transportation Association, 2008), tables 6 and 50.

52. *National Transportation Statistics* (2008), tables 1 – 37,3 – 27a, and 3 – 29a.

53. 2001 *Annual Report* (Washington: Amtrak, 2002), p. 4; *National Transportation Statistics* (2008), table 1 – 37;2008 *Public Transportation Fact Book*, tables 6,37,46, and 50.

54. *National Transportation Statistics* (2008), table 1 – 46a.

55. Albro Martin, *Railroads Triumphant: The Growth, Rejection, and Rebirth of a Vital American Force* (New York: Oxford, 1992).

56. Albro Martin, *Enterprise Denied: Origins of the Decline of American Railroads*, 1897 – 1917 (New York: Columbia, 1971).

57. *National Transportation Statistics* (2008), table 1 – 46a.

58. Census Bureau, "Vehicles Available and Household Income in 1999," *Census 2000 Summary File* 3 (Washington: Census Bureau, 2000), table QT-H11, geographic area: United States, tinyurl. com/d3o7n.

59. Yacov Zahava and James M. Ryan, "Stabilities in Travel Components over Time," *Transportation Research Record* 750(1980):19 – 26.

60. "Passenger Transportation," in *Transportation in Canada* 2001 (Ottawa, ON: Transport Canada, 2001), chapter 12, tinyurl. com/cg8ko8.

61. Per capita GNP from Daniel Workman, "World's Richest Countries," Suite – 101. com, 2006, tinyurl. com/amkuhl. Norwegian travel from "New Growth for Public Transport," Statistics Norway, 2006, tinyurl. com/bgzv93. Travel for other European countries from *Panorama of Transport*, pp. 103,106. *Panorama* presents nation-by-nation numbers for ground travel and EU – 25 numbers for air travel; to get per capita totals for individual countries, I added the EU – 25 average for air travel to the ground numbers for each nation.

62. *Highway Statistics* 2006 (Washington: Federal Highway Administration, 2007), table MF – 121T.

63. "Oil and Gas Prices, Taxes, and Consumers," Finance Canada, 2006, tinyurl. com/cun8b4.

64. "Tax Rates on Unleaded Petrol, 2007," CESifo Group, 2007, tinyurl. com/bx2q4d.

65. *Highway Statistics* 2005 (Washington: Federal Highway Administration, 2006), table FE – 101b.

66. Re'my Prud'homme, "The Current EU Transport Policy in Perspective," paper presented at conference on European Transport Policy, European Parliament, Brussels, July 12,2005, p. 1, tinyurl. com/b5suom.

67. Prud'homme and Lee, "Size, Sprawl, Speed, and the Efficiency of Cities."

第 2 章　路上坑洼

个人移动性对把美国变成一个富饶的国家居功至伟,这是一个向几
乎所有人都敞开机遇的国度,无论其种族、阶层或性别。然而美国人未来
的移动性面临众多威胁,包括拥堵、基础设施故障、大量旨在减少汽车驾
驶的运动,以及未能把那些可以把我们的交通系统变得更加高效使用的
技术革新利用起来。

拥堵的成本

根据德州交通研究所对城市移动性的年度调查,2007 年,拥堵消耗
了美国通勤者 780 亿美元。这几乎是 1982 年代价的 10 倍,那一年是数
据可获得的最早一年。2005 年,通勤者们在路上坐了 40 亿小时,而这几
乎是 25 年前延误时间的 5 倍。司机们也在路上燃烧了近 30 亿加仑的汽
油,同样的,是 1982 年的五倍之多。[1] 相对应的,消耗的燃料给大气层中注
入了超过 2,500 万吨温室气体。

拥堵以平均 7% 的年速率增长,其代价以超过 10% 的年速率增长。
该增长的原因很显然:城区公路的交通已以 3% 的年速率增长,而这些道
路上的车道里程数仅以 1.4% 的年速率增长。[2] 拥堵增速就像众所周知的
温水煮青蛙。3% 和 1.4% 的年增速之间的差异看起来在一年后并不多。
但是该差异以指数级积累,在 20 年后,它会变得很大。

德州交通研究所拥有一些可得的最佳数据,尽管其只把交通拥堵对个人旅行者的成本计算进来。如果把拥堵对商业的影响加上的话,总代价可能会翻一番。依赖于"零库存的"零件和原材料运输的制造商,要求频繁的运输杂货和其他商品的零售商,需要建筑材料的承包商,必须维持电力和通讯线路的公共事业公司,还有诸如需要外部支持的医院等大型工商企业等,这些都受到拥堵的负面影响。

俄勒冈州波特兰市最近一项对企业的调查发现:拥堵在几个重要方面增加了它们的成本。首先,那些已经放弃在下午高峰时间运送的企业发现早上进行投送的机会也几乎消失。随着拥堵的加剧,早高峰和晚高峰融合了,白天不留任何有效运送商品的时间。[3]

投送紧缩反过来又迫使企业增加它们的仓库空间和存货,使它们可以处理运输中的不确定性。企业在运送同样多的商品时也不得不花费更多。拥堵可能会迫使原来仅需要用 10 辆卡车及车员就可满足运送需求的货主现在需要多购买几辆卡车、多雇佣一些车员才能运送和原先一样体积的货物。

人们对交通拥堵的短期反应是把出行挪到不同时间、不同时段,或者在少数情况下,不同的方式。但是长期反应是改变是家庭住址、工作地点、或其他目的地。很多因素造成了二战后美国的郊区快速城市化,其中之一就是为了逃离拥堵的道路。就业岗位跟着人口走,所以到了 2000 年,都市区中郊区的就业机会已经比城市中心的要多。[4]

其结果是,尽管高峰时段拥堵在 1980 年后的 20 年内比翻了两番还多,但是去上班路上的时间只增加了一点点。美国工人们在 1980 年通勤平均花费 21.7 分钟,2000 年为 25.5 分钟,增加了约 18%。[5] 这一增长更多的是由于更长的通勤路线,而非拥堵:在 1983 年和 2001 年之间,平均汽车通勤距离增加了 36%,从 8.9 英里增加到了 12.1 英里。[6] 这意味着即使有拥堵,通勤速度还是增加了,因为工作迁移到城区的相对不拥挤且更便宜的地区。

正如第一章所示,更快的出行和通勤速度的趋势在整个 20 世纪的大部分时间都很强劲。但是这种趋势可能已经结束。联邦公路管理局的调查发现,1995 年前的平均通勤速度以年速率 1.3％增长。1995 年之后,通勤速度以年速率 1.4％下跌。[7]在一定程度上,增加的出行速度是 20 世纪的收入和其他收益增长的很大一部分原因,对这种趋势永久性的逆转严重损害了我们的经济前景。

基础设施恐慌

2007 年明尼阿波利斯 I-35W 大桥的倒塌导致了对修复国家基础设施的强烈呼吁。桥塌后不久,诸如美国土木工程师协会的团体们列出了高达数万亿美元的,需要把基础设施提升到现代标准的项目清单。[8]

全国媒体尽职尽责地通过展示摇摇欲坠的混凝土和生锈的钢铁桥梁的视频和照片,营造出一种危机氛围。"近 30％的美国桥梁结构缺陷或功能过时,"哥伦比亚广播公司新闻气激动地报道,"你没有听错:全美三分之一的桥梁需要贴上这样的标签:'用者风险自负。'"[9]

许多政治家很快就跳到这趟潮流中来。明尼苏达州众议员詹姆斯·欧贝斯塔)很快提议全面提高汽油税,从 5 美分每加仑到 40 美分每加仑,并用该税来替换和修复桥梁。[10]身为众议院交通委员会主席,他向聚集的钢铁公司的说客们承诺,接下来的联邦交通法案将在 6 年内耗资 5,500 亿美元(高于先前法案的 2,850 亿美元)。"我们正在谈论大量的钢材。"他强调道。[11]

奥巴马在其总统竞选中紧抓这个议题,承诺将斥资 600 亿美元重建全美交通基础设施。当经济在九月遭遇重挫时,奥巴马和国会中的各个成员开始讨论建立一个基础设施法案,旨在刺激经济。国会在 2009 年 2 月大张旗鼓地通过了这一经济刺激法案。

所有这一切的宣传和争论无疑导致大多数美国人相信我们正在遭受

27

某种形式的基础设施危机,而经济刺激法案可以解决这个危机。这两种陈述是完全错误的。这场危机完全是特定利益集团捏造出来的。充分认识到这一点,美国国会在基础设施上只投入了7,870亿(刺激法案中不到20%)而且大部分将进入新的建设,而非修复或替代既有的基础设施。

基础设施危机是虚假的第一条线索是,国家交通安全委员会对明尼阿波利斯大桥倒塌的报告。报告发现,该桥坍塌是因为一处设计或建筑缺陷:某些部分比其应有的厚度薄了半英尺。委员会无法确定是设计师指定了错误的地方,还是建筑商想省钱用便宜的部件替代了,但有件事情是显然的:桥梁维护再多也无法检测出或修复这个问题。[12]

何谈在"三分之一的美国桥梁"上开车有风险呢?那是根据交通运输部的报告说,12.1%的道路桥梁有结构缺陷,13.3%的功能过时。[13]需要注意的是哥伦比亚广播公司新闻慷慨地把25.4%的总量四舍五入到"几乎30%",然后又膨胀到"三分之一"(这当然是33.3%)。

然而,实际数字最多是12.1%(意味着哥伦比亚广播公司的新闻几乎是高了175%)。这"功能过时"的13.3%桥梁并没有坍塌的风险;它们只是车道狭窄、顶部间隙不足、过于急剧的进口匝道和出口匝道,或其他过时的设计特征。这些桥梁不会给司机们造成危险,除非他们自己不顾后果地行动。[14]

这12.1%的"结构性缺陷"的桥梁已经承受足够的磨损或破坏,它们的承载能力是比建成的时候要低。但这仍然不意味着就将倒下。虽然它们可能会对重载关闭,但最严重的问题是,它们在维护上比其他桥梁耗资更多。[15]

仔细研究数据发现,90%以上结构缺陷的桥梁是当地的,而非州或联邦的,且超过80%的是乡村地区的。[16]结构缺陷的桥梁尺寸平均而言也小于状态良好的桥梁的尺寸的四分之三。[17]换句话说,我们不是在谈论乔

治·华盛顿大桥和金门大桥;大多数都是很少使用的乡村小桥。此外,这
远非一个成长中的危机,自 1990 年以来的最近投资已经减少了近 50%
有结构缺陷的桥梁。[18]

　　因维护不善造成的大桥坍塌很罕见,过去 20 年在美国从未发生过。　　*29*
过去 50 年内的 20 起出名的桥梁坍塌,近一半是由船舶或驳船的撞击、机
动车辆起火,或者在一个案例中由一架飞机引起的。三个是由地震或一
场龙卷风造成的两个(包括明尼阿波利斯大桥)是由设计或制造缺陷造成
的。还有一个是过载造成的,当时有人在限重 17.5 吨的桥上开着超过
90 吨的汽车。

　　在 1960—1990 年之间,只有 4 起桥梁坍塌被指责为维护不当问题。
1967 年西弗吉尼亚州的波因特普莱森横跨俄亥俄河的银光大桥的坍塌,
导致了对桥梁维护和检查程序的巨大改变,尽管坍塌本身多是由于设计
缺陷而非缺乏维护。这座 1928 年的桥以不寻常的链式悬挂设计而闻名。
这个设计的一个显著缺点是任何一部分的故障都会导致整座桥梁的灾难
性毁坏。[19]

　　该桥在坍塌的两年前刚被检查并认为是结构安全的。事故之后,全
国交通安全委员会发现,腐蚀导致了成千上万支撑桥梁的零件中的一个
产生了微小的裂缝。委员会结论认为腐蚀不能被目视检查发现,不经拆
解的话是无法用现有的检测手段检查出来的。这场造成 46 人死亡的坍
塌,导致了桥梁检测频率和强度的增加。但是,或许更重要的是,这导致
了对其他已有的链式悬挂桥梁的关闭和对未来的桥梁设计成内置余量的
要求,这样如果一个部分出现故障,其他部分仍然能够承担载重。[20]

　　尽管加紧了巡查,20 世纪 80 年代又有三座桥梁的倒塌被归咎于维
护不当。康涅狄格州的米阿奴斯河大桥于 1983 年倒塌,造成三人死亡。
分析显示,供排水的开口在几年前被铺平了。蓄积的水导致了腐蚀,而这
些侵蚀理应被桥梁检查员发现。但是,康涅狄格州只有 12 名检察员,要
负责 3425 座桥梁。更好地维护程序和检查本可以防止这样的垮塌。[21]

30　　斯克哈里河上的纽约高速公路(I-90)大桥的坍塌,造成了10人死亡,也被指责为维护不善。1955年的一场洪水已经冲走了护桥的乱石,且那些乱石从未被更替。1987年的另一场洪水破坏了无保护的支柱。[22]最终,在1989年,美国51号公路田纳西的一座桥坍塌坠入了哈奇河,造成8人当场死亡。调查人员确定,1936年支撑桥梁的木材原先放置在干燥的地面上,在河流改道和被浸泡之后已经腐烂了,他们指责州政府未能遵循其检查员的建议来纠正这个问题。[23]

　　所有的这些事故,导致国家交通安全委员会要求更深入的检查和维护。美国拥有超过60万座公路桥,事实是,在过去的50年内只有4座是因维护不当而坍塌(过去的20年中一座也没有坍塌)几乎没有表明美国拥有类似的基础设施危机。

　　玛丽·彼得斯,乔治·布什任上的交通部长,试图通过指出交通基础设施存在的问题在某种程度上多是由于优先级错位的问题,来为争论带来了一些理性思考。立法会议员,她指出,喜欢"丝带胜过扫帚(ribbons over brooms)",也就是说,他们更偏好资助资本项目(和当这些项目开工时剪丝带的机会)而非维护。此外,把燃油税和其他公路使用者的收费用在其他非公路项目上,已成为一个与日增加的趋势。不需要新增税收来修复结构缺陷的桥梁,彼得斯说道;相反,现有的资金应被更负责地使用。[24]

　　例如,横跨俄勒冈州波特兰市威拉米特河的塞尔伍德大桥是有结构缺陷的,自2001年以来就对卡车和巴士关闭了。摩特诺玛县和波特兰都会区俄勒冈地区地方政府(Metro)联合辖治这座桥,后者负责该地区联邦和州交通资金的分配,声称他们没有钱来更替这座桥。然而,Metro花费了数亿美元在新电车线路、轻轨线和一座横跨威拉米特河的轻轨桥上。所有的这些线路加在一起运载的人数比塞尔伍德大桥的运载量要少。Metro唯一承诺的事情是,如果它们更替旧桥,新桥在通车容量方面也不会有所增加,好像波特兰地区的出行自1925年该桥开通以来就没有增长过。[25]

在关于摇摇欲坠的桥梁的所有喧嚣之后,国会在 2009 年刺激法案中一分钱都没有专门拨给桥梁修缮。它的确给公路拨了 275 亿美元。但其中的大多数将流向都会区和现金短缺的州,这些州是不太可能和其拥有大多数结构缺陷的桥梁的乡下的县分享这些资金的。与此同时,国会拨给高速铁路的 80 亿美元的几乎全部,国会拨给城区公交的 84 亿美元的超过 80%,还有国会拨给美铁的 13 亿美元的大部分,都将流向新的建设,而非基础设施的修复。

31

显然,波特兰不打算使用联邦刺激资金的任何一笔钱在塞尔伍德桥上,而是把超过 40% 的资金花在了公交上。[26]波特兰的国会代表团还预留了 2009 年预算拨款法案的 8,160 万美元给轻轨,还有另外一笔 4500 万美元给有轨电车,但是一分钱都没有给塞尔伍德桥。[27]

这种模式在全国各城市中被不断重复。辛辛那提、密尔沃基、图森和华盛顿特区,全都想使用刺激资金来建造新的有轨电车线路——这将像挖个坑再把它填上一般刺激经济。[28]除了图森可能是个例外,其他所有的城市都拥有大量摇摇欲坠的基础设施,但是它们表决把刺激资金花在丝带上,而非扫帚上。

塞尔伍德大桥表明,国家确实有需要更换或修复的结构性缺陷的桥梁和其他基础设施。然而,这场基础设施危机已被严重夸大了,且实际问题是资源错配,而非资金短缺。明尼阿波利斯垮桥被特殊利益集团利用寻求增加税收,和提高在诸如市中心有轨电车这种不必要的资金浪费的项目上的支出。

阻碍移动性

尽管基础设施争论把全国代价高昂的拥堵问题的注意力转移了,一个对拥堵解决方案的更大障碍从一个反移动性联盟那里产生了,该联盟把美国的种种实虚问题都归咎为移动性。根据反汽车教条,汽车已经让美国人既胖又懒,造成了数百万英亩耕地和空地的破坏,还污染了天空,同时它们还是全球变暖的罪魁祸首。他们认为唯一的解决途径就是减少人均驾驶,而拥堵恰恰是它们用来达成目的的手段之一。

"堵塞是我们的好朋友。"佛罗里达州城市规划师多姆·诺兹说。"拥有自由流动的交通和宽阔马路的社区,燃油蔓延(和)环境破坏,"他认为:而"拥堵是阻止蔓延的强大阻碍因素。"[29]尽管鲜有规划者们像诺兹那样坦率地表达自己对拥堵的偏好,他们所制定的政策表明他们偏爱街道和公路更加变得更加拥堵和危险。

以单行道与双行道之争为例。在 20 世纪 50 年代,交通工程师发现,在拥挤的街道把双行道改成单行道增加了这些街道处理交通的容量。单行道的交通会经历少的转向延迟,且交通信号可以被轻易地协调使交通顺畅流动。一项研究发现,将双行道改为单行道导致通行增加 19%,平均速度增加 37%——并不是因为单行道的最高限速提高了,而是因为司机遇到的停候少了 60%。最重要的是,事故减少了38%。[30]单行道上的行人安全性也显著高于双行道的,一项重要研究称,单行道是对行人事故的"最有效的城市应对措施"。[31]一些研究还发现,由于增加了的交通流量,单行道上的商业机构能比双行道上的商业机构吸引更多的顾客。[32]一项对全国的商家协会的调查发现,90% 的商家偏爱单行道。[33]

尽管单行道有这些已被证实的益处,最近几十年的城市规划者一直敦促城市把单行道换回双向行车。这样的转换有可预测的结果。丹佛1986 年的转变导致交通事故增加了 37%。[34]印第安纳波利斯 1993 年的转变导致交通事故增加了 33%。[35]德克萨斯州拉伯克 1996 年的转变导致交通流量降低了 12%,而事故发生增加了 25%,造成的财产损失增加了34%。[36]对这些结果毫不畏惧,无数其他城市,从圣何塞到圣彼得堡,都把单行道转变为双向行车。

将单行道转变为双行道只是一系列美其名曰为交通镇定(traffic

calming)的做法之一。与这一平缓的名字相反,交通镇定的目的是增加 *33*
拥堵,或者阻止汽车驾驶。大英政府提出采取交通镇定措施,把几个特定
城镇的主要道路的行驶速度降到 15 英里每小时来阻止人们开车。[37]

交通镇定措施包括减少汽车行驶道,缩小车道宽度,安装减速带,并
增加安全岛或其他障碍。一项最受欢迎的方法是通过安装路沿延伸或突
出部分。这迫使右拐汽车待在交通主干道内,有效地减缓了整个交通
流量。

除了增加的拥堵,交通镇定拖滞了紧急服务车辆。奥斯汀的一位副
消防队长分析发现,类似的拖滞将造成更多的事故死亡数,超过更加缓慢
交通拯救的行人数。[38]

规划者们经常声称向双行道转换和其他交通镇定措施使街道更加
"行人友好的"或产生一些其他不可估量的收益。阿尔伯克基的规划师们
建言道:"预计会伴随该转换(从单行道到双行道)的更慢和更加拥堵的汽
车出行,促生出一个积极的城市活动和活力氛围。"[39]策划者们显然认为
"氛围"不会被增加的行人事故影响商家不会因为行人更少到这些区域而
受影响。

移动性对可访问性

全国最激进的交通镇定项目之一在俄勒冈州波特兰市设施,其也开
创了现代轻轨和有轨电车建设。该地区喜欢把它富有远见的计划看成
"美国的模板"。[40]市和地区规划者已经明确表明,他们的计划就是阻止开
车,为了达成这一目标,他们将把拥堵变得尽可能糟糕。他们声称在他们
将做些什么来缓解拥堵之前,他们将允许几乎所有的高速公路和区域动
脉的交通陷入瘫痪。[41]

自上一条主要公路 1983 年开通以来,该地区的人口已经增加了超过
70%。波特兰地区的通勤者们浪费在拥堵上的平均时间自那时起已经涨
到了近 3 倍。[42]当一家当地商业集团说服众议员吴振伟确保联邦资金来 *34*

增加该地区最拥挤的公路之一的容量的时候,这笔资金的申请被波特兰的地区规划部门 Metro 驳了回来。[43]

如前所述,横跨威拉米特河十桥之一拥有 84 年桥龄的塞尔伍德桥,是如此的老旧,以至于工程师已将其对卡车和巴士关闭。规划者们宣称该地区缺乏更替这座桥梁的 1 亿美元资金,但他们却在一座附近的载客更少、耗资差不多甚至更多的轻轨桥上向前推进。[44]当贝泰提出用一座收费桥来替代塞尔伍德桥的时候,规划者们拒绝了这一方案。[45]尽管规划者们在取代该桥上优柔寡断,但是他们已经正式排除了建造一座拥有比现有更多公路车道的桥梁的可能性。[46]

俄勒冈州交通委员会赞同这种态度。2000 年,州公路部门将一些结构缺陷的桥梁对重卡关闭。为了替换这些桥,立法机关批准销售近 20 亿美元的债券,这些将由公路使用者费用来偿还。[47]尽管该规划包括更替波特兰至尤金拥堵的 I–5 走廊上的众多桥梁,交通委员会还是决定不增加容量。"解决交通拥堵不能靠修路。"委员会主席亨利·休伊特(Henry Hewitt)说道,这意味着该州甚至都不应尝试。[48]

波特兰的规划者们说,他们对"我们从 A 点移动到 B 点有多快"不那么感兴趣,而对"把土地使用和交通政策联结起来"更感兴趣。[49]他们对该地区的人均驾驶自 1982 年以来年增长率只有半个百分点而引以为傲,鉴于全国平均年增长率是 1.7％。[50]然而,波特兰的城市开发边界造成的拥堵和高房价已经把该地区的发展推高超出了俄勒冈地方政府的权威。由于波特兰的高房价,从波特兰横穿哥伦比亚河的华盛顿的温哥华,发展速度已超过了波特兰。1990 年,温哥华人口仅有波特兰人口的 10％;到 2000 年,其人口比后者超出 27％。[51]

波特兰的反移动性政策也助推了距其城区不到 50 英里之外的俄勒冈州首府塞勒姆的增长。在 20 世纪 90 年代,塞勒姆经历了一次人口膨胀,使得其取代尤金成为俄勒冈的第二大城市。这使得塞勒姆的人均汽车驾驶以 2.5％的年速率增加。[52]此驾驶的大部分是人们到波特兰的通勤,但当然,Metro 并没有把波特兰城市发展边界外里程的快速增长考虑进来。

即便拥堵抑制了该地区的部分汽车旅行,该地区已经建造的轻轨和有轨电车并没有对汽车移动性损失提供足够的补偿。从 1980 年—1982年,在波特兰开始建造其第一条轻轨线之前,该地区的巴士系统运送9.8％的通勤者去工作。[53]到 2007 年,在该地区已经花费超过 20 亿美元建造了几乎 50 英里轻轨线路之后,公共交通只运送了 6.5％的通勤者去工作。[54]波特兰地区引以为傲的轻轨和有轨电车只运载了规律出行者的不到 0.9％。[55]

据规划者们称,移动性的损失完全是计划的一部分。"为什么要四处奔波呢?"加州大学伯克利分校规划学教授罗伯特·切尔韦罗问道。切尔韦罗倡导可访问性而非移动性;也就是说,街区被设计成商店、工作和其他目的地在步行距离之内,或至少路程要少一点,人们不需要开车很远就能到达。这意味着更高密度的"紧凑型城市"和住房与商店、办公室和其他用途的混合开发。[56]

波特兰的规划者用复仇来遵循切尔韦罗的理念。地铁在 1979 年描绘了该地区周边的城市增长边界。尽管该地区的人口自那时起已经增长了 60％,但是地铁只在该边界上增加了一点点,并设置了很多对开发的障碍,因而实质上没有新的住房在那些新增地段建成。[57]

Metro 的座右铭是"增长,但不外扩"(grow up, not out),这经常意味着用四五层的公寓楼或高层公寓来更替单户住宅。波特兰及其郊区的规划者们已经诱使开发商们建造数十块公交导向的开发项目,意味着高密度、靠近火车站的混合用途项目。波特兰的人口预计在 2035 年之前会增加 30 万人——几乎增加 55％。当他还只是市政专员的时候,波特兰市长山姆·亚当斯就宣称他倾向于把所有这些新居民安居在公共交通为导向的"在现有的或规划中的有轨电车和轻轨公交站四分之一英里之内" *36* 的发展项目。[58]

    然而,俄勒冈 Cascade 研究院主席约翰·查尔斯认为,波特兰的公共交通为导向的开发被证明是失败的。除了该地区的高住房成本,这些开发项目要求巨额补贴来吸引居民和企业。此外,这些项目并非特别地是公共交通为导向的。虽然它们或许靠近火车站,但是它们需要大量的停车位,且当它们缺少这样的停车位的时候,这种住房是大量空置的。[59]调查表明,居住在这些项目的人们并没有比波特兰其他街区的居民明显地更多使用公共交通。[60]类似的结果也被发现于其他城市的公共交通为导向的项目中。[61]

    公共交通为导向的开发项目的倡导者们指出,研究表明居住在紧凑街区拥有大量公交服务的人们比居住在低密度郊区的人们更多地乘坐公共交通,且更少开车。[62]但是类似的研究受到一个自我选择偏差:那就是,那些想要更多乘坐公共交通的人,倾向于居住在公共交通友好的社区。这并不意味着建造更多的公交友好社区将导致更多的公交乘坐。这肯定在波特兰看起来并未奏效——正如前文所述——公共交通占出行的份额在过去的 25 年里已经下跌了。

    某种程度上而言,任何在波特兰奏效的事情,另一场自我选择过程可能正在发生。波特兰的高住房成本已经迫使有孩子的家庭搬到诸如温哥华和塞勒姆的遥远郊区。波特兰的学区每年都在关闭学校,且适龄教育儿童要比 80 年前的少,彼时波特兰的人口只有当今水平的一半。[63]剩下的家庭往往是单身或者没有孩子的夫妻,他们倾向于比有孩子的家庭更少开车。至少,有一些人开车更少不是因为波特兰的规划;他们只是被推出了附近区域。

停留在 20 世纪 50 年代

    也许美国不断增长的交通堵塞问题的最重要的一条原因是很少被提及的:我们的地面交通网络是基于超过半个世纪之前的技术。我们驾驶的车辆可能采用了最新的微处理器技术,但是这些对缓解交通毫无帮助。

我们行驶的公路是基于 20 世纪 50 年代开发的设计和标准。尽管州际公
路系统在当时是一项难以置信的进步,但是现今已无法提供美国人需要
的移动性,在未来几十年还将更少。

研究已经表明,工人生产率随着增加的通勤速度而增加。[64]人们好像
有一个"理想的出行时间预算",增加的速度产生更多的潜在工作可能,而
无需超出他们的出行时间预算。[65]反过来,雇主们可以使用更多高技能的
劳动力,人们可以更容易找到对应其能力的最佳就业机会。

增加的出行时间也以其他方式提高了社会生产力。原材料和产成品
的交付成本更低。零售网点可服务于更大的消费者市场,从而增加竞争,
丰富可供出售商品的多样性,使价格更低。急救车辆可以在所需拯救生
命的关键时间内到达更多的地区。

从 19 世纪 30 年代,彼时第一套蒸汽和街道铁路在美国建成,到 20
世纪 90 年代初,此时州际公路系统完成,城市出行速度稳步提升。这项
速度上的提升促生了个人收入的增长和中产阶级。

然而,正如前文所述,通勤速度于 1995 年之后下降了。这可归咎于
交通部门在应对不断增长的需求时建设新道路的失败。但是城市交通主
要技术革新的缺乏同样负有责任。

尽管轨道交通经常被标榜为现代的向选民兜售,但是其根本是基
于 19 世纪 90 年代的技术。与汽车一样,轻轨车辆也可以装上微处理
器,但是它们仍然以 20 英里每小时的平均速度滚动。轨道公交未能缓
解拥堵,是因为把往返车站和候车的时间加起来,对大多数人而言,轨
道交通比开车慢得多。类似的,奥巴马总统想要打造的时速 110 英里
的高速列车,并不比 20 世纪 30 年代美国很多地区运行的火车要快。
同时,尽管其他形式的公共交通可能使用更多的现代科技,任何一种公
共交通都是对汽车提供的直接的、门对门式的便利性和灵活性的一种
倒退。

对地面交通的真实改善将会是那些专注于个人交通系统的。问题

38 是,主要的制度性障碍阻止了这些改进的采用。一个这样的障碍是政府对公路的近乎垄断,这几乎不容忍任何有竞争的压力来进行改变。第 9 章将详细讨论这个问题。

注释：

1. David Schrank and Tim Lomax, *The 2009 Urban Mobility Report* (College Station, TX: Texas Transportation Institute, 2009), p. 1, tinyurl. com/mk6rvn.

2. Ibid.

3. Economic Development Research Group, *The Cost of Congestion to the Economy of the Portland Region* (Portland, OR: Portland Business Alliance, 2005), pp. 13 – 14.

4. Alan Pisarski, *Commuting in America III* (Washington: Transportation Research Board, 2006), p. 47.

5. Census Bureau, "Journey to Work: 2000," *Census 2000 Brief* (March 2004): p. 5, tinyurl. com/chkjam.

6. Hu and Reuscher, *Summary of Travel Trends: 2001 National Household Travel Survey*, table 26, p. 45, tinyurl. com/2xsqa6.

7. Ibid.

8. *America's Infrastructure Report Card* 2009 (Washington: American Society of Civil Engineers, 2009), tinyurl. com/ccgvsr.

9. Kristin Dross, "Battered Bridges," *CBS News*, August 2, 2007, tinyurl. com/dm6x8p.

10. Ea Torriero and Leora Falk, "Lawmaker Seeks Bridge Trust Fund; Plan Raises Gas Tax to Fund Repairs," *Chicago Tribune*, August 9, 2007, tinyurl. com/bgy93c.

11. Peter Cohn, "Oberstar Anticipates MYM450 Billion Highway Bill in 2009," *National Journal*, April 30, 2008, tinyurl. com/b7uwy3.

12. *Collapse of I – 35W Highway Bridge, Minneapolis, Minnesota, August 1, 2007* (Washington: National Transportation Safety Board, 2008), p. xiii, tinyurl. com/cbd7g9.

13. "Deficient Bridges by State and Highway System," Structures, Federal Highway Administration, 2008, tinyurl. com/da9qqm.

14. 2006 *Status of the Nation's Highways, Bridges, and Transit: Conditions and*

Performance (Washington: Federal Highway Administration, 2007), p. 3 – 15, tinyurl. com/brvl62.

15. Ibid. , pp. 3 – 14.

16. Bureau of Transportation Statistics, "Condition of U. S. Highway Bridges," in *National Transportation Statistics*, 2008, table 1 – 27, tinyurl. com/at54jv.

17. "Deficient Bridges by State and Highway System," tinyurl. com/da9qqm.

18. "Condition of U. S. Highway Bridges," tinyurl. com/at54jv.

19. Chris LeRose, "The Collapse of the Silver Bridge," *West Virginia Historical Quarterly* 15, no. 4 (October 2001), tinyurl. com/c3ab9t.

20. Theodore V. Galambos, "The Safety of Bridges," *The Bridge* 38, no. 2 (Summer 2008):21 – 22, tinyurl. com/ndhr36.

21. "Collapse of a Suspended Span of Route 95 Highway Bridge over the Mianus River," in *Highway Accident Report* (Washington: National Transportation Safety Board, 1984), tinyurl. com/dygnz3.

22. "Collapse of New York Thruway (I – 90) Bridge Schoharie Creek," in *Highway Accident Report* (Washington: National Transportation Safety Board, 1988), tinyurl. com/9xbtdc.

23. "Tennessee Is Faulted in Collapse of Bridge," *New York Times*, June 6,1990, tinyurl. com/9ktwvh.

24. *Transportation for Tomorrow: Report of the National Surface Transportation Policy and Revenue Study Commission* (Washington: Department of Transportation, 2007), pp. 59,62, tinyurl. com/b7wb5z.

25. *Sellwood Bridge Project Draft Environmental Impact Statement* (Portland, OR: Metro, 2008), pp. S – 13.

26. "Metro Council Invests Federal Stimulus Money in Regional Transportation Projects," Metro, March 5,2009, tinyurl. com/ctetxm.

27. "Today, President to Sign Blumenauer Projects for Oregon into Law," Rep. Earl Blumenauer (D-OR), March 11,2009, tinyurl. com/dcrbsf.

28. Jon Craig, "Stimulus Funds Have Takers," *Cincinnati Enquirer*, February 25, 2009, tinyurl. com/bhb7ex; Larry Sandler, "U. S. Spending Bill Funds Milwaukee Streetcar System," *Milwaukee Journal-Sentinel*, March 13, 2009, tinyurl. com/cr2rwe; Andrea Kelly, "Downtown Streetcar Project Appears on Track," *Arizona Daily Star*, March 2,2009, tinyurl. com/df2rrm; "Streetcars

Headed Back to Washington," UPI, March 15,2009, tinyurl. com/daxtwm.

29. Dom Nozzi, "Congestion Is Our Friend," *Gainesville Sun*, February 10,2008, tinyurl. com/cszagx.

30. W. S. Homburger, *Transportation and Traffic Engineering Handbook*, 2nd edition (Englewood Cliffs, NJ: Prentice Hall, 1982).

31. Research Triangle Institute, *National Highway Safety Needs Study* (Chapel Hill, NC: RTI, 1976).

32. Letter from Harold J. McCurry, Retail Merchants Association of Sacramento, to Margaret Woolverton, Quinton Engineers, April 7,1953.

33. Robert D. Pier, "One-Way Street Experience," *Traffic Engineering* (January 1950): p. 153.

34. City of Denver, *One-Way Street Monitoring Study: Phase 1 Conversion Report* (Denver, CO: City of Denver, January 1990), p. 29.

35. Pflum, Klausmeier & Gehrum Consultants, Inc. , *Pennsylvania Street/Delaware Street/Central Avenue Analysis of Impacts Conversion to Two-Way Operation* (Indianapolis, IN: City of Indianapolis, 1999), p. 3.

36. City of Lubbock, " Main & 10th Street Accident Analysis Before/After Study," 1998.

37. David Thomas, "15 MPH Speed Limit to Force People Out of Cars," *London Telegraph*, March 24,2008, tinyurl. com/c4ag3h.

38. Leslie W. Bunte, Jr. , "Traffic Calming Programs & Emergency Response: A Competition of Two Public Goods," report prepared for Master of Public Affairs degree, University of Texas at Austin, 2000.

39. Bohannan Huston, *Albuquerque Downtown Core Street Network Assessment One-Way Conversion Study* (Albuquerque, NM: Bohannan Huston, 2000), p. 2.

40. "*Implementing a Transportation Strategy for the 21st Century: Portland Metropolitan Area Federal Transportation Authorization Policy Priorities and Authorization and Appropriations Project Requests*," Portland, OR, Metro, 2009, *p.* 58, *Exhibit A to Resolution No.* 09 – 4016, *tinyurl. com/cuo2gx.*

41. Regional Transportation Plan (*Portland, OR: Metro, November* 1999), pp. 1 – 29.

42. *Schrank and Lomax*, The 2007 Urban Mobility Report, *table "Mobility Data for Portland , OR,"* tinyurl. com/af2rs2.

43. *James Mayer, "Wu's Offer of Highway Money Creates a Pileup,"* The

Oregonian, *July* 3,2006, pp. E1.

44. Portland-Milwaukie Light Rail Project Supplemental Draft Environmental Impact Statement (*Portland, OR: Metro*, 2008), pp. 5 – 3.

45. *Ben Jacklet*, " *The Sellwood Solution?*" Portland Tribune, *May* 13, 2005, *tinyurl. com/br4ery.*

46. Sellwood Bridge Project Draft Environmental Impact Statement, pp. S – 13.

47. *"A History and Overview of Oregon Transportation Investment Act," Oregon Department of Transportation*, 2007, *tinyurl. com/cbgttj.*

48. *Testimony of Henry Hewitt, chair, Oregon Transportation Commission, before the State Senate Natural Resources Committee, April* 1, 1998, *West Linn, Oregon.*

49. *Eric Mortenson*, *"Metro's Wish List for Feds Ranks Desired Transportation Projects,"* The Oregonian, *January* 20,2009.

50. *Schrank and Lomax*, The 2007 Urban Mobility Report, *table "Mobility Data for Portland, OR"*; Highway Statistics Summary to 1995, *table VM – 201*; Highway Statistics 2005, *table VM – 1.*

51. *Census Bureau*, *"Ranking Tables for Incorporated Places of* 100,000 *or More : Population in* 2000 *and Population Change from* 1990 *to* 2000," 2001, *tinyurl. com/b57v8m.*

52. *Schrank and Lomax*, The 2007 Urban Mobility Report, *table "Mobility Data for Salem, OR," tinyurl. com/dgeznx.*

53. 1980 Census (*Washington: Department of Commerce*, 1982), *table* 118, *"means of transportation to work," for urbanized areas*; 1982 National Transit Database (*Washington: Federal Transit Administration*, 1983), *spreadsheet* "417282"; *David Schrank and Tim Lomax*, The 2005 Urban Mobility Report (College Station, TX: Texas Transportation Institute, 2005), table "Mobility Data for Portland, OR. "

54. 2007 *American Community Survey* (Washington: Census Bureau, 2008), table S0801, "Commuting Characteristics by Sex," Portland, OR-WA Urbanized Area.

55. 2007 *National Transit Database* (Washington: Federal Transit Administration, 2008), spreadsheet "service"; *Highway Statistics* 2007 (Washington: Federal Highway Administration, 2008), table HM – 71.

56. Robert Cervero, "Why Go Anywhere?" in *Fifty Years of City and Regional Planning at UC Berkeley: A Celebratory Anthology of Faculty Essays*, ed. Skip Lowney and John D. Landis (Berkeley, CA: Department of City and Regional Planning, 1998).

57. Dana Tims, "Road to Bigger, Better Damascus Leads to Dead End," *The Oregonian*, January 16,2009, tinyurl. com/ahwwfa.

58. Sam Adams, "From Here to Portland's Tomorrow," speech to Portland City Club, July 20,2007.

59. John Charles, *The Mythical World of Transit-Oriented Development* (Portland, OR: Cascade Policy Institute, 2001), tinyurl. com/336pt6.

60. Bruce Podobnik, *Portland Neighborhood Survey Report on Findings from Zone 2: Orenco* (Portland, OR: Lewis & Clark College, 2002), p. 1, tinyurl. com/2hhmwo.

61. Sharon Bernstein and Francisco Vara-Orta, "Near the Rails but Still on the Road," *Los Angeles Times*, June 30,2007, tinyurl. com/alwpsw.

62. John Holtzclaw et al. , "Location Efficiency: Neighborhood and Socioeconomic Characteristics Determine Auto Ownership and Use—Studies in Chicago, Los Angeles, and San Francisco," *Transportation Planning and Technology* 25, no. 1(2002):1 – 27.

63. Clifton Chestnut and Shirley Dang, "Suburbs Drain City Schools," *The Oregonian*, October 12, 2003, p. A1; "U. S. Cities Have Fewer Kids, More Singles," News-Max. com, June 13,2001.

64. Prud'homme and Lee, "Size, Sprawl, Speed, and the Efficiency of Cities. "

65. Patricia L. Mokhtarian and Cynthia Chen, *TTB or Not TTB, That Is the Question: A Review and Analysis of the Empirical Literature on Travel Time (and Money) Budgets* (Davis, CA: Institute of Transportation Studies, 2002), p. 2.

第3章 岔口当道

两种不同的愿景争夺着美国交通运输的未来。自1991年以来,每当
国会重新授权联邦地面交通项目的时候,它们就会发生冲突。国会下一
轮很有可能在2010年或2011年的授权中对愿景的选取,将对美国的经
济、环境以及未来很多年的生活方式产生深远的影响。

第一个愿景——我愿把其称之为反移动性愿景,虽然其支持者称之
为"精明增长"——是基于美国人要少开车来减少拥堵、能源消耗和对环
境的影响的前提之上的。为了减少驾驶,该愿景呼吁把更多的资金花在
城市交通、城际铁路和自行车/行人设施上。该愿景还呼吁减少单户住
宅地段的规模,并增加居住在多户住宅或综合用途项目中人口的比例,
二者都理应会减少驾驶。总之,这个愿景呼吁美国人生活方式的巨大
改变。

第二个愿景——称之为"效率"——是基于可用于交通改善的资源是
稀缺的,因而需要尽可能地高效使用的前提。这一愿景依赖于用者付费
来支付交通,而非用税收。交通决策由制定目标(有时称为表现标准)和
根据交通项目达成这些目标的能力进行评级构成。目标可能包括拥堵缓
解、节约能源、降低污染和安全性。减少驾驶不是一项目标,但是几乎是
一种可以达成部分这些目标的手段。达成目标的项目中成本最低的项目
将被选择。

每六年,国会将重新授予联邦地面交通资金,其中大多数来自燃油税和其他对汽车、卡车和轮胎的税收。到 1990 年,效率的某个形态是主流。尽管"精明增长"这一术语直到 1996 年才创造出来,国会在 1991 年就做出了一个根本性的转变,将愿景改为明智开发。

40　　　尽管精明增长的倡导者喜欢把自己描绘成处于下风,但是精明增长不仅自 1991 年以来便成为联邦立法的主要愿景,它或它的某个变种在很多州和城市地区,尤其是在太平洋沿岸的城市规划中占据着主导地位,在某些案例中自 20 世纪 70 年代以来便一直占据着主导地位。效率的倡导者争论道,过去数十年的经验表明精明增长毫无成效,并敦促国会重返效率愿景。

最近的经济危机为双方提供了新的论点。精明增长的倡导者说,在轨道公交项目和城际铁路上增加的支出,将为帮助国家复苏提供经济刺激。效率的倡导者说,国家现在比以往任何时候,都需要把其有限的资源明智地投资到增加生产率和损耗最小化中去。

精明增长的倡导者

"精明增长"这一术语由时任马里兰州州长帕里斯·格伦迪宁于 1996 年创造。正如他的幕僚之一后来承认的,选择这个名字是"格伦迪宁当局最明智的策略之一",因为任何一个质疑精明增长的人都可被(且通常会被)立刻指责为偏爱"愚蠢开发"。[1] 但是精明增长背后的基本概念是在 1989 年由俄勒冈千友会(1,000 Friends of Oregon)和地面交通政策项目首先制定的。这些概念又是基于城市规划师们酝酿已久的思路之上的。

直到 1989 年,作为全国最严苛的使用规定之一的俄勒冈土地使用规划规定,建立于开发应当建立在围绕城市的同心环中的概念之上。在城市发展区以外的开发都被严格限制:在全州超过 95% 的地方之上,土地所有者不允许自己建筑一屋一瓦,除非他们拥有 80 英亩的土地,且这些土地的耕种年收入达到 4—8 万美元(取决于土壤生产力)。[2]

为了适应人口增长,规划者们原先承诺定期拓展城市开发边界。但是在 1989 年一项极具影响力的,被称为《土地使用交通运输空气质量》(*Land Use, Transportation, Air Quality*, LUTRAQ)的研究中,千友会认为低密度的郊区发展需要太多的驾驶。千友会提出,作为替代方案,城市地区应当"增长,但不外扩",且他们鼓励国家停止或者放缓城市开发边界的扩张,使得人们以更高密度居住。LUTRAQ 宣称这将引领人们少开车、多使用公共交通、多步行、多骑自行车。[3]

与此同时,地面交通政策项目(Surface Transportation Policy Project,STPP)于 1989 年成立,以在国家层面推广驾驶的替代方案。1991 年,地面交通政策项目通过影响国会,大幅改变了联邦地面交通政策的方向。除了其他方面,1991 年《联合地面交通运输效率法案》(1991 Intermodal Surface Transportation Efficiency Act)鼓励都会地区把其联邦汽油税的份额从花费在公路上转移到公共交通上。与 1990 年《洁净空气法案修正案》(Clean Air Act Amendments of 1990)相结合,联合地面交通运输效率法案假定新的公路将导致更多空气污染。这些法案不提倡,并在一些情形下禁止空气质量较差的城市使用联邦资金建设新的道路。

在 90 年代中期,美国环境保护署与地面交通政策项目联手合作,设定了两个旨在对精明增长和减少汽车驾驶的基层支持进行资助的方案。自 1995 年始,美国环境保护署的"交通合作伙伴项目"拨了超过 600 万美元给地面交通政策项目(其单独接受了近 100 万美元)和其他以"减少全美汽车出行里程"为目标的群体。[4]由于对这些资金政治使用的争议,环境保护署于 1999 年终止了交通合作伙伴项目。

然而那时环境保护署已经设立了一个叫做"精明增长网络"的项目,通过它来给类似地面交通政策项目的团体注资。此外,环境保护署设计了两个网站,smartgrowth. org 和 transact. org(为了"交通行动网络"),

随后移交给精明增长的团体。Transact.org 现在是地面交通政策项目的官方网站,而 smartgrowth.org 由一个叫做可持续发展社区网络的非营利组织维护(依然得到环境保护署的支持),地面交通政策项目是后者的会员之一。环境保护署拨给精明增长游说集团的金额与联邦政府每年花在交通上的数十亿美元相比很小,但是这些预算本来是要拨给基层团体的。

1998 年,国会重新授权了联邦交通资金与 21 世纪交通效率法案(*Transportation Efficiency Act for the 21st Century*)。在俄勒冈州参议员罗恩·维登(Ron Wyden)的指使下,该法案包含了一个叫做"交通运输与社区和系统保护试点项目"的新方案,在此之下交通部将补助地方政府实施"土地使用交通运输空气质量"之类的促进精明增长的研究。地方政府被鼓励与非营利合作伙伴分享资金,因而从华盛顿州到新泽西州,地方政府都在把联邦资金中的数百万转移到精明增长的游说集团。

例如,俄勒冈州尤金市雷恩县政府议会,获得了 60 万美元的赠款,用在俄勒冈威拉米特山谷推广"宜居性"。该议会把这笔钱的大多数拿来和威拉米特山谷宜居性工程分享,它是由俄勒冈千友会创立的。除此之外,这笔钱还花在了一份 8 页报纸插页上,其被散发至 45 万户俄勒冈家庭,推广甚至更为严苛的土地使用管控和更高的城市密度。[5]

尽管"宜居性"的支持者是精明增长联盟的"浸信会教友",但最重要的"走私犯"是轨道交通产业。[6]公共交通部门一年花费约 90 亿美元在建设或者重建轨道交通线路,其中约半数资金来自联邦政府。

为了保持钱的流入,诸如栢诚集团的工程公司,诸如基威特铁路集团的建筑公司,和诸如西门子交通的轨道车辆制造商,大量地花费竞选献金给支持政治家和投案支持新的轨道交通。所有的这些公司还都是美国公共交通协会的会员,后者 2,200 万美元的年度预算大幅超过了各公路游说集团的总预算。

效率的倡导者

由于精明增长的倡导者是目的导向的,他们假定至少为了门面功夫他们的过程被人批评,并指责其为公路游说团体的工具。事实上,公路游说团体在今日已所剩无几。汽车制造商和石油公司在试图影响交通政策上花费甚少,除非政策以税收或法规的形式直接影响到他们。

公路建筑商曾经是公路游说团体的主要合作伙伴。现在他们中的大多数可以通过建造轨道公交赚同样多的钱,或者更多。因此,他们可以建造无益于缓解拥堵的轨道线路,并享受因建造这些需求而获得额外奖金。(他们并不在乎是公路还是有轨交通)这并不奇怪,美国道路建造商协会,一度是公路游说团体的最大集团,更名为美国道路与交通建筑商协会,当下正对兴建铁路像他们以前建高速公路一样热衷。公共交通游说团体——以美国公共交通运输协会为代表——每年拥有约2,200 万美元的年度预算。公路游说集团中剩下的两个主要集团——美国公路使用者联盟和道路信息工程——加起来一年的预算还不足200 万美元。[7]

带头的效率倡导者不是公路游说团体的成员,而是财政上保守的智库。理智基金会的高尔文流动性项目源源不断地发布着对拥堵的最具性价比的解决方案的报告。该项目基本上是由摩托罗拉前首席执行官罗伯特·高尔文资助的——根本不是公路游说团体的一员。

其他积极推广成本效益(cost-effective)的交通解决法案的智库包括美国传统基金会、加图研究所和美国企业研究所。该领域最活跃的以州为基础的智库包括 Cascade 政策研究院、佐治亚公共政策基金会、基层研究所、独立研究所、约翰·洛克基金会和华盛顿政策中心。其他效率倡导者包括各种纳税人群体,例如明尼苏达纳税人联盟和繁荣美国人的州分会。上述团体无一是特别致力于汽车或公路的;它们分析的目的只是想要一个有效的交通运输系统。

精明增长的愿景

美国的精明增长的愿景,一言以蔽之,就是欧洲那样——或者至少是美国游客眼里的欧洲。精明增长的倡导者寻求把美国城市重建为人口密集的紧凑城市(让人们不再需要出行很远)、综合开发(让人们可以步行到商店)、还有城市里和城市间的大量轨道公交(让人们可以乘坐公共交通来替代自己开车)。

精明增长的倡导者说他们并不反对驾驶。但是他们激烈地抵制任何公路容量的增加,并且他们建议将现有道路进行修改以减缓交通和降低容量。例如,单行道可以比双行道多移动 20%—50% 的交通流量,少发生 10%—50% 的交通事故。然而,作为阻止驾车的一种方式,很多城市的精明增长支持者正把单行道转变为双行道,哪怕变更后将导致更多的拥堵和交通事故。[8]

正如前面的章节已经指出的,轨道公交的明智开发愿景极其昂贵。但是明智开发同时也有其他代价。通过制造人为的土地短缺,它让住房变得不必要的昂贵。通过增加拥堵,它浪费了人们的时间。所有的这一切还增加了商业成本,营造出一种对商业不友好的氛围。

效率的愿景

效率的倡导者并不专注于诸如道路或铁路的某一个模式,而是专注于找到最有效率的或最具成本效益的运输解决方案。效率和成本效益是两码事。只有当所有的收益和成本可以用美元来衡量时,效率才可以计算。如果规划中所有个体组成部分或项目的收益高于其成本,那么一个工程或规划是有效率的。如果资金有限,那么只有最大收益成本比的项目才应当被资助。

成本效益是当一些收益不能简单地以美元来衡量时被计算的。这些收益可能包括如拥堵疏缓小时数或减小温室气体排放吨数这样的事情。每个候选项目的这些收益与美元成本一起被估算。这些项目然后以每小时交通拥堵疏缓的美元数,每吨绿色气体排放的美元数等来排序。只有最高排序的项目(单位收益的成本最低的)应当被考虑。

效率的计算与可被使用者付费项目携手并进。如果使用者愿意支付建设、维护和操作交通设施的全部成本,那么该设施定义上是有效率的。交通政策和用者付费间弱化的联系,意味着政策制定者和规划者鲜有动机去关心效率。

成本效益的交通规划包括以下步骤:　　　　　　　　　　　　　　　*45*

1. 制定绩效测度,如拥堵、伤亡、能源消耗、污染和绿色气体排放。每种绩效测度必须是最终的目的,而非目的的手段。例如,"降低人均驾车"不是一个合乎逻辑的绩效测度,因为它只是某些目的的一个手段,如降低污染,且可能会有花费更低的方式来实现这一目的。

2. 收集关于这些测度的数据。

3. 设计一个可以估算各个交通项目对每项绩效测度影响的交通模型。

4. 制定一份所有可能交通项目的清单。

5. 估算每个项目的成本及其对绩效测度的影响。

6. 根据单位绩效测度成本对这些项目进行排序;例如,每拥堵疏缓小时的美元数,每英热单位能源节约的美元数,等等。

在这一点上,规划者可以基于每个绩效测度来开发替代方案:一个拥堵舒缓的替代方案,一个安全性替代方案,一个能源节约型替代方案,等等。每个替代方案都应当包括单位绩效测度成本最低的、产出达到总的可获得资金的项目。

一些交通项目可能在所有绩效测度上都得分不错(即,具有单位绩效测度的低成本),但是其他的却可能要求权衡,比如,安全性和减少污染。根据这些结果,规划者们可以设计出一个成本效益的,可实现所有目标的偏好选择方案(preferred alternative)。正如第8章所示,该系统以"理性规划过程(rational planning process)"为规划者所知。但是当今大多数城市规划者已经放弃了它,而钟爱于精明增长愿景。

效率的倡导者没有什么关于结果规划应该如何的先入为主的概念。但是,一般而言,可能如下:

- 诸如交通信号协调(traffic signal coordination)和高速公路调节信号(freeway ramp metering)的运行改进(operational improvements),从任何一个绩效测度来看,往往都是最有效的投资。

46

- 增加可调价格收费(variable-priced tolling)——随交通流量增加收费增加,以防范拥堵——对任何公路项目而言都将提高该项目的效率。

- 对于需要新建设的项目,最好的公路项目比其他方式要更具成本效益的,尽管很多公路工程还远远没有效率。

- 在任何过境通道内,新巴士服务趋向于比其他任何轨道公交更有成本收益。在拥堵定价的公路上运行的巴士,比轨道线更快且更具成本收益的。

- 新的铁路建设与在同一条走廊上的巴士和公路替代品相比,是十分低效率的。

- 当火车在一条既有货运轨道上运行的时候,比新的铁路建设更有效率,但是没有铁路能比得上巴士。

- 轮渡往往不具成本效益,因为运营渡船的美元、能源和污染成本都很高。

效率的倡导者对提高燃油税或使用任何其他税项来支持交通的需要

持怀疑态度。他们争论道,现有的燃油税,或其他用户收费,如过路费,就足以维护现有的道路,并敦促新公路附加通行费建设。然而,意识到燃油税的缺陷之后,效率的很多倡导者正在考量用车辆里程费来替代这类税——这些钱是作为道路的使用费,而不是为了其他非公路交通筹款。

明智开发的结果

至少有 12 个主要城市地区已经全身心地拥护明智开发的愿景。在 20 世纪 70 年代,波士顿、檀香山、俄勒冈波特兰、萨克拉门托、圣地亚哥和旧金山湾区,都开始采用已是或者即将是精明增长的规划。到 90 年代,巴尔的摩、丹佛、明尼阿波利斯-圣保罗都会区、盐湖城和西雅图也都加入了精明增长的团体。

这些地区的大多数都实行严格的城市开发边界来增加人口密度,花费数十亿美元建设轨道公交系统,并用强制分区和补贴来建设靠近火车站的混合用途、公共交通为导向的开发项目。尽管有关上述部分城市中规划优点的新闻不绝于耳,但是其实际效果一直不佳。

表 3.1 精明增长城市地区驾车和公共交通发展趋势(%) 47

城市化地区	人均驾驶 (1982—2005)	人均公交 (1982—2005)	1982 年来公共交通的份额变化
巴尔的摩	68.4	18.6	−28.8
波士顿	58.1	62.9	2.9
丹佛-博尔德	36.1	20.1	−11.5
檀香山	30.7	−38.4	−50.0
明尼阿波利斯	63.8	−5.2	−41.6
俄勒冈波特兰	17.6	35.3	14.6
萨克拉门托	1.7	−30.6	−31.5

（续表）

城市化地区	人均驾驶 (1982—2005)	人均公交 (1982—2005)	1982年来公共交通的份额变化
盐湖城	46.2	85.1	26.1
圣地亚哥	39.8	34.3	−3.9
旧金山-奥克兰	32.4	8.6	−17.2
圣何塞	29.5	−22.4	−39.7
西雅图	38.0	10.2	−19.7
以上均值	38.5	14.9	−16.7
85片城市地区均值	52.5	−5.7	−37.1

来源：David Schrank 和 Tim Lomax，2007 城市移动性报告（德克萨斯学院站：德克萨斯交通研究所，2007），"完整数据"试算表。

注：自1982年以来，12个在过去十多年强调精明增长的城市地区中，有9个地区驾车增速超过了公共交通增速。

表3.1表明，已采纳明智开发的主要城市地区，与德克萨斯交通研究院的数据库中85个城市地区的平均水平仅有略微不同。精明增长地区人均驾驶的增长稍微低一点，人均公共交通使用稍微高一点。但是，这12个精明增长城市地区中，只有3个已经看到公共交通使用增速超过驾车（且据最新披露，盐湖城的数据是不可靠的，该地区交通公共交通当局把轻轨使用率整体高估了20%[9]）。

即便明智开发可以确保公共交通使用将比驾车增长更快，结果可能依然是毫无意义的，因为公共交通刚开始时只运载了出行的极小比例。在纽约城区，公共交通只运载了总出行的10%多一点儿；檀香山、旧金山-奥克兰和华盛顿城区为4%—5%；波士顿和芝加哥为3%—4%；费城、波特兰和西雅图为2%—3%。在其他地方，均不足2%。

如果公共交通在你所在城市地区运载了2%的出行，明智开发政策导致公共交通以2%的年速率增长，而驾车每年只增长1%，那么100年后公共交通依然只运载了出行量的5%。[10]这是一个被加州大学欧文分校

48

经济学家查尔斯·莱夫成为"大比例定律"(the Law of Large Proportions)的案例,他定义为"最大的组成部分关联最大"。[11]在这种情况下,其意味着,到目前为止汽车是主要的出行方式,汽车燃油经济的微小改善,将比公共交通的巨大变化,对能源消耗或洁净的空气产生更大影响。

明智开发根本致命缺陷是信奉被规划者们称为"土地使用与交通关联"的理念。"交通影响土地使用,土地使用影响交通。"规划者们说道。[12]毋庸置疑,交通技术影响了土地使用。马车、电车和汽车的发展,每一个都使得更多的人能获得较低成本的土地。这允许了更高的住房拥有率,并增加了单户住宅地块的尺寸。交通运输技术变化还改变了我们购物、娱乐和社交的方式。

然而,明智开发的规划者们,却认为我们可以回到通过强制规定更高的多户住宅比率或更小的住宅地块,使人们开车更少、乘坐电车更多的时代。事实上,证据是,土地使用对交通选择的影响较弱是最好的。正如南加州大学规划学教授吉纳维夫·朱利亚诺所观察的那样,"土地使用政策似乎对出行结果影响甚微。"[13]　　　　　　　　　　　　　　　　　　*49*

例如,人口普查数据揭示,城市区域的人口密度波动范围很大,从最低约1,000人/平方英里到最7,000人/平方英里。这些区域的90％的人都开车去上班,在人口密度最高的区域有差不多89％的人开车上班,而在人口密度最低的区域有98％的人开车上班,也就是说,即使把人口密度提高到7,000人/平方英里(7倍于低密度地区),我们会看到,开车的人只是少了9％而已,在任何城市区域进行人口密度影响,都不会理想地影响人们出行方式的选择。

在约11％的城市地区中,驾车通勤的比例低于89％。但是这与人口密度毫无关联:汽车通勤率最低的是在纽约州伊萨卡城区,其人口密度只有1,800人/平方英里。相反,两个因素解释了低汽车通勤率:年龄结构和工作集中度。几乎所有低汽车通勤率的城区都是上述两种之一。就像伊萨卡,大多数是拥有大量年轻人的大学城。然而,年龄结构超出了城市规划者的控制。

低汽车通勤率城市地区的第二类是老的地区,像纽约和芝加哥,其城区工作高度集中。这些城市最接近于规划者们所称的一个城市的"单中心模式",就是大部分工作岗位集聚在城市中心。大部分城市地区,尤其是那些自1900年以来才经历其主要发展的地区,不属于这种模式。

如今,城市规划者们依赖于多中心模式,他们呼吁建立区域和城镇中心,工作可以集中在这些地方。他们希望这将创造就业-住房平衡,独立的郊区和社区拥有差不多的工人和工作数量,因而没有人将为了工作而必须出行很远。

这一理念的第一个问题是,没有什么可以保证人们生活和工作在同一地区或郊区。事实上,一些证据表明,人们倾向于居住在离工作一定距离之外,这样他们可以保证工作和家庭分开。[14] 所以,当加州大学规划学教授罗伯特·切尔韦罗发现旧金山湾区许多社区在工作和住房之间"是几乎完美平衡,但只有不到三分之一的工作者居住在本地,且在本地工作的居住者比例更少"时,这一点都不稀奇。[15]

第二个问题是,即便是多中心模型,也不适应现代城市地区。经济学家威廉·T.鲍嘉已经证明,在一个典型的美国城区中,不超过30%—40%的工作坐落于市中心和近郊中心。[16]这意味着,关注于提供到区域中心的公共交通的土地使用和交通规划,将仅为不到其区域内通勤者的一半服务。例如,丹佛已经建造了或正在规划近150英里的轨道交通线,然而当所有的线路建成之后,丹佛的规划者们预计,只有该地区就业岗位的26%会在一座火车站半英里之内。[17]

总之,如果精明增长的规划者们真的想要减少驾驶,他们将强制要求所有的或很高比例的工作机会从城区转移到市中心。然而,对城市规划者而言,对大型的政治上强大的雇主发号施令比对个人买房者要困难得多。结果,精明增长的土地使用和交通之间的联系更多的是一种说辞,而非事实。"如果目的是减少汽车造成的环境破坏,那么有效的补救方法是直接定价和规范汽车及其使用,而不是土地使用。"南加州大学的朱利亚诺总结道。[18]

尽管证据表明城区密度对驾车影响不大,但是加州立法机构于 2008 年还是通过了一项要求该州城区更加密集的法律,并期望这将减少温室气体排放。[19]从历史上来看,住宅区划已经指明了任何特定区域内允许的最大住房密度:不超过 8 户每英里,4 户每英里,等等。开发商和购房者们曾可自由地在较低密度的区域建造,如果他们想的话。新的加州法律遵循了类似波特兰的精明增长操作,要求最低住房密度。[20]这意味着新的开发项目将比购房者们希望的密集得多,这是为了增加加州城区的整体密度。

由于几十年的发展管理规划,加州已经拥有了全国最密集的城市区域。2000 年人口普查发现,加州的平均人口密度是 4,000 人/平方英里,比全国平均水平 2,400 人/平方英里高出了三分之二。纽约州是唯一拥有更密集城区的,为 4,200 人/平方英里;但在纽约市之外,纽约州城区人口密度不足 2,100 人/平方英里。

如果城市密度对人均驾驶有很大影响的话,那么加州应该是全国人均驾车率最低的州之一。事实上,2000 年人均驾车超过 9,000 英里每人,加州只比全国平均水平 9,770 英里每人略低一点儿。有 11 个州人均驾驶率比加州要低,其中大部分的城区密度要比加州低得多。

许多分析师都关注过密度和驾车之间的关系,发现这是非常微弱的。 *51* "密度有关系,但是不多,"交通规划师保罗·斯齐默克在回顾全国个人交通调查数据之后报告说,"密度的影响是如此之小,即便城市密度相对很大规模的提升,对整体车辆出行的影响也很细微。"特别地,他发现,20 世纪 90 年代城市密度上升了 50%,而其对驾驶的减少只有不到 3%。[21]另一项研究发现,人口密度从 3000 人/平方英里增加到 25,000 人/平方英里,只会将驾车出行降低 11 到 25 个百分点。[22]在此和类似研究的基础之上,交通运输部分析师唐·匹克瑞尔(Don Pickrell)得出结论,增加密度会减少驾车是"虚假"的;诸如收入和家庭规模等因素比住宅密度对人们驾车习惯的影响更为巨大。[23]

加州法律试图通过关注于减少人们出行去工作的距离来克服这些问题。然是,正如南加州大学规划学教授吉纳维夫·朱利亚诺观察到的,"通勤的考虑对居住位置的选择影响有限。"相反,对更好学校和其他社区实施的渴望,可能鼓励人们居住得远离工作。此外,多工作者家庭或许不能在离所有工作者岗位都近的地方选址。由于这些原因,"开发项目密度必须显著提高,如果我们想要改变出行方式份额和行程长度的显著变化的话,"她指出道,"在美国大概不可能。"[24]

我自己的计算使用人口普查和交通运输部数据,来比较城市人口密度变化对人均驾车的影响。我发现,城区密度变化和驾车变化之间的相关性非常低。某种程度上任何相关性都存在,数据表明,城区密度增加100%仅与人均驾驶降低3.4%相关联。[25]这意味着人口密度要大约增加到4倍,才能把人均驾驶降低10%。

加州新法律还给了城市地区规划"公共交通优先项目"一个激励,这意指公共交通导向的开发项目。但是,我们已经看到,这些在减少驾驶方面并不特别有效。

52　　多户家庭住宅也不比单户家庭住宅更加节能。据能源部,单户家庭独门独院与其他任何形式住房相比,每平方英尺使用的能源都要更少。[26]真的要使用明智开发原则来减少能源使用的话,美国人将不得不接受不仅更小的院子,还有更小的房子。事实上,让汽车变得更加能源高效的比试图让人们乘坐公共交通更有意义同样,让新的和既有单户住房更加能源高效比试图让人们居住在更加密集的住房里,在节约能源和减少温室气体排放方面,更加有效。

如果明智开发的结果是一般的,成本就是高昂的。首先是轨道公交和其他明智开发计划对纳税人的成本。自1992年,美国纳税人在建设轨道公交线路上已经花费了超过1,300亿美元(以2007年美元计),主要是在有明智开发议程的城市。纳税人还补贴了很多靠近轨道公交站的交通导向开发项目。例如,俄勒冈波特兰已经花费了近 20 亿美元补贴轻轨和电车线路上的房地产开发项目。

其次是拥堵的成本。当大多数美国城市身陷拥堵之际,特意花费交通资金在无益于缓解拥堵的项目,而不是那些对拥堵效果显著的项目上明智开发政策,正把拥堵变成明智开发型城市咽下的一颗苦果。

第三项成本是移动性的损失。某种程度上,任何驾驶的减少都源自拥堵和不良可访问性。本来有的移动性益处损失了。

第四项,可能也是最重要的成本,是旨在创建更多紧凑城区的土地使用限制对住房价格的影响。明智开发是开发管理规划的一种形式,其试图支配人口增长的速率或位置。接近 20 个州实行某种形式的开发管理,在这些州买房往往要比那些没有实施的州要贵得多。

之所以如此,有几个原因。开发管理最常见的几个形式中,农村地区处在通过大地块分区或其他限制的对开发项目,而增长却集中在政策上规定的城市地区。这样的限制不可避免地造成人为土地短缺,这推高了住房和其他任何开发形式的成本。

开发管理的第二个效应更加严重。在一个对开放商在没有开发管理的区域实施严厉规划限制的城市里,开发商们可以简单地把他们的开放项目放到城市线之外。出于对纳税资金的竞争,市县将倾向于通过快速审批程序来保持开发项目的低成本。 *53*

相比之下,开发管理允许城市间合谋,以阻止规定线之外的开发项目的进行。当开发商们无处可去的时候,各市就可以随心所欲地强加冗长的审批程序、高额的开发费用和繁琐的规划要求。这种对开发项目的卡联盟化可对房价产生显著影响。

例如,在 2002 年,加州的房屋建筑商对圣何塞(其自 20 世纪 70 年代初就施行开发管理了)的房价和达拉斯(其没有施行开发管理)的房价进行了比较。该研究发现,圣何塞的政策开发边界导致的土地短缺把一块裸地的成本增加了20万美元。圣何塞的审批过程又把每座住房的成本增加了9万美元,影响费又增加了2.4万美元。此外,主要是由于高房价,在圣何塞建造一座住房的人力成本比在达拉斯又高了4.3万美元。[27]

某些城市房价高于其他城市是因为收入的差异:在富裕城市的人们更倾向于购买更大的和更高质量的住房。1970年之前,全美中值住房成本约为中值家庭收入的两倍。夏威夷是一大例外,其在1961年通过了一部开发管理法,它的中值住房成本是中等家庭收入的三倍。

如今,在那些没有实施开发管理的州和城区,中值住房依然约花费中值家庭收入的两倍。但实施开发管理的地区已经见证了中值房价飞升到中值家庭收入的11倍之多。这让除了富人之外其他人无力购买单户住宅,实现了明智开发要提高在多户住宅中人口比例的目标。

在大多数情况下,价格-收入比开始涨过2的那一年,紧随着那些州或城市地区开始开发管理规划的这一年。此外,实施开发管理的城市区域和在21世纪初遭受重大房产泡沫的城市区域基本是一比一的关系。加州、佛罗里达和其他精明增长的州里的房价翻了倍,而后下跌了;德州、佐治亚州和其他非精明增长州的房价并未大幅上升或下跌。[28]

明智开发规划强加的"规划税"的结果是,2006年精明增长州的购房者们为了他们的住房,比如果不存在精明增长的情况下,多支付了超过2,000亿美元。[29]这笔金额的部分被住房卖家以土地使用限制导致的暴利方式重新收回了。但是这笔新住房附加的额外成本显然是对社会的无谓损失:无论是房屋建造商,还是制定规则的州或地方政府,都没有从房屋购买者的额外付费中收益半厘。例如,在前述的圣何塞的案例中,9万美元的审批费用是由取得许可所需的漫长时间造成的(包括永远不会得到批准的风险),而4.3万美元的人工费则被工人们必须支付的高房价消耗了。

明智开发抑制流动性的目标非常值得怀疑。明智开发措施在实现这一目标上,其有效性是有限的。然而,明智开发对住在实施此项政策的城市和州内的人们强加了高额的成本。

效率的结果

虽然越来越多的城市地区正在采用精明增长的愿景,第 8 章将表明这些区域很少严格遵循效率模式。然而,大量证据表明,这种模式是可行的。在国家层面,对汽车的技术变化已经导致了能源、安全性和污染等方面的巨大改进。在区域层面,很多分析已经表明,一些交通投资可以在减少拥堵和其他社会成本方面,比其他项目具有几百倍的成本效益,但许多规划把重心放在最不具成本效益的项目上。

1970 年,美国城市的天空曾是带着污染的黑暗,车辆平均(包括卡车)每加仑燃料只行驶 12 英里,且每十亿英里驾驶就造成近 50 人死亡。今天,汽车对空气的污染可以忽略不计,车辆平均每加仑燃料可以行驶 17 英里,每十亿英里驾驶造成不到 15 人死亡。[30]

这些成果并非是由鼓励人们少开车造成的。尽管环境保护署和一些城市对减少驾车做出了努力,但是美国人现在驾车里程约为在 1970 年的 3 倍。[31] 反而,所有的这些成就都是由于更好的汽车和更好的公路。此外,随着新汽车比上一年制造的汽车更清洁、更安全且更节能,伤亡、污染和每英里能耗正稳步下降,

城市拥堵有两个原因。首先,新的公路建设没有跟上行驶车辆的增加。在 1980 年至 2006 年之间,城市快速路上行驶量增加了 188%,但是城市快速路车道公里数只增加了 77%。[32] 这部分是因为汽油税和其他使用者费用被转移到非公路用途上去了。例如,2006 年,从公路使用者收集来的 1160 亿美元只有不到 940 亿美元用在了公路上。[33]

拥堵的第二个原因是,公路收入主要来源的燃油税,并没有对道路准确定价。提供道路以满足高峰期需求的成本比满足平均需求的成本大得多。航空公司、酒店、电话公司和其他很多企业在高峰期收费更多,但燃油税支付的公路在全天任何时候收费都是一样的。

"解决交通拥堵不能靠修理路,"公路的反对者们声称,"因为新的道

路只会导致更多的行驶车辆。"那倒像福特的说法,"我们不能制造足够多的野马(好车)来跟上需求,所以让我们用建造艾德赛尔(次品)来代替吧。"只有政府会认为我们不应该建设人们使用的基础设施,而是要投资于人们不会使用的基础设施。

事实上,很多城市已经表明,它们可以建造足够多的公路来满足驾驶的需求。例如,在1984年,圣何塞的选民们同意建造几条新的高速公路并扩宽现有的高速公路。[34] 从1989年,当时新的道路首次开通,到1993年,此时出行者浪费在交通上的时间减少了近30%。[35] 但是,1995年之后,该地区开始把大多数交通资金用在轨道公交上,而不是道路上。由于这些轨道线运载的人数比道路少得多,拥堵再次增加了。[36]

城市通过旨在成本效益地减少拥堵和其他交通问题的项目,也取得了显著成果。在2003年,圣何塞花费约50万美元协调了223个交叉路口的交通信号灯。这些走廊中每年减少了16%的出行时间,节约了47.1万加仑的汽油,这又显著减少了空气污染。[37]

节省的燃料转化为每年少排放4,200吨温室气体。如果这50万美元成本在超过10年内摊销,其平均成本约为7美元每吨减少温室气体排放。事实上,由于驾车者每年节约了94.2万美元(以每加仑2美元计),信号协调实际上节约了超过200美元每吨减少温室气体排放。相比之下,许多轨道公交项目生成的温室气体比它们减排的更多,且那些减少了温室气体的项目成本达到每吨数千美元。[38]

这并不是说没有轨道公交项目是有意义的,或所有公路的改善是值得的。很多公路提案远非有效率,且美国的一些地方可能是有效的轨道公交项目。但是,对任何交通项目的资助都应当遵循严格的分析和对全系列替代品的思考,而这正是当今的交通规划所欠缺的。

注释:

1. John W. Frece, "Twenty Lessons from Maryland's Smart Growth Initiative," *Vermont Journal of Environmental Law* 6(2004 – 2005), tinyurl. com/8sj28.

2. *Using Income Criteria to Protect Commercial Farmland in the State of Oregon* (Salem, OR: Department of Land Conservation and Development, 1998), p. 2.

3. 1000 Friends of Oregon, *Making the Connections: A Summary of the LUTRAQ Project* (Portland, OR: 1000 Friends of Oregon, 1997), pp. 8 – 10.

4. *Transportation Partners 1997 Annual Report* (Washington: Environmental Protection Agency, 1998), p. 1.

5. *The Willamette Chronicle* (Eugene, OR: Willamette Valley Livability Forum, 2001), p. 8.

6. Bruce Yandle, "Bootleggers and Baptists in Retrospect," *Regulation* 22, no. 3 (1999):5 – 7; tinyurl. com/yo8mzv.

7. IRS form 990s for 2006 for the American Public Transit Association, American Highway Users Alliance, and the Road Information Program, downloaded from guidestar. org.

8. Michael Cunneen and Randal O'Toole, *No Two Ways about It: One-Way Streets Are Better Than Two-Way* (Golden, CO: Independence Institute, 2005), pp. 6,9.

9. *A Performance Audit of the Utah Transit Authority (UTA)* (Salt Lake City: Legislative Auditor General, 2008), p. 54, tinyurl. com/2aj5bw.

10. If transit is 2 and grows 2 percent per year and driving is 98 and grows 1 percent per year, then in 100 years, transit will be 2_1. 02? 100_14. 5 while driving will be 98_1. 01? 100_265. 1. Transit's share at that time will be 14. 5/(14. 5_265. 1)_5. 2 percent.

11. Charles Lave, "The Mass Transit Panacea and Other Fallacies about Energy," *The Atlantic Monthly*, October 1979, tinyurl. com/6c58os.

12. 2030 *Metropolitan Transportation Plan for the Albuquerque Metropolitan Planning Area* (Albuquerque, NM: Metropolitan Transportation Board, 2007), p. II – 1.

13. Genevieve Giuliano, "The Weakening Transportation-Land Use Connection," *Access* 6(1995):3 – 11.

14. Patricia Mokhtarian and Ilam Salomon, "Travel for the Fun of It," *Access* 15 (Fall 1999):27.

15. Robert Cervero, "Jobs-Housing Balance Revisited," *Journal of the American Planning Association* 62(4):492.

16. William T. Bogart, *Don't Call It Sprawl: Metropolitan Structure in the Twenty-First Century* (New York: Cambridge, 2006), p. 7.

17. *FasTracks Plan* (Denver, CO: Regional Transportation District, 2004), p. ES -
11.

18. Giuliano, "The Weakening Transportation-Land Use Connection."

19. Patrick McGreevy and Margot Roosevelt, "Governor Signs Law on Sprawl and
Water Supplies but Vetoes Smog-Fighting Port Cargo Fee," *Los Angeles Times*,
October 1,2008, tinyurl. com/c6kgp5.

20. "SB 375 Bill Analysis," Assembly Committee on Local Government, Sacramento,
CA, 2008, tinyurl. com/47vay4.

21. Paul Schimek, "Household Motor Vehicle Ownership and Use: How Much Does
Residential Density Matter?" *Transportation Research Record* 1552(1996):120.

22. Melvyn D. Cheslow and J. Kevin Neels, "Effect of Urban Development Patterns on
Transportation Energy Use," *Transportation Research Record* 764(1980):70 - 78.

23. Don Pickrell, "Transportation and Land Use," in *Essays in Transportation
Economics and Policy: A Handbook in Honor of John R. Meyer*, ed. Jose A.
Gomez-Ibanez, William B. Tye, and Clifford Winston (Washington: Brookings
Institute, 1999), p. 425.

24. Giuliano, "The Weakening Transportation-Land Use Connection."

25. Urban populations and densities are from 1990 *Census* (Washington: Census
Bureau, 1992), table P004, and 2000 *Census* (Washington: Census Bureau,
2002), table P2, for urban areas by state. Urban driving is from *Highway
Statistics* 1990 (Washington: Federal Highway Administration, 1991), table
HM - 72, and *Highway Statistics* 2000 (Washington: Federal Highway
Administration, 2001), table HM - 72.

26. 2008 *Buildings Energy Data Book* (Washington: Department of Energy, 2008),
pp. 2 - 7, tinyurl. com/lsndqa.

27. Tracey Kaplan and Sue McAllister, "Cost of Land Drives Home Prices," *San
Jose Mercury News*, August 4,2002.

28. Randal O'Toole, "The Planning Tax: The Case Against Regional Growth-
Management Planning," Cato Institute Policy Analysis no. 606, December 6,
2007, p. 10.

29. Ibid. , p. 13.

30. *Highway Statistics Summary to* 1995, tables FI200, MF221, and VM201;
Highway Statistics 2006, tables FI20, MF21, and VM1; *National Air Quality*

and Emissions Trends Report: 2003 *Special Studies Edition* (Washington: Environmental Protection Agency, 2003), table A2.

31. *Highway Statistics Summary to* 1995, table VM201; *Highway Statistics 2006*, table VM1.

32. *Highway Statistics Summary to* 1995, tables HM260 and VM202; *Highway Statistics* 2006, tables HM60 and VM2.

33. *Highway Statistics* 2006, table HF10.

34. Gary Richards, "South Bay Avoids Worst-Commutes List," *Mercury News*, June 19,2007.

35. Schrank and Lomax, *The* 2005 *Urban Mobility Report*, table "The Mobility Data for San Jose, CA," tinyurl. com/2ngbg4.

36. Randal O'Toole, "Do You Know the Way to L. A. ?" Cato Institute Policy Analysis no. 602, October 17,2007, pp. 16 – 17.

37. Gary Richards, "A Sea of Greens for S. J. Drivers: City Tweaks 223 Intersections to Ease Delays," *San Jose Mercury News*, November 6,2003.

38. Randal O'Toole, "Does Rail Transit Save Energy or Reduce Greenhouse Gases?" Cato Institute Policy Analysis no. 615, April 14,2008, pp. 15 – 20.

第4章 我的公交部门告诉我的谎言

1964年，私营公交公司服务了绝大多数的美国城市。面对增长的汽车拥有量，这些公司经营着或许是正在减少但仍有利可图的业务。也许，他们的最大障碍是他们被看作是公共事业，因而不得不就每一个路道变更、涨价，或其他任何其意图做出的创新，向州和地方政府寻求批准。

一个事件统一了这个行业：几乎全国所有的私人公交运营商都一致认为，巴士比电车或其他形式的轨道公交都要更便宜、更灵活、操作更安全。到1964年，轨道交通运营商几乎都是国有的了，他们可以向纳税人要钱来支撑轨道交通的高额成本。

当国会通过1964年城市公众交通法案时，它有效地把公共交通产业国有化了，承诺对所有接管私营公交公司的公共部门给予联邦资产拨款。十年之内，私营公交行业基本上全军覆灭，取而代之的几乎完全是由税收补贴的公共部门。

如今，这些公交部门已经成为美国生产力贪得无厌的寄生虫，每年囫囵吞下数十亿美元的税收。这些部门并未负责地使用稀缺的税款来提供必要的城市服务，相反，它们故意选择高成本的交通问题解决方案，由此把我们的交通网络变得更加低效（通过把资金移出更有效率的项目）和更加拥挤。这些高成本解决方案远非推动移动性，而是把人均公交乘坐量自1964年以来拉低了26％，自1980年以来拉低了11％。[1]

公共交通模式道德和经济上的双重破产,是由一个很多公共交通部门在 20 世纪 90 年代和 21 世纪初使用,以推高其资本预算的金融噱头,所展示出来的。公交部门不用交税,所以它们把其巴士、火车和其他资本设备变卖给银行和其他投资者,然后再租赁回来。银行通过折旧设备价值来减少应交税款。就每 1 亿美元资产而言,银行节约了约 600 万美元税款,并与公交部门平分这笔钱。公交部门每花费 1 亿美元就能有效地得到 300 万"免费资金"——但是这 300 万美元将却是以纳税人 600 万税款为代价的。[2]

58

公交部门理应为公众利益服务。但政府部门创造出来的,耗费纳税人数以百万计的避税手段,并没有任何批准该代价的民主过程。毫无疑问,这不是立足于公共利益的。幸运的是,美国国家税务局 2004 年的新规则制止了这种做法,但在此之前,已有数十个公交部门从该税务漏洞中获益。[3]

公交部门浪费的例子比比皆是,但没有什么比轨道交通更清晰、且更富有争议。碰巧的是,我至少从 5 岁开始就一直是一个铁路迷了,乘坐西部之星(Western Star),从北达科他州格兰德福克斯到俄勒冈州波特兰。很多人喜欢火车,但我对客运火车的痴迷远超过大多数人。我曾帮助修复全国第二强动力运营中蒸汽火车头,并一度拥有 5 节车厢和一个能运行的火车头。我曾数十次乘坐美国和加拿大客运火车进行跨东西海岸之旅。当我在其他国家时,火车总是我的首选出行方式。我家里和办公室里都装饰着老的铁路纪念品,包括海报、瓷器、纸镇、床单和毯子。是的,我还有一个铁路模型。

简言之,如果轨道交通是有意义的,我会是它的头号支持者。但事实是,我作为一个铁路迷,并不意味着我认为政府应当强迫其他纳税人来补贴我的爱好。

除了诸如东京和香港等几个非常密集的地方外,轨道交通是一件所有人承担成本,但只是少数人享用的奢侈品。通勤火车和地铁对维持曼哈顿的运转可能是必要的,但这并不意味着整个国家的其他每个人都应来补贴它。在纽约市之外,轨道交通对当地的美国经济影响不大。新轨道交通项目的主要受益者是那些设计和建造它们的承包商,而不是那些乘客。

最重要的轨道公共交通方式包括以下内容:

- 重轨(Heavy rail),包括拥有专用路线的地铁和高架列车;
- 轻轨(Light rail),意指由其顶部架空线路供电的车辆,它们有时在街上运行,有时在其专用路上运行;
- 有轨电车(Streetcars),意指比轻轨车小,且几乎总是在街头运行的车辆;
- 通勤铁路(Commuter rail),可以通过电力或内燃机车驱动,且通常使用与货运列车共享,或货车曾经使用过的轨道。

少数城市也有单轨铁路、自动旅客捷运设备、倾斜平面(inclined planes),以及其他一些变体。但前述无一是与重轨、轻轨、有轨电车及通勤铁路所相关的,因为前述的设施载客量都很少,且鲜有城市寻求建立更多的类似交通设施。顺便提一句,术语"重"轨和"轻"轨指的是载客量,而不是车厢或轨道的重量。重轨列车可比轻轨列车长很多,因此可以运载更多的人。

基本轨道交通技术的历史可以追溯到19世纪。第一列通勤火车于1838年在波士顿郊区投入运行。第一辆电动有轨电车于1886年在阿拉巴马州蒙哥马利成功启动。芝加哥于1895年开通了第一条电力驱动的高架铁路,纽约于1904年开通了第一条电力重轨地铁线。[4]电力通勤火车可以追溯到1906年。和现代的汽车一样,现代的有轨车可能有着很多先进的技术,但电动马达转动铁轨上钢轮的基本原理是不变的。

城市对汽车与公路使用 20 世纪 50 年代技术的无奈是非常明显的，因为它们转而使用 1886 年—1906 年的技术。这种对轨道交通的兴趣，部分地是基于对过去的怀旧观点，部分是基于相关利益方的好处，还有部分是基于将于第 7 章中揭示的，联邦预算的激励。

城市不应修建铁路的六个理由

1. 成本

关于轨道交通，我们所要了解的最重要的是，它非常昂贵。我是说真的，真的很贵。例如，美国审计署（Government Accountability Office）曾表示，巴士可以提供和轻轨同样快速、同样班次的服务，而其运营成本更低，只占资本成本的 2% 左右。[5]除了少数几个诸如曼哈顿、东京和香港等密集地区之外，凡是火车能做到的事情，巴士都可以做得更快、更好、更灵活，还更便宜。

现今规划中或正在建的典型轻轨项目，成本为 2,000 万美元每轨道英里（复线每轨道英里是 4,000 万美元）。最便宜的是 1,500 万美元每轨道英里，最贵的是设计中的西雅图某项目——预期要耗费超过 1 亿美元每英里。[6]重轨的成本通常至少为轻轨的两倍：一个延伸华盛顿都会区捷运系统至杜勒斯机场的 23.1 英里的项目，目前估算将耗资 52 亿美元，即 2.25 亿美元每英里。[7]通勤铁路成本取决于现有轨道的条件，但通常的成本为 500 至 1,000 万美元每英里。举个例子，俄勒冈波特兰的一条新的通勤铁路线成本约为 800 万美元每英里。[8]

复杂的高速汇通（freeway interchange）可能是昂贵的，但是一整条高速公路的平均成本通常比铁路低得多。本德堡高速公路收费管理局最近完成了休斯顿郊区一条 6.2 英里长的四车道高速公路，包括互通和各种地面和地下通道，耗资 6,000 万美元，即 240 万美元每车道英里。[9]科罗拉多交通局最近拓宽了贯穿丹佛中心的 25 号州际公路，这需要大量的立交桥，成本为 1,900 万美元每车道英里。[10]把城区和郊区算在一起，平均成本不足 1,000 万每车道英里。

铁路倡导者总爱说,铁路线可以运送几条高速公路车道的人数,但容量(将在下文详细讨论)并不能反映实际使用。只有一条美国铁路系统——纽约市地铁——每轨道英里运载的乘客量,比纽约市地区高速公路车道每车道英里运送的要多(只多20%)。2007年,轻轨和通勤铁路每轨道英里运载的平均乘客英里数,比城市地区高速公路每车道英里平均载客量少了15%。纽约之外,铁路每轨道英里运载的乘客英里数只有城区高速公路每车道英里运载量的70%。[11]

在比较铁路和高速公路生产效率时,铁路支持者经常使用双重标准:用满载的火车车厢和平均载客的通勤汽车相比。[12]事实上,和汽车一样,轨道列车平均运载量也比其容量少很多。在2007年,大多数轨道车厢和巴士运载了不到其容量的六分之一。[13]即便运动型多用途车(SUV)也比这做得更好。

2. 超支

运营巴士公共交通系统的人通常要提前不到一年预测诸如载客量、燃料成本、税收和其他与其业务相关因素等的趋势。铁路项目一般需要超过十年来规划、设计和施工。交通管理者没有能力预测未来十年后的建造成本。

当然,事实上,没有人能够预测从现在开始的十年里会发生什么事情。但是轨道交通项目远超其初始预算是臭名远扬的。2002年,丹麦规划学教授本特·弗莱比尔格发现,经过通胀调整之后,北美铁路项目平均耗资超出通过时初始预算40%,而公路项目只多了8%。[14]关于最近铁路项目的两份研究,一份于2006年发表,另一份于2008年发表,都发现铁路项目平均超出预算40%。[15]

无论是已完成的,还是规划中的,最近的项目都表明铁路规划者们还没有从他们的错误中得到教训。

- 1998年,凤凰城提出要建设一个13英里长的轻轨线,耗资3.9亿美元,即3,000万美元每英里。[16]其最终于2008年完工,长达 19.6 英里,耗资 14.1 亿美元,即 7,200 万美元每英里。[17]

● 2000 年,北卡罗莱纳州夏洛特,预估一条轻轨线将花费 3.31 亿美元。[18]最终成本却是 4.27 亿美元。[19]

● 2004 年,杜勒斯国际机场第一条配套铁路项目,全长 12 英里,预计将耗资 15 亿美元。[20]如今,预计成本增长了近 100%,达到 30 亿美元。[21]

● 2004 年,丹佛区域交通署说服选民支持一个 47 亿美元的轨道公交系统。最近估算表明,该系统将耗费 79 亿美元,超过 2004 年估算值的 68%。[22]

如前所述,问题的部分原因,是人们无法预测从现在开始的一个星期内天气将是什么样子的,更遑论未来十年经济是什么样子了。这本身应该提醒交通规划者们,不要试图规划需要超过十年才能完成的交通项目。

然而,弗莱比尔格认为,铁路建设成本的持续低估源自"战略性失实陈述,亦即,撒谎。"[23]规划者们故意低报估价,从而获得项目审批。一旦项目获得批准,他们就做出更现实的估算,加上花里胡哨的昂贵费用,并以延长初始提议项目来应对政治压力。已经通过了初始项目,资助者们便成为"投资"于这个想法,未经审批就执行的成本亦毫不犹豫地增加了。

许多初始估算是由工程和咨询公司做出的,例如柏诚集团(简称 PB)。这些公司肯定知道的是,如果一个项目得到资助,它们就有可能得到一些工程和线路建造合约。因此,他们有动机做出会得到批准的预测,既通过低估成本,也通过高估收益。

在一个战略性失实陈述的例子中,柏诚集团用一项把轨道公交引入威斯康星麦迪逊的提案,和只是改进巴士服务相比较。令其沮丧的是,该公司发现,仅改进巴士服务比把其与引入轨道交通相结合能吸引更多的乘客。后来,柏诚承认其弱化了公交车方案,使轨道交通看起来对提升公

62

交乘坐率是必须的。[24]当政府部门雇佣柏诚将结果公布于众之时,后者从未提起过公交车替代方案,这使得轨道交通看起来成为吸引更多人乘坐公共交通的唯一方式。[25]

在另一个战略性失实陈述的例子中,许多公共交通部门认为他们一直是"根据预算"建设铁路线的。经通胀因素调整之后,丹佛西南地区轻轨线路比原先估算的成本多花了28%。[26]该市西南地区的轻轨线超出其原先预算的59%。[27]然而,丹佛区域交通署坚持认为,它都是"根据预算"来建造这两个项目的。[28]它的意思是,它是根据最终预算成本建造这两个项目的,而不是最初批准时预计的较低成本。

63 由于轨道交通项目有着平均超出预算40%的悠久历史,弗莱比尔格认为,交通规划者们和出资者们应当常规性地把所有成本预算再加上40%。当然,前提是规划者们和出资者们真的在乎他们浪费了公众多少钱。事实上,铁路倡导者似乎经常认为铁路线应当不计成本地建起来。

3. 修复

因为轨道交通项目是如此的昂贵,公交部门一般都负债累累地为其融资。大部分债务都是30年内必须还清的债券形式。但是,成本并不随着债券的支付而终止:每30年,轨道线路就要完全更换、重建或修复。除了路权外,其余一切都必须更换或升级——车厢、轨道、路基、车站和电气设备。

华盛顿特区第一条地铁线于1976年开通运行。2002年,仅26年之后,华盛顿都会区交通管理局就估算,其需要122亿美元——约为原先建造系统的费用——来修复该系统。[29]它还未找到任何资金,所以该系统频繁遭受故障和服务延迟。[30]

芝加哥、旧金山、波士顿和纽约的轨道交通系统也面临财政危机。芝加哥运输管理局正"处在崩溃边缘",因为其亟需160亿美元来修复其轨道和列车。[31]同样的,旧金山BART系统面临58亿美元的资金缺口来更换破旧设备。[32]波士顿借资50亿美元修复其轨道线,现在其运营预算超过四分之一被用来偿还该债务,这正在"粉碎"该系统。[33]

据一位纽约公共交通倡导者称,纽约都会区交通管理局"有大麻烦了",因为它缺乏所需的修复其系统的资金。[34] 它每年已经耗资 15 亿美元——预计至 2010 年该数额将达到 20 亿美元——偿还过去修复措施发生的债务。[35] 它宣称它在未来十年内需要 300 亿美元修复资金,而它目前只有 130 亿美元。[36] 其结果是,它可能需要削减地铁、通勤火车和巴士服务。[37]

修复华盛顿、芝加哥、旧金山和纽约重轨系统的预算成本,全都超过 1 亿美元每铁路路线英里。匹兹堡最近把轨道电车线修缮至轻轨标准,每英里耗费 3,200 万美元。[38] 第一批现代轻轨线,包括水牛城、波特兰、萨克拉门托和圣地亚哥的轻轨,将在未来十年迎来它们的 30 岁生日,而它们的修缮将耗费同样的金额。这些部门中很少,或几乎没有知道将如何为这些成本融资。

因为类似的修复并不能增加公交系统的生产能力,而仅仅是维持在其建成时的水平,这应当被看成一笔维护成本。但是联邦交通管理局允许公交公司把修缮费用算入资本成本。重要性在于,当铁路倡导者一如既往地宣称铁路线比巴士的运营和维护成本都低的时候,他们却忽略了这些长期的维护成本。

还是这些部门,不能承担以维持其现有系统的部门,正仍然着手昂贵的扩建计划。纽约大都会运输署(MTA)在 8 英里的第二大道地铁上斥资 168 亿美元。当然了,华盛顿地铁正准备斥资 52 亿美元修建杜勒斯铁路延线。旧金山湾区捷运系统(BART)正准备投入逾 60 亿美元建造一条到圣何塞的线路。芝加哥正在延伸它的几条通勤铁路线。规划和预算之间完全脱节的现实,已经成为轨道公交部门的典型做派。

讽刺的是,反公路的"先修补"口号当应用到轨道公交时,解释得很完美。轨道交通票价并不接近支付运营成本,更不用说线路修缮成本和新线路建设成本。如果公共交通部门无力维持其既有路线,建造新线路对其而言就是无意义的。

此外,全国没有一个地方"需要"一条新的轨道线。正如下文即将显示的,新的铁路将无法缓解拥堵、降低能耗或减少温室气体排放。轨道仅仅是一件很多地方无法承担的奢侈品罢了。所以新的口号应当是:当用户收费可以支付它的时候,建造它。当其不能时,先修补!

4. 乘客量

"中产阶级汽车所有者不会乘坐公共汽车。"铁路倡导者声称道,仿佛这在某种程度上为花费数十亿美元把一些傲慢的人请出他们的汽车而辩护。事实上,公交乘客对频次和速度更敏感,而对公交车还是有轨车辆并不是太在乎。"当可量化的业务特性,例如出行时间和成本是相同的时候,"研究人员称,"没有对轨道出行胜过巴士的明显偏好。"[39]

真正的问题是,当机构面临成本超支时,对整体公共交通系统运载量的影响,硬性的按揭付款或高昂的维护成本,必须在保持列车运行和维持其巴士系统之间做选择。由于已经建造了铁路,太多机构不得不削减巴士服务,从而导致公交乘客人数下降,或至少停滞不前。

20 世纪 70 年代末,亚特兰大开始建设一套重轨系统。到 1985 年,它已有 25 路线英里长,年乘客量已经增长到 1.55 亿人次。此后,亚特兰大城市人口已经翻了一番,轨道里程也翻了一番,然而乘客量仍然是1.55亿左右。2007 年,达到了 1.58 亿人次。尽管轨道乘客量增加了,但这种增长是以公交汽车乘客量的减少为代价的。[40]

20 世纪 80 年代初,洛杉矶有一项维持巴士低票价的政策,在 1982—1985 年间,乘客量增长超过三分之一。后来,洛杉矶决定建造轨道公交线,而这遭受了巨大的成本超支。对此,洛杉矶大都会交通运输管理局提高了巴士票价,并削减了服务,这导致至 1995 年巴士乘客量下跌了17%。全国有色人种协进会(NAACP)起诉道,认为洛杉矶大都会交通运输管理局是在削减对少数人种社区的服务,为给通往白人中产阶级社区的轨道交通线提供资金。法院下令都会区交通管理局恢复巴士服务,并强迫其削减轨道计划。[41]如今,公共汽车乘坐量已经反弹并远超其 1985

年前轨道时代的水平。同时,轨道乘客量停滞不前,运载量逐年下降,比巴士系统 1985—1995 年间损失的人数还要少。

当圣路易斯于 1993 年开通第一条轻轨线时,它被誉为是一个伟大的成功,因为在之前十年内乘客量缩水了近 40%,此刻又开始增长了。但是,当圣路易斯于 2001 年开通第二条线路,把轨道系统长度增加了一倍时,轨道乘客量持平而公交汽车乘客量下降了。到 2007 年,总系统乘客量不超过其在 1998 年的乘客量。

圣何塞于 1988 年开通了其首条轻轨线,并迅速加入到系统中。起初一切似乎进展顺利,但当山谷交通管理局(VTA)的税收收入在 2001 年经济衰退中下降时,它被迫在债券违约和大幅削减轨道和巴士服务之间做抉择。[42]它削减了 20% 的服务,到 2005 年已经损失了超过三分之一的公交乘客。时至今日,乘客量仍然低于其在 1990 年的水平。

既不能维持其老化的铁路系统,也不能提供体面的巴士服务,芝加哥在 1985—1995 年间流失了超过四分之一的公共交通乘客。乘客量自那时起稍微恢复了一点,但是依然比其 1985 年的顶峰水平低了 18%。类似的,费城公共交通乘客量于 1984 年达到顶峰,到 1998 年已下跌了 32%,随后又恢复到了 1984 年顶峰水平的 84%。

截至 2003 年,约一半拥有轨道交通的城市地区,见证了自 20 世纪 80 年代中叶开始的乘客量下降潮。其余地区依然享受着增加的乘客量,但是以比驾驶增长率低的速率增加,在绝大多数情况下,比人口增速要慢。[43]

很多只有巴士公交系统服务的地区在这方面做得好很多。从 1983 年至 2003 年,奥斯汀、夏洛特、休斯顿、拉斯维加斯、路易斯维尔和罗利-达勒姆的巴士公交系统的载客量都比汽车驾驶量增长要快。2000 年的统计显示,轨道与巴士公交相结合城市地区乘坐公交通勤的人数下降了,而只有巴士服务的城市地区的人数上升了。[44]

问题的部分原因是,许多公交部门依赖于销售税,在经济衰退时期特别不稳定。房产税比销售税更稳定,因此以房产税补贴的公交系统较不容易遭受削减——例如圣何塞在 2001 年销售税收入减少时被要求的那样。

另一个更有帮助的解决方案是,运营一条不需要发行债券或其他借资的低成本巴士系统。当税收收入下降时,相关部门不能直接停止对债权人的支付。如果一个公交部门的半数收入用去偿还债务,那么当收入下降时的任何削减都会是没有债务时的双倍。

5. 土地使用

公交巴士是灵活的,当出行模式改变时,可以容易地更改线路。轨道线需要数年时间来建造,且一旦竣工,如果要改线需要耗费大量时间和人力物力。巴士系统可以回应乘客需求,而轨道系统必须产生自己的需求。这导致公交部门推广侵入性的土地使用规范,阻止低密度的开发项目接近其轨道线,并规定和/或补贴高密度的开发项目接近火车站点。

欢迎来到被波特兰研究员约翰·查尔斯(John Charles)称为公共交通导向开发项目的神秘世界。[45] 公共交通部门想要重建城市来适应其想要提供的公共交通服务类型,而不是为现今已经存在的美国城市量身定做交通系统。这种抱负有很多问题,其中重要一条,事实是公共交通运载了美国除纽约外的城区出行的不到 5%(纽约为 10% 左右),把城市围绕这些很少使用的公共交通系统设计,看起来非常荒谬。

更大的问题是,这样的社会工程在很多方面违背了美式自由。家庭应当可以选择他们想要拥有的住房形式,而不是被公交部门和规划者们操控的,旨在降低居住在单户住宅中人数和增加居住在单元楼或分契式公寓中人数的选择。业主应该能够按照自己希望的方式使用财产,而不是被繁琐的土地使用限制约束住的选择。

一个还要更大的问题是,正如前一章中指出的,土地使用政策对市民交通选择,充其量有边际效应而已。交通技术显然影响了土地用途:1890 年前建成的城市,彼时大多数人出行基本靠走,比 1890—1930 年间建成的城市要密集的多,此时有轨电车十分流行;那些城市,反过来,又比二战后建成的城市要密集,这时汽车占主导地位。但这个过程是不可逆的:按照前汽车或前电车时代设计建造城市不会使人们显著减少汽车驾驶。

据罗伯特·切尔韦罗称,对公共交通导向的开发项目长时间的热情,这些项目的确增加了公交乘客量,但这是"由于居民自我选择——换言之,一种偏爱公交导向生活的生活方式"。[46]换言之,那些偏爱公共交通胜过驾车的人选择住在这些区域,但这并不意味着城市设计已经影响了他们的出行习惯。这个市场是有限的:调查显示,五个美国人中有超过四个人喜欢有带个院子的住房,住在商店、公共交通或工作附近。[47]一旦这个需求得到满足,类似波特兰和丹佛的城市就不得不诉诸巨额补贴以吸引开发商建造更多的高密度开发项目,且证据显示那些居住在这些密集项目的人驾车量和别处的人一样多。

如果这些发展项目的市场是强劲的话,那么开发商将建造它们来从其中获利。但是据加州大学规划学教授约翰·兰迪斯和罗伯特·切尔韦罗的一项研究发现,旧金山 BART 线路开通 25 年之后,BART 车站附近人口密度实际上下降了。"远离 BART 处的人口比近处的人口增长得要快,"他们总结道:"轨道投资的土地使用收益('收益'指的是增加的人口密度)并不是自动进行的。"[48]

同样的事情还发生在俄勒冈州波特兰市。当其于 1986 年开通第一条轻轨线时,它立刻把所有的火车站附近的土地划为高密度、公交导向开发项目的区域。十年后,一个这样的项目也没有被建成。所以该市决定补贴这些开发项目。它把公共土地以低于市场的价格卖给开发商。它免征高密度地区房屋十年的房产税。它还使用税收增量融资给开发商提供额外补贴和支持。

税收增量融资是一种城市用来推动再开发的流行金融工具。发明于 20 世纪 50 年代的加州,现今在除亚利桑那州外的所有州都是合法的了。为了使用它,规划者们在待再开发区域周围划界。该区域目前被征收的房产税将继续流向学校、消防、警察和其他市政服务。但是,无论是新开发项目的税收还是既有项目增值带来的税收,所有新的或增量税收都被城市所有以补贴新的开发项目。

城市规划者们通常会估算将从增量税收中产生的现金流,然后发售能被该收入偿还的债券。债券然后经常被用于支付基础设施,用于购买土地、以折扣价再销售给开发商,有时还用于给开发商提供直接补助。

政府官员们表现得好像这些税收是免费的资金。"开发项目为自己付钱。"他们说道。事实上,新的开发项目所需的消防和警察保护,不亚于其他任何地方。如果儿童生活在这些开发项目里,他们要去上学。但是用以支付这些学校、消防、警察和其他市政服务的资金,肯定是来自其他纳税人的,那些要么不得不多付税款,要么接受低于其纳税水平的服务的人,因为他们的税收被摊用给那些没有为其服务付费的人了。

自1996年以来,波特兰市已在现有或规划中轻轨线路沿线划定了五片市区重建区,并使用沿线四片已有区域来推广公共交通为导向的开发项目。这些地区所提供的总补贴超过15亿美元,还不包括对高密度区居民免征的数千万美元房产税。[49]对公共交通导向开发项目的总补贴接近于这些轨道线自身的总资产成本,鉴于波特兰自1980年以来已经花费超过20亿美元(以2008年美元计,包括现今仍然在建设中的项目)。如果公共交通导向开发项目的目标是提高公共交通乘客量,那么补贴就应当被计入轨道公交的成本。许多其他城市,包括丹佛、明尼阿波利斯和圣何塞,都类似地使用税收增量融资来支持公共交通导向的开发项目。[50]

这并不奇怪,自1996年以来,开发商们已经建造了数十块公共交通为导向的开发项目。然而,正如约翰·查尔斯所指出的,这些开发项目并不是真的以公共交通为导向的。只有当它们有很多停车位时,才会发挥作用。拥有有限停车位的开发项目,要么从来没有动工,要么空置率很高。只有有限停车位给零售商店的混合使用项目,以空置的商铺而告终。[51]最重要的是,研究表明,这些开发项目里的家庭和别处的家庭一样,也倾向于驾车,而不喜欢乘坐公共交通。[52]类似的结果也发现于其他的补贴交通导向开发项目的城市中。[53]

也许,旨在促进公共交通乘坐量的土地使用政策的最大问题,是他们对房价的影响。有着公共交通部门的大力支持,波特兰等城市已在其区域周边划立了城市开发边界。这制造了人为的土地短缺,反过来又使住房更贵并迫使更多的人居住在用地更少的多户住宅中。在很大程度上,导致 2008 年金融危机的房地产泡沫,是由类似的土地使用政策造成的:使用这些政策的州,例如加利福尼亚州和佛罗里达州,遭受了严重的泡沫,而没有类似土地使用限制的州,例如佐治亚州和德克萨斯州,几乎没有泡沫。[54]城市和公共交通规划者,不应当为使住房不可支付和摧毁自有住房的美国梦而感到自豪。

70

6. 容量

轨道交通经常被描述为"高容量公交"。然而,其容量真的没有那么高。轨道运力限制的一些想法,可以从华盛顿特区处理奥巴马就职典礼当日的预期巨大人群的方式看出来:地铁出于对自动扶梯运人进站速率将超出列车运送速度的顾虑,而关闭了一些进入重要站点的自动扶梯。[55]显然,自动扶梯每小时可移动人数超过八节车厢的地铁列车。

重轨线路——地铁和高架铁路——是可用轨道公交中最高容量的形式。如果人们像在东京那样拥堵的话,大多数美国人会觉得难以接受——一节重轨车厢的"高峰容量"约为 180 人。一辆八节车厢的重轨列车大约可载 1,440 人。如果铁路系统可以管理每分钟移动一列火车——只有一部分美国的铁路线可以支撑这样的交通——一条线路一小时可以运送 86,400 人。这也是轨道倡导者可以声称一条铁路线能运送几条高速车道运载量的地方。如表 4.1 所示,其他形式的轨道公共交通容量低得多。如果重轨线具有最高容量,通勤铁路和轻轨铁路真的只是中等容量的,而轨道电车是低容量的公共交通。

表 4.1 交通容量(每小时人数)

重轨	86,400
通勤火车	15,000
轻轨(4 节车厢列车)	18,000
轻轨(2 节车厢列车)	9,000
轨道电车	2,800
专用巴士车道	56,000
高乘载车道/高承载收费车道上的巴士 9000	
城郊巴士	200
高速公路车道上的汽车	8,000
主干道车道上的汽车	4,000

注:这些容量即便曾经实际达到过,也是很罕见的,但是它们展现出替代的交通运输系统可以有所作为的地方。通勤火车假定八节车厢的列车有 120 个座位和 40 个站位,每 5 分钟一班。轨道电车假定有 40 个座位和 100 个站位,每 3 分钟一班。城郊巴士假定每小时 4 班车。汽车假定每辆车 4 个人,高速公路每车道每小时可过 2,000 辆车,主干道每车道可过 1,000 辆。地铁、轻轨和其他巴士计算参见文中。

一个重要的问题是:谁真的需要大容量的公共交通?人们看着高峰时段的高速路上成千上万辆飞驰的汽车,常常思索:"如果我们只有一条轨道线,所有的那些人都能乘坐啊。"但事实是,每辆车里的人都有不同的出发地和目的地。他们或许现在都在这条高速走廊,但是一条铁路线只能服务其中的少部分人,因为大部分人不会既在火车站附近居住,又在火车站附近工作。

城市真正需要的是弹性容量公共交通:能够在需求旺盛处运送大量乘客,而在需求稍低之处,例如郊区,可以经济地运送少数人。轨道公交,具有非常高的固定成本,是不合格的。轨道公交部门试图通过车站巴士来提供弹性载客量,但是公交部门知道,每次他们让人们换乘时,他们都在失去乘客。

巴士可以提供真正的弹性容量公共交通。巴士可以在需求较低的郊区的城市街道上行驶，也可以在需求较高时转移到高承载车道（high-occupancy vehicle，HOV）或高承载收费车道（high-occupancy/toll，HOT），如果需求有保证的话，使用专用巴士车道。虽然专用巴士车道容量可能不像重轨那么高，但是巴士和火车不一样，巴士可以轻易地从不同的起点开往不同的终点，让更多人可以无需换乘就可以乘公共交通出行。

这意味着轻轨和通勤铁路在任何地方都是无意义的。需要低、中或高容量公共交通的城市可通过巴士来满足这些需求。只有那些需要超高容量公共交通的地区或许需要考虑重轨，而在纽约市之外，美国没有一个地方真正需要如此之高的容量。

建造铁路的六条错误理由

尽管事实是，轨道公交流失了金额不菲的列车载客量，未能比巴士服务改善显著地吸引更多乘客，而轨道倡导者却辩称城市还有其他建造铁路的理由。这里有六个流行的建造新铁路线的原因，但都是错误的。

1. 经济发展

铁路倡导者们说，轨道公交刺激经济发展。他们经常指出，俄勒冈波特兰市中心的一条轨道电车线，据称刺激了价值 15 亿美元的新开发。事实上，该开发项目的大部分是由上亿美元的税收增量融资、税收减免和其他对开发商人的支持而补助的。没有轨道电车或补贴，一些开发项目也会建造。还有一些开发项目，没有电车但有补贴，也会被建造。轨道电车单独地导致任何进展而与补贴无关，这是不太可能的。

轨道公交是否刺激新的开发呢？20 世纪 90 年代中叶，联邦交通运输管理局提出了罗伯特·切尔韦罗的这个问题。切尔韦罗是前文所述的公共交通为导向开发项目的大力倡导者，还有萨穆埃尔·塞斯金，他为自纽约市地铁开建以来就几乎在各大轨道公交项目中均有参与的柏诚集团

72

服务。如果有人能够找到对轨道公交刺激经济发展想法的支持,他们俩就是。

然而,切尔韦罗和塞斯金发现,"城市轨道公交投资很少'创造'新的增长。"在最好的情况下,轨道公交可以""再分配"在没有投资的情况下仍会发生的增长。""最巨大的土地使用变化,"他们补充道,"已在闹市区发生了。"[56]

换句话说,轨道公交是一种"零和博弈",一部分业主受益,而牺牲另一部分业主的利益。受益的主要业主是那些在闹市区拥有土地的人,主要因为大多数轨道系统是集中在闹市区的中心辐射型。这解释了轨道背后的一些政治演算:市区业主受益匪浅,所以他们为铁路游说。其他业主都只损失一点点,所以他们缺乏反向游说的激励。

许多规划师和城市官员想当然地认为,所有改善中心城区的都是好事情。但是,除了产生从市中心业主的竞选捐款,为何这对改善市区如此重要呢?城市的中心"是一个过去时代的遗迹",乔·格瑞奥在他的《边缘城市》一书中说到。[57]关于城市的传统图景,一片高密度的中心闹市区,周围是较低密度的住宅区,"只是思考城市的一种方式",格瑞奥补充道。"实际上,这只是十九世纪的版本。"[58]在 1820 年之前,人们见不到市中心闹市区,因为他们没有集聚就业的产业,他们也缺乏建造更高更密集结构的技术。1920 年之后,汽车、电力和电话让市中心不再必需。

如果轨道公交不刺激新的开发,而只是最多把新开发从城区的一部分转送到另一部分,那么轨道规划者就拥有了在一个城市的业主们之中创造赢家和输家的力量。赋予政府官员此种权力绝非一个好主意,这唯一可导致的就是腐败。比如,波特兰地区的报纸,把选出来的官员的联盟称作铁路承包商,而把支持波特兰交通政策的交通为导向的开发商称为"轻轨黑手党"(light-rail mafia)。[59]

2. 人们不会乘坐公交车

铁路倡导者声称,公交车不会诱使中产阶级司机离开他们的汽车。

但是,为何让挑剔者乘坐公共交通是如此重要呢? 巴士服务的改进可以吸引和轨道建设一样多的新公共交通乘坐者——且以低得多的成本。

最近的一项调查发现,就华盛顿特区而言,特区捷运轨道乘坐者的平均收入比特区巴士乘坐者的高 47%。98% 的轨道乘坐者拥有一辆汽车,而巴士乘坐者只有 80% 的人拥有。[60] 对那些想要让中产阶级通勤者从他们的汽车中出来的人而言,考虑到(将在第 6 章中表明)用来给捷运轨道系统供能的化石燃料生产的电力,每乘客英里排放的二氧化碳(CO2)比一般的 SUV 还要多,这只是一场惨胜。与此同时,"四面楚歌的公共汽车"乘坐者面临反复的服务削减,这样公交部门才可以保持列车系统的运营。[61]

20 世纪 90 年代末,旧金山湾区都会区交通运输委员会——其把地区交通资金的三分之二用于只运载了 4% 地区乘客出行的公共交通系统——思考如何在公共交通系统上花费更多。[62] 一项可能的工程是湾区捷运(BART)至圣何塞的延伸线,一条非常昂贵的线路,以至于每有一人次从驾车改为乘坐湾区捷运就要耗费约 100 美元。另一项工程是里士满的巴士改善服务,该城市拥有大量低收入少数族裔人口。规划者们估计,公共汽车的改进,将以仅有 75 美分每趟出行的成本把里士满的居住者们吸引出他们的汽车。[63]

不用说,该委员会决定扶持轨道线而非巴士改进方案。在委员会的判断中,花费 100 美元吸引一位可能驾驶相对无污染的汽车的高科技工作者去乘火车,比花费同样的 100 美元吸引 133 位可能驾驶更旧、污染更严重的汽车的低收入工人去乘巴士,更加的重要。

计算可能实际上比这还让人愤世嫉俗。中产阶级员工比低收入工人更有可能投票,拥有更多的政治权力。让这些选民支持把轨道公交作为一项日常必须,而不是只能被那些买不起私人汽车的人使用的东西的想法,可能是铁路议程的一部分。正如铁路的强烈支持者,已故的保罗·魏里希(Paul Weyrich)所写的那样,"面向穷人、失业者和少数群体,这是好

74

的,但是如果公共交通仅仅为服务这些人而设计,那么中产阶级投票者将会被拒之门外。"[64]

总之,真正的目的并不是为了让人们离开他们的汽车。毕竟,由于大多数公共交通补贴是由汽车驾驶者支付的,让每个人从他们的汽车中出来到公共交通中去,将会使公共交通运营起来十分昂贵。相反,我们的目标是让足够多的人从他们的汽车中出来,创造出一种公共交通依赖的感觉,这样选民们将会支持增加的公交资金。

3. 轨道避免拥塞

轨道倡导者说,轨道列车不会因堵塞而变慢。因此,他们可以为人们提供一个真正的选择:在交通中驾驶,或者乘坐火车以避免拥堵。同时注意,巴士不能避免拥堵。首先,一个显而易见的问题是,为什么一个相对很小的人数,应该有一个大量补贴的公共交通系统,使他们可以避免拥堵,而其他每一个支付补贴的人不得不坐在交通里。其次,巴士不能避免拥堵的前提是错误的。

大多数城市高速公路系统拥有高承载车道(HOV)或它们更近的变体,高承载收费车道(HOT),后者对支付通行费的低占用率车辆开放。高承载收费车道是调控的——有时频率达到 10 分钟一次——以确保车道永不拥挤。拥有一个完整的、包含 HOV 或 HOT 车道作为每条高速公路一部分的网络的城市地区,将使得巴士可通过这片区域而避免拥堵。

类似的 HOV 或 HOT 车道成本比建造铁路要低,它们提供的交通纾缓让每个人受益,而不只是少数乘坐轨道公交的人。公交乘客之所以受益,是因为高速公路上的巴士出行比轻轨要快(均速约为 20 英里每小时),比重轨和通勤火车也要快(一般均速不超过 40 英里每小时)。使用 HOV 或 HOT 车道的其他驾驶者之所以受益,因为他们也避免了拥堵。那些不使用这些车道的人也从中受益:南加州平行于高速公路的 HOT 车道吸引了高速公路车流量的三分之一。

表 4.2　丹佛东部走廊替代方案对比（百万美元）

替代方案	资本成本	运营成本	年度成本	每年节约小时数	每小时节约成本*
新 I-70 车道	305	15.6	40.1	18.36	2.18
新 HOV 车道	337	14.9	42.0	12.57	3.34
柴油铁路	374	33.7	63.4	8.91	7.12
电气铁路	571	29.2	75.1	9.09	8.26

* 每小时节约成本仅以美元计。

来源：Kimley-Horn & Associates, *East Corridor Major Investment Study Final Report* (Denver, CO: DRCOG, 1997), pp. 37-39.

表 4.2 给出了关于丹佛市中心和丹佛国际机场之间走廊的替代性交通改进的分析结果。研究表明，轨道公交比新高速公路或 HOT 车道的建造和运营费用更多，而对缓解拥堵作用更少。尽管如此，规划者选择了轨道公交——按理说应该在运营成本上节约——他们选择电气铁路，尽管电气铁路的附加资本成本等同于 127 年的从柴油铁路中节约的运营成本。自该研究完成之时，东部走廊的轨道公交预计成本已经增长了近两倍，而在另一条丹佛走廊上的 HOV 车道快速公共巴士的预计成本，只增长了 12%。[65]

设计合理的公路系统，使巴士不仅可以像火车一样避免拥堵，而且成本更低。巴士还可以立即投入使用，而不是等到十年的规划和建设之后。

4. 政治平等

铁路拥护者有时会说，"让我们建造一条轨道线，看看它运行的怎么样。"一条线路的建设继而创造出附加线路的态势。那种态势的主要部分，来自每个城市社区都想从联邦铁路资金分一杯羹的渴求，而无论铁路对该社区的实际服务可能有多么糟糕。

丹佛郊区在所有的这些铁路线立即建造的条件下，同意支持其区域交通署的数十亿美元铁路规划。郊区的官员意识到，该规划可能会遭到重大的成本超支（其也被证明确实如此），且无论时间表上最后的线路是什么,该线路都很可能永远不会动工。为应对成本超支,公交部门提议只建设六条铁路线中的四条——一个肯定会遭到线路被排除在外的地区官员反对的提议。[66]

铁路倡导者把平等的论点用到街区和城市之中。旧金山想要耗资14亿美元建造一条1.7英里的公交隧道,作为至海柏街区延伸轻轨线项目的一部分。[67]据联邦交通运输管理局,海柏的公交车载客量已经非常高,而建设这条铁路的一条主要理由是"为了实现和其他已有铁路覆盖社区的平等的目标。"[68]

对旧金山公交汽车乘客的运营补贴达到平均1.5美元每趟,而对铁路乘客的补贴则达到平均1.9美元每趟。轻轨也有更高的资本成本。根据联邦交通运输管理署的推理,如果一个街区是由一条贵得离奇的公交线路所服务的,公平性就要求其他每个街区都得到同样昂贵的服务。事实上,真正的公平问题是,如何减少一部分纳税人为了能使另一部分人乘坐公共交通而不得不支付的补贴这样一种不公平的现象。

77   5. 这在欧洲可行

美国游客游览欧洲,乘坐伦敦地铁、巴黎地铁或意大利的电车,回到家后希望美国也有类似的交通系统。简单的回答就是美国不是欧洲:我们的人口密度更低,收入更高,所以可能乘坐公共交通的人数,即便在密集的地区,也很少。

真实的答案是,欧洲也并非欧洲,至少不是美国游客幻想的欧洲。毫无疑问,在美国游客看来,欧洲的轨道公交比美国多得多。如在2007年,至少150个欧洲城市区域拥有某种形式的轨道公交,相比之下,美国只有30个。[69]欧洲在补贴这些轨道线上花的钱,是美国的好几倍之多。[70]

这些铁路线或许对游客是方便的,但是一般的欧洲人很少使用他们。2004年,美国人平均轨道公交出行里程为87英里,而欧洲人只是101英里。[71]这点差别很难说欧洲是一个成功的轨道公交的示例。此外,欧洲人轨道公交出行的份额从1980年的1.4%下降到了2000年的1.1%。同时,欧洲人使用汽车出行的份额,从 76.4％增加到了 78.3％。[72]

6. 保护环境

很多人想当然地认为轨道交通的环境影响比驾车更低,因而在轨道公交中投入更多资金对环境是有益的。已故的加州大学经济学家查尔斯·莱夫早在 1979 年就对此发表质疑。"关于此话题的常识很容易被阐述,"他写道,"1. 公共交通远比汽车要能源高效是不言自明的;2. 投资更多以提升公交设施将会吸引更多的乘客,这也是不言自明的。"不幸的是,他继续说道,"这两条不言自明的假设,被证明都是错误的。"[73]

正如第 6 章将详细阐述的,公共交通每乘客英里使用的能源和排放的污染,和汽车一样多。以至于轨道公交可能节约了些许能源,让一小部分人乘坐火车和减少开车的成本是巨大的。

莱夫指出,那些真正希望节约能源和减少污染的人,将会在专注把汽车变得更加环保上做得更好,而不是试图让更多的人放弃驾车改坐公共交通。这是"必然如此的",鉴于他所称的"大比例定律",意味着"最大的组成部分最重要。"[74]换言之,美国人在城市地区汽车出行的乘客英里数,是公共交通出行的 60 倍,所以减少汽车环境影响的微小投资,将会比对公共交通巨大投入做得更多。

为什么是铁路?

如果轨道公交是如此的昂贵和低效,为什么城市想要建造更多呢?为什么选民支持它呢? 正如第 7 章将阐述的,第一个问题的答案是,联邦资金的激励鼓励城市选择高成本的公交形式。

当选民支持轨道公交的时候,部分是对一个从未存在过的时代的怀旧,彼时无论人们去哪里,都可以乘坐方便、舒适的火车或轨道电车。一定程度上,这是科学盲:在一个联邦政府开支以万亿美元计的时代,鲜有对花费别人几十亿美元而感到狼狈的。且在一定程度上,这是少部分特殊利益集团就 19 世纪火车是多么的在技术、环保和道德上优越于 20 世

78

纪的汽车巴士,对大众游说的成功努力。然而选民支持是微弱的。2000年之前,选民们反对放在选票上的大多数铁路提案。总体而言,只有当遇到缺乏组织的反对时,措施才会通过。反对者们如果就每100美元花在支持铁路竞选经费增加至少1美元,他们就可以击败铁路。[75] 很多公共交通部门对失败的回应是把方案一次次地带回选民面前:凤凰城选民在2002年通过铁路之前,反对过三次。马林县选民在2008年通过它之前,反对过两次。同样的重复投票还发生在丹佛、盐湖城、圣何塞和其他地方。

2000年,当公交部门的公共游说变得更具侵略性时,这种复杂的情况改变了。在大部分州,公共部门的类似游说在技术上是非法的,但公交部门通过不提及具体投票措施来规避法律的监管。

79　　犹他州交通管理局率先推出了一项提高销售税以支付轻轨的投票措施的技术。在2000年11月大选的前几个月,公共交通部门频繁播放电视广告,一条空荡的高速公路,旁白是轻轨移走了足够多曾填满从奥格登到普罗沃的78英里高速公路上的汽车。"即便你不乘坐它,它也在为你服务。"广告总结道。虽然盐湖城选民先前曾反对过轻轨,这些广告把用于推广的资源增加了一倍以上。该轻轨方案通过了。

犹他州交通管理局兴高采烈地把结果向其他公共交通部门宣布,它们很快纷纷效尤。丹佛区域交通管理署被禁止对公众游说,除非措施被放在选票上。2004年8月,仅在一项47亿美元铁路措施被正式放在选票上的几天前,该署花费了近100万美元邮寄一份六页的四色"参考"小册子,宣称轨道公交将减少拥堵、污染,并以其他方式提高区域的生活质量。

奥斯汀、德克萨斯的铁路批评者们,以适度的预算运营着,足以在2000年击败一场铁路投票。但是在2004年,奥斯汀的公交部门,省城地铁,在电视和其他广告上斥资200亿美元支持轨道公交,导致反对者直接放弃了。[76] 2008年,阿尔伯克基的公交部门使用税款支持该市的一项铁路投票措施。[77]

民主亦非完美。当政府项目要求对一些人征税使另一些人受益的时候,那些期望获得数以亿计或十亿计美元的人——在这种情况下,主要的是铁路承建商和房地产开发商——将愿意花费数百万美元以获得项目的通过。随着一方用了数百万,而另一方只有几千,投票人对项目的看法就一边倒了。类似的选举结果不应当被解读为意味着选民想要轨道公交,而是他们想要缓解交通拥堵、减少空气污染,以及铁路支持者谎称的其他铁路可以提供的东西。

公共交通模式被打破

一般的美国公交部门只从其车费中获得经营资金的三分之一,而资本资金则是分文未得。这意味着,相比于增加公共交通乘坐量,交通官员对说服拨给者和纳税人给他们更多的钱更感兴趣。增加的载客量实际上是对公共交通的负担:尽管平均而言,公交车辆仅有六分之一是满的,其在高峰期是最满的,此时新的乘客最有可能使用公共交通。

尽管交通官员爱把他们的项目形容为“可持续的”,而事实上,汽车和公路比当前大多数公共交通部门,在经济上更加可持续。当今的轨道交通系统只因很少的人使用便运行,而其余每个人都在补贴它。因为轨道公交的单位乘客英里成本达到了驾车的四倍之多,如果每个人都去乘坐当前提供的轨道交通服务的话,那么城市将会因试图保持交通系统运行而破产。

然而,公共交通不一定是昂贵的,而且不一定要被补贴。美国就有几个完全未补贴的公交系统,都运行得很好。一条是大西洋城小型公共汽车协会(ACJA),其成员拥有清一色的 13 座巴士。每辆巴士在协会规定的路线上由其所有者运营。车费是 1.5 美元每人,涵盖市区所有的主要景点。和大多数公有的公共交通系统不同,小型巴士系统(jitneys)提供全天候 24 小时服务,并且不从任何政府部门拿一分钱补助。[78]这种小型巴士服务在大多数美国其他城市是非法的,因为这会同政府的垄断交通部门相竞争。

另一个未补贴的公交系统是波多黎各圣胡安的"公共的汽车"(públicos)。和大西洋城的 jitneys 一样,públicos 是独立所有和运行的典型 17 座巴士。至少有六个不同公司运营着 públicos,类似于华盛顿特区及其他一些美国城市的多家出租车公司协调运营商所拥有的出租车。Públicos 既提供城区的服务,也提供城际间的服务。票价依乘坐距离浮动,但在 2007 年平均不足 1 美元。尽管 públicos 和一个公有巴士系统及一条新建造的重轨线(其成本从预计的 10 亿美元上涨到 22 亿美元)相竞争,但 públicos 每年运送的乘客比后两者的总和还要多。[79]

第三个未补贴的公共交通运营是纽约的水路轮渡,它把新泽西的 10 个不同地点和中城、水街及曼哈顿的世界金融中心连结起来。该轮渡系统由亚瑟·伊姆普雷托于 1986 年创立,他还联合拥有新泽西货运公司。纽约水路提供了一种纽约都会区其他众多公共交通部门中任何一家都没有想过提供的服务。[80] 抵达纽约市的乘客可以乘坐纽约水路巴士到达或离开曼哈顿的各个点,而无需额外付费。尽管该公司于 2001 年接收了一笔来自联邦紧急事务管理署的补贴,以暂时替代 911 事件之后新泽西和世贸中心中间的地铁服务,它是以完全与票价无关的其他方式补贴的。[81] 该公司于 2007 年运载了 480 万乘客,收入为 3,300 万美元,而运营费用为 2,100 万美元。[82] 像其他许多私有公司一样,纽约水路在最近的金融危机中也遭到波及,但这并不意味着私有公共交通不可行。

公有公共交通部门鼓励人们相信,如果补贴他们的税款明天消失了的话,没有汽车的人将没有任何移动性。事实上,这些范例表明公共交通的私有形式将很快地如雨后春笋般取代政府公交。此类私有公交,将在很多方面优于政府公交。它将更有可能提供门对门的服务,每天运营更多时间,并对热门地点提供更多有限停靠或不停靠服务。

私有公共交通票价可能会比补贴过的公共交通的票价要高,但如果人们相信低收入者和其他无法使用汽车的人应该得到补贴的话,政府可以直接以交通票的形式补贴他们。类似于食物票,此类交通票可以被用于补偿任何的公共交通:的士、巴士、铁路、美铁或航空。这些人可以用这些票在发行的政府部门兑换现金。对交通使用者而不是提供者进行补贴,将会创建一个竞争氛围,将带来造福所有公共交通使用者的高效创新。

注释:

1. Calculations of per capita transit ridership based on urban populations. Transit trips from 2008 *Public Transportation Fact Book*, *Part* 2 (Washington: American Public Transportation Association, 2008), p. 2;1964 and 1980 urban populations from Census Bureau, "Population: 1790 – 1990, Urban and Rural," in *Population and Housing Unit Counts* (Washington: Census Bureau, 1992), tinyurl. com/ deenfb; 2007 urban population from Census Bureau, 2007 *American Community Survey* (Washington: Census Bureau, 2008), geographic component: urban, tinyurl. com/d9x5zd.

2. "COPs and Lease-Backed Bonds," *Innovative Financing Techniques for America's Transit Systems* (Washington: Federal Transit Administration, 1994), chapter 1, tinyurl. com/bwpu73.

3. Lynnley Browning, "Transit Agencies Seek Aid in Avoiding AIG Fees," *New York Times*, November 4,2008, tinyurl. com/bfdck5.

4. 2007 *Public Transportation Fact Book* (Washington: American Public Transportation Association, 2007), p. 6.

5. Ruben N. Lubowski et al. , *Major Uses of Land in the United States*, 2002 (Washington: Department of Agriculture, 2006), p. 5.

6. *Annual Report on Funding Recommendations: New Starts, Small Starts, Alternative Transportation in Parks and Public Lands* (Washington: Federal Transit Administration, 2008), appendix A.

7. "Dulles Corridor Metrorail Project — Extension to Wiehle Avenue," Federal Transit Administration, 2007, p. 1, tinyurl. com/7b7n6z; Amy Gardner, "Metro to Dulles Gets Formal Federal Backing," *Washington Post*, March 11, 2009, tinyurl. com/dheo95

8. "Wilsonville to Beaverton Commuter Rail," Federal Transit Administration, 2005, p. 1, tinyurl. com/8vt3mb.

9. "Fort Bend Parkway Toll Road," Fort Bend County Toll Road Authority, 2008, tinyurl. com/5t9znq.

10. "Metro Denver's Multi-Modal T-REX Takes Last Step," Metro Denver EDC, 2006, tinyurl. com/3syrll.

11. Passenger miles per track mile calculated from *2007 National Transit Database* (Washington: Federal Transit Administration, 2008), spreadsheets "service" and "fixed guideway"; passenger miles per freeway lane mile from *Highway Statistics 2007*, table HM – 72. Freeway passenger miles assumed to be 1.6 times freeway vehicle miles.

12. "FasTracks," Regional Transportation District, 2004, brochure mailed to several hundred thousand Denver-area homes in August 2004.

13. *2007 National Transit Database*, spreadsheet "service"; calculated by dividing vehicle revenue miles into passenger miles. The Federal Transit Administration groups vintage trolleys, such as streetcars in Galveston and Memphis, with light rail; the average of 23 riders per car counts only modern light-rail lines.

14. Bent Flyvbjerg, Mette Skamris Holm, and S? ren Buhl, "Underestimating Costs in Public Works Projects: Error or Lie?" *Journal of the American Planning Association* 68, no. 3(2002):285.

15. Nasiru A. Dantata, Ali Touran, and Donald C. Schneck, "Trends in U. S. Rail Transit Project Cost Overrun," paper presented to the Transportation Research Board, 2006, table 2, tinyurl. com/mbjv24; *The Predicted and Actual Impacts of New Starts Projects* — 2007 (Washington: Federal Transit Administration, 2008), p. 11, tinyurl. com/8kpnyr.

16. "Central Phoenix/East Valley Light Rail," Federal Transit Administration, 1998, tinyurl. com/837vda.

17. "Central Phoenix/East Valley Light Rail," Federal Transit Administration, 2004, p. 1, tinyurl. com/9vsa2o.

18. "South Corridor LRT," Federal Transit Administration, 2000, tinyurl. com/7rcxwq.

19. "South Corridor LRT," Federal Transit Administration, 2005, tinyurl. com/8x6dwd.

20. "Dulles Corridor Metrorail Project — Extension to Wiehle Avenue," Federal Transit Administration, 2004, p. 1, tinyurl. com/798bx5.

21. "Dulles Corridor Metrorail Project — Extension to Wiehle Avenue," Federal Transit Administration, 2007, p. 1, tinyurl. com/7b7n6z.

22. "Summary of Changes to FasTracks Program: Attachment 1," Regional Transportation District, 2008, p. 2, tinyurl. com/4kodgc.

23. Flyvbjerg, Holm, and Buhl, "Underestimating Costs in Public Works Projects: Error or Lie?"

24. Parsons Brinckerhoff, *Transportation Alternatives Analysis for the Dane County/Greater Madison Metropolitan Area* (Madison, WI: Transport 2020, 2002), pp. 7 – 6,10 – 2, and 10 – 22.

25. Transport 2020, *Transport 2020 Oversight Advisory Committee (OAC) Summary Report* (Madison, WI: Transport 2020,2002), p. 21; *Project Fact Book* (Denver, CO: Regional Transit District, 2006), p. 14.

26. Booz Allen Hamilton, Inc., *Managing Capital Costs of Major Federally Funded Public Transportation Projects* (Washington: Transportation Research Board, 2005), p. 55.

27. *Final Report: Southeast Corridor Major Investment Study* (Denver, CO: Colorado Department of Transportation, 1997), pp. 4 – 24.

28. "A Message from RTD General Manager, Cal Marsella," Regional Transit District, 2005.

29. "America's Transit System Stands at the Precipice of a Fiscal and Service Crisis," Washington Metropolitan Area Transit Authority, 2004, p. 1.

30. Lyndsey Layton and Jo Becker, "Efforts to Repair Aging System Compound Metro's Problems," *Washington Post*, June 5,2005, tinyurl. com/98e2n; Lena H. Sun and Joe Holley, "Aging Equipment Blamed in Metro Incidents," *Washington Post*, August 28,2007, tinyurl. com/2sm269.

31. "Chicago Rail System on Verge of Collapse," *Engineering News Record*, November 21,2007.

32. Denis Cuff, "BART Gets Rusty: Aging System Lacks Billions for Infrastructure", *Contra Costa Times*, September 28,2007.

33. Mac Daniel, "Group Seeks Debt Relief for the T", *Boston Globe*, January 9, 2007, tinyurl. com/3q7sm3.

34. Em Whitney, "Transportation Advocates Agree: The M. T. A. Is in 'Deep Doo-Doo'", *The New York Observer*, June 27,2008, tinyurl. com/4z8omd.

35. *MTA* 2007 *Adopted Budget* (New York: Metropolitan Transportation Authority, 2007), p. II - 2, tinyurl. com/4ud8nb.

36. Eliot Brown, "Paterson Launches Panel to Find M. T. A. Much-Needed Money", *New York Observer*, June 10,2008, tinyurl. com/3jqlub.

37. "Deficits May Force Cuts in NYC Subway, Bus, Rail", WABC News, September 23,2008, tinyurl. com/4658gz.

38. "Stage II LRT Reconstruction", Federal Transit Administration, 2004, p. 2, tinyurl. com/8yof2m.

39. Moshe Ben-Akiva and Takayuki Morikawa, "Comparing Ridership Attraction of Rail and Bus", *Transport Policy Journal* 9, no. 2(2002).

40. All ridership numbers in this section are from *National Transit Database* (Washington: Federal Transit Administration, various years), spreadsheets "service supplied and consumed."

41. Labor/Community Strategy Center, "Bus Riders Union", busridersunion. org.

42. Gary Richards, "VTA backs major cuts", *Mercury News*, May 10,2003.

43. Randal O'Toole, *Rail Disasters* 2005 (Bandon, OR: American Dream Coalition, 2005), p. 6.

44. Randal O'Toole, *Great Rail Disasters* (Golden, CO: Independence Institute, 2004), p. 7.

45. John Charles, "The Mythical World of Transit Oriented Development", Cascade Policy Institute Policy Perspective no. 1019, October 2001, tinyurl. com/336pt6.

46. Robert Cervero, "Transit Oriented Development's Ridership Bonus: A Product of Self-Selection and Public Policies", University of California Transportation Center, Berkeley, 2006, p. 1, tinyurl. com/ayls2a.

47. National Family Opinion, *Consumers Survey Conducted by NAR and NAHB* (Washington: National Association of Realtors, 2002), p. 6.

48. John Landis and Robert Cervero, "BART and Urban Development", *Access* 14 (Spring 1999):15.

49. "Urban Renewal History Appendix," Portland Development Commission, 2006, p. 3; tinyurl. com/yo2zde.

50. Jennifer Lang, "New Urban Renewal in Colorado's Front Range," Independence

Institute, Golden, CO, 2007, p. 7, tinyurl. com/nubsef.

51. John Charles and Michael Barton, *The Mythical World of Transit-Oriented Development: Light Rail and the Orenco Neighborhood* (Portland, OR: Cascade Policy Institute, 2003), tinyurl. com/2kh6s.

52. Podobnik, "Portland Neighborhood Survey Report on Findings from Zone 2: Orenco," p. 1, tinyurl. com/2hhmwo.

53. Sharon Bernstein and Francisco Vara-Orta, "Near the Rails But Still on the Road: Research Casts Doubt on the Region's Strategy of Pushing Transit-Oriented Residential Projects to Get People out of their Cars," *Los Angeles Times*, June 30,2007.

54. O'Toole, "The Planning Tax: The Case Against Regional Growth-Management Planning," p. 8.

55. Kytja Weir, "Metro May Shut Down Escalators, Will Close Bathrooms for Inaugural," *Washington Examiner*, December 7,2008, tinyurl. com/9tgsh5.

56. Robert Cervero and Samuel Seskin, *An Evaluation of the Relationship between Transit and Urban Form* (Washington: Transportation Research Board, 1995), p. 3.

57. Joel Garreau, *Edge City: Life on the New Frontier* (New York: Doubleday, 1991), p. 59.

58. Ibid. , p. 25.

59. Jim Redden, "Can Goldschmidt Come Back?" *Portland Tribune*, May 21,2004.

60. Kytja Weir, "Survey: Metrorail Users More Affluent, Better Educated," *Washington Examiner*, May 17,2009, tinyurl. com/qfd98y.

61. Kytja Weir, "Area Bus Riders Face Service Cuts," *Washington Examiner*, March 31,2009, tinyurl. com/oabxqt.

62. Metropolitan Transportation Commission, *Final Transportation* 2030 *Plan* (Oakland, CA: MTC, 2005), p. 35.

63. Bob Egelko, "Inequity in Funding Discriminates against AC Transit Riders, Plaintiffs Claim in Suit," *San Francisco Chronicle*, April 20,2005, p. B-1.

64. Paul Weyrich, "Can Rail Prevail the First Time Around?" *Railway Age*, June 2000, tinyurl. com/n9ola2.

65. "Summary of Changes to FasTracks Program: Attachment 1," p. 2, tinyurl. com/4kodgc.

66. "FasTracks Annual Program Evaluation Summary: 2008," Regional Transporation District, 2008, p. 3, tinyurl. com/3fwp8z.

67. "Central Subway," Federal Transit Administration, 2006, p. 1, tinyurl. com/9a69eo.

68. "Bayshore Corridor," Federal Transit Administration, 1996, tinyurl. com/8853b5.

69. *Panorama of Transport*, p. 23.

70. Ari Vatanen and Malcolm Harbour, "Strangling or Liberating Europe's Potential?" paper presented at conference on European Transport Policy, European Parliament, Brussels, July 12,2005, p. 10, tinyurl. com/8pl8rf.

71. *National Transportation Statistics* (2008), table 1 – 37; *Panorama of Transport*, p. 102.

72. *Key Facts and Figures about the European Union* (Brussels: EU, 2004), p. 52.

73. Lave, "The Mass Transit Panacea and Other Fallacies about Energy."

74. Ibid.

75. "Light Rail Is Defeatable," Independence Institute, 2003, p. 1, tinyurl. com/83r2am.

76. Ben Wear, "Rail Referendum," *Austin American-Statesman*, November 3,2004.

77. Paul Gessing, "Take Ads Off Taxpayers' Dime," *Albuquerque Journal*, November 20,2008, tinyurl. com/7v9r2s.

78. "We Keep Atlantic City Moving," Atlantic City Jitney Association, jitneys. net.

79. 2007 *National Transit Database*, spreadsheet "service."

80. N. R. Kleinfield, "Trucker Turned Builder: Arthur E. Imperatore; Creating Shangri-La on the Hudson," *New York Times*, January 4, 1987, tinyurl. com/brh73y.

81. Sascha Brodsky, "Many Routes to Ferry King's Success," *Downtown Express*, July 17,2002, tinyurl. com/b54snr.

82. "NY Waterway Profile," Federal Transit Administration, 2008, tinyurl. com/cp8hco.

第 5 章　下一件无用之事

2009 年 2 月，当国会讨论 7,870 亿美元刺激组合时，奥巴马总统给关键的参议员们传话，他希望该组合包含给高速火车的 80 亿美元。他说，高速铁路，将会是他在刺激项目中的"招牌议题"。[1] 当月晚些时候，奥巴马的 2010 年预算提议在高速铁路每年多开支 10 亿美元，时长为五年。[2]

在 4 月，奥巴马向公众阐述了他的国家高速铁路"愿景"。在该计划中，约 8,500 英里的高速铁路将连接东部和墨西哥湾海岸地区、中西部地区、德州-俄克拉荷马州-阿肯色州、加州及太平洋西北地区的 33 个州的主要城市。[3]

毫无疑问，奥巴马总统视己为追随艾森豪威尔总统的脚步，后者的州际公路系统是史上最庞大的，也是史上最成功的公共工程项目。正如艾森豪威尔从一份多年前由公共道路局发展的既有提案中借用了他的"计划"一样，奥巴马的高速铁路网络和联邦铁路管理局在 2005 年提议的一份完全相同。[4]

但两个关键区别显示出州际公路和高速铁路两者的差异性。第一，艾森豪威尔总统对州际公路将耗资多少及政府将如何就其支付心中有数。到 1955 年，公共道路局已经很好地发展了成本估算，并知道需要多少燃油税收入来支付该系统。尽管那些估算被通胀和后来对系统添加更多路线里程的组合给削弱了，然而该系统是建立在来自燃油税的使用者付费和在州际公路上其他的使用费基础之上的。相比之下，奥巴马没有

交通困局

针对高速铁路的财务计划,没有针对其8,500英里系统的成本估算,也没有对乘客付费将涵盖所有运营成本的预期,更别提资本成本了。

第二个关键区别是,州际公路被几乎所有美国人大量使用,而只有一小部分精英将使用高速铁路。2007年,美国人平均在州际公路上行驶了4,000英里,运输了2,000吨/英里的货物。[5]由于州际公路服务了全部50个州的全部主要城市,大多数美国人即便不会每周通过州际公路出行多次,也至少会有一次。相比之下,奥巴马铁路项目的全年使用量将不太可能超过人均100英里。且考虑到乘坐高铁被收取的保险费,大多数使用者可能会是富人和其雇主为其付费的白领阶层。

表5.1 奥巴马-联邦铁路管理局高速铁路走廊

走廊	终点城市	里程	最高速度
加利福尼亚	萨克拉门托-圣迭戈	692	
帝国(纽约州)	纽约-奥尔巴尼-水牛城	439	125
佛罗里达	坦帕-奥兰多-迈阿密	356	120
墨西哥湾沿岸	休斯顿-新奥尔良-亚特兰大-莫比尔	1,022	110
中南部	圣安东尼奥-小岩城-塔尔萨	994	
拱心石(宾州)	费城-匹兹堡	349	110
中西部	明尼阿波利斯-芝加哥-圣路易斯,底特律-芝加哥-克利夫兰-辛辛那提,圣路易斯-堪萨斯城	1,920	110
	印第安纳波利斯-路易斯维尔	111	79
新英格兰	波特兰(缅因州)-波士顿-蒙特利尔	489	110
东北部	波士顿-华盛顿哥伦比亚特区	456	150
太平洋西北地区	尤金-温哥华	466	110
东南部	华盛顿哥伦比亚特区-亚特兰大-梅肯,里士满-汉普顿锚地	110	

来源:联邦铁路管理局,"高速铁路走廊标识"(华盛顿,交通部,2005),tinyurl.com/6s94zd.
注:联邦铁路管理局规划没有为加州走廊指定最高速度,但是加州希望建造一条速度高达220英里时速的线路。

96

如表 5.1 所示,奥巴马-联邦铁路管理局规划可以被更精确地题为 "中速铁路"。在大多数情况下,它要求最高运行速度不超过 110 英里 每小时。这很难说是创新的:开始于 20 世纪 30 年代,几条美国铁 路,包括密尔沃基铁路、圣菲和宾夕法尼亚州,定期运行客运火车,时 速不超过 100 英里每小时。例如,密尔沃基海厄瓦萨铁路,在其从芝 加哥到明尼阿波利斯的线路上例行地达到 110 英里的时速。[6]这些快 速列车对挽救二战后客运火车的衰落没有什么作用。

现今,美铁在几条走廊上以 100 英里或更高的最高时速运行着火 车。纽约至波士顿的火车达到 150 英里每小时,纽约至华盛顿的达到 135 英里每小时,纽约至奥尔巴尼、费城至哈里斯堡以及芝加哥至底特 律的都达到了 110 英里每小时。在洛杉矶和圣地亚哥之间,美铁列车 达到 90 英里每小时。在其他线路上,美铁列车被限制为最高 79 英里 每小时。[7]当然,最高速度远高于平均速度;波士顿-华盛顿走廊的平均 速度要低于 85 英里每小时;110 英里每小时走廊上的均速则从 55—65 英里每小时不等。

铁路支持者指向在其他国家中火车可以达到的高得多的速度,以此 为证据表明美国是落后于时代的。中国北京和天津之间的一条铁路,速 度达到了 220 英里每小时。[8]自 2011 年始,日本基本以高达 200 英里的时 速运行火车。[9]法国的火车速度超过 185 英里每小时,而德国的和英国的 火车也差不多那么快。[10]

高速铁路的爱好者甚至不把 110 英里时速的火车看作是真正的 高速铁路。加利福尼亚立法机关把高速铁路定义为最高速度超过 125 英里每小时。加州参议院交通委员会说道:"125 英里每小时阈 值的原因是,现有的客运列车设备可以以这样的速度运行,如果安装 了相应的信号技术且路权满足各种设计和安全标准的话。"[11]

奥巴马关注于中速铁路——而非真正的高速铁路基于两个理由。首 先,正如美铁总裁约瑟夫·博德曼于 2009 年 5 月告诉伊利诺伊州立法者的那样,一个完整的真正的高速铁路网络将会"贵得离谱"。[12]奥巴马的计划要求对在既有与货运列车共用轨道上,运行110英里时速的客运列车。出于安全考虑,更快的列车将要求重建一个全新的轨道系统。升级现有的轨道以支持110英里时速的列车,比建造全新的轨道要便宜得多。

其次,奥巴马有一个不可告人的目的:对私有货运铁路给予联邦援助。奥巴马希望,升级货运线路以运行更快的客运列车也将使铁路可以提升其货运速度和容量,从而从货运司机那俘获运输量。从历史上看,铁路货运很少得到联邦资助:美国境内的260,000英里的铁路线中,只有18700英里得到了联邦补贴。[13]至少,国会中一些民主党人视对铁路的联邦补助为再监管该行业的一个手段,其在1979年曾被取消监管。例如,如果一条铁路想要关闭一条无利可图的支线,联邦政府可以用对该铁路过去的援助来为此线路应当保持运行的行政命令而辩护。[14]

即便升级奥巴马计划中8,500英里的线路至中等速度轨道标准,也将耗费远超奥巴马曾提议的未来五年中130亿美元支出。2004年,中西部高速铁路联合会——一个州交通部门的联盟——估算过,升级约3150英里轨道至联邦铁路管理局速度标准和购置列车在其上运行,将耗费约77亿美元,或240万美元每英里。[15]自2004年以来,建筑和材料成本的上升,很可能把总数推升到了130亿美元,或平均约为410万美元每英里。[16]以那个价格的话,整个8,500英里的奥巴马-联邦铁路管理局的系统将耗费约350亿美元。奥巴马的计划实际上只是邀请各州申请针对该系统部分的资金,而非重建整个系统。

然而,把问题复杂化的是加利福尼亚州。2008年11月,加州52%的选民同意该州应当发售价值近100亿美元的债券,来开工建设从旧金山到洛杉矶的时速220英里的高速铁路线。加州高速铁路管理局估计该线路总成本将为约330亿美元。[17]许多观察员认为这是严重低估的。[18]未来至萨克拉门托和圣地亚哥的延伸又将耗费120亿美元,加州政府指望联邦政府支付总额的一半。[19]这将使奥巴马-联邦铁路管理局的在加州的真正高速铁路和在其他地方的中速铁路规划的成本达到 800 亿美元左右。

鉴于加州连接旧金山和洛杉矶的四百英里规划的预计成本超过了奥 87 巴马-联邦铁路管理局规划的其余所有组合,加州高速铁路委员会相信,就国会已经批准的 80 英里高速铁路资金,它"完全有权认为我们将收到最大的份额"。[20] 就像在这个世上盖最高的摩天大楼一样,高速铁路真的只关于自我,而政客们约束其自我是不得而知的。如果加州确实收到一大笔联邦资金,其他州的民选官员肯定会问:"为什么我们要拥有高速铁路的话是如此之昂贵,而加州却不是?"鉴于加州规划的估算成本,建造奥巴马-联邦铁路管理局网络的所有 8,500 英里,达到真正的高速铁路标准的话,将花费约 5,000 亿美元。[21]

成本不太可能止步于此。联邦铁路管理局的 8,500 英里网络只延伸至 33 个州。亚利桑那州、科罗拉多州、内华达州和田纳西州属于排除在网络之外的发展迅速的州,而且每一个被排除在外的州的参议员和众议员都想知道为什么他们的选民不得不为那些只服务于其他州的铁路线付费。即便在规划中的 33 个州之内,路线也是不连续的,达拉斯和休斯顿、纽约和芝加哥,或杰克逊维尔和奥兰多之间就没有高铁相连。此外,一旦高速铁路到达了像堪萨斯城、麦迪逊、塔尔萨等地方,地方公共交通倡导者将要求给当地轨道公交的联邦资金,从而高铁乘客不必乘坐巴士或出租车去他们的最终目的地,把自己搞得脏兮兮的。

鉴于这些估计和预期,一个全国性的高速铁路网络的总资本成本,加上配套的地方性公共交通,很可能最终达到 1 万亿美元,或者为州际公路系统的通胀调整后成本的两倍。运营该系统每年还将耗资数十亿美元。在一个万亿级只是新的十亿级的时代,有些人或许认为这是合理的。

事实上,高铁是昨日的幻想。现代客机的速度远超最快的火车,又不需要昂贵的沿其整个线路的基础设施。美国需要高速铁路,好像它需要加州中间的一个巨洞一样。而那正是高速铁路将成为的:一个吸入数千亿美元而只产出微乎其微收益的巨大黑洞。

要充分认识到高速铁路将会在美国表现的如何糟糕的话,放眼其他
地方的高铁项目是非常重要的。铁路倡导者声称,日本和欧洲的火车是
巨大的成功,然而日本和欧洲城市比美国城市更加密集,空间上也更加紧
密。这使得它们更加适合在短途上与飞机出行最具竞争力的高速铁路。
这意味着高速铁路在美国可能不会像它在其他国家表现得那样好。

从子弹头列车到破产

大概这个世界上没有哪个国家比日本更适合高速铁路了。从东京都
市圈,这一世界上最大的,也是最密集之一的都市圈,铁路线向北、向东及
东南延伸至其他的大型密集城市链。这些城市通常相距 20—50 英里。
1960 年,这些轨道线以常规速度运行常规列车。但当东京被选为主办
1964 年奥林匹克运动会时,日本政府决定通过建造世界第一高速铁
路——时速 130 英里的新干线,或子弹头列车,来炫耀一下自己的技术
实力。

至 1949 年,日本的大多数铁路线由日本国有铁道所有,一个政府所
有的公司。通过国有化,日本国有铁道未被补贴,并自创立以来保持每年
盈利,或至少不亏损。这得益于这样的事实:在 1949 年,铁路几乎是游览
日本的唯一机械化方式,占旅客出行比超过 92%,其余的大部分是通过
公共汽车。

到 1960 年,当新干线开始动工时,汽车仍然只占日本人出行的 5%,
而铁路则运载了 77%。子弹头列车打动了许多美国人和欧洲人,他们回
家就在其国家推广类似的列车。他们被很好的理由打动:东京和大阪之
间的第一条子弹头列车证明了高盈利性,并比世界上其他所有高速铁路
运载的总人数还要多。

然而,一旦这条线建成,日本政客们就要求子弹头列车至他们自己的
市县。第二条线,从大阪到博多,大体收支平衡。自那之后建造的所有线
路,都是亏损的。[22] 比如,田中角荣(后因受贿而获罪)当首相的时候,他确

保了一条行经其所代表县的高速铁路的建成。亚利桑那大学的路易斯·海斯说,但是这条线路,"服务了极少的乘客。"[23] 这些和其他政治导致的损失,使得日本国有铁道在 1964 年史上第一次地进入亏损,这一年正是大阪线开动的那一年,并且这再也没有回过去了。[24] 日本国有铁道相应地提高乘客票价,但是这仅仅是把更多的人拽离火车而塞进汽车。

不管——或可能是因为——子弹头列车的缘故,汽车出行于 1977 年超过了铁路出行。在 1965 年至 2005 年之间,人均驾驶量增长了超过 900%,而人均铁路出行仅仅增长了 19%。[25]

到 1987 年,子弹头列车服务和其他低于成本的运行的扩张,已把日本国有铁道的债务膨胀至超过 3500 亿美元。[26](相比之下,通用汽车在 2009 年早期的债务只有 350 亿美元。[27])这导致了金融危机,后者对过去 20 年里的全国经济困境难咎其职。政府被迫吸收日本国有铁路的债务,并私有化铁路。政府出售了前三条新干线——其通胀调整前的成本超过 4 万亿日元——以不到 160 亿日元的价格出售给私有铁路。[28] 更新的线路已经用政府支出建造了,并以永远无法收回建设成本的费率租赁给铁路公司。[29] 2008 年对新建设的补贴为 3070 亿日元,或约为 300 亿美元。[30]

与其乘火车,很多日本人现在正购买"轻型汽车",引擎小于 660 立方厘米的小型汽车。(为了对照,Smart Fortwo 汽车的引擎是 1000 立方厘米。)这些汽车的普及率自 1990 年以来几乎翻了一番,仅它们现在就运送了高速铁路的乘客英里数的 2.5 倍。

截至 2007 年,日本乘客出行的铁路市场份额已经下降至 29%,这可能仍然超过全世界的其他任何国家;日本人平均火车出行约为 1950 英里每年,这毫无疑问的超过其他任何国家。但是这些里程中只有约 20%,或每人 400 英里,是属于高速铁路的。[31] 汽车,包括轻型汽车,运载了 60%。其余的被巴士和国内航空大致平分。

经通胀因素调整后,日本在高速铁路上的人均花费和美国人在州际公路系统上的人均花费差不多。[32] 然而日本移动性的回报要小得多:美国人在州际公路上平均出行的里程数,是日本人在高速铁路上出行里程数的十倍之多。州际公路还运载了人均 2,000 吨-英里的货物,而高速铁路则几乎没有。

日本政府对使用铁路线做客运用的历史悠久的强调,对铁路货运运营造成了不利影响。货运列车仅运载了日本货运量的约 4%。公路运载了 60%,而沿海航运运载了 36%。

高速铁路在欧洲

欧洲的高速铁路经验更具有启发性。欧洲的土地面积,与日本不同,与美国类似。毫无疑问的,受新干线的启发,意大利在 1978 年把高速列车引进欧洲:在罗马和佛罗伦萨之间的时速 160 英里的高速铁路。法国在 1981 年,以巴黎至里昂之间的 TGV 高速铁路紧随其后。德国及其他几个国家几年后也跟上步伐。

自那时以来,法国一直是高速铁路运动的欧洲领导者。法国列车现今运载了欧洲高速铁路乘客里程数的 54%,德国以 26% 次之,随后是意大利的 10%。法国超过铁路出行的一半是高速铁路,但是在 EU – 25 国中(2004 年为欧盟成员的 25 个国家),近五分之四的客运列车仍然以传统速度运行。法国普通居民每年乘坐高速铁路出行约为 400 英里。瑞典和德国的人均高铁出行约为 150 英里,意大利为 80 英里。没有其他国家超过 50 英里。EU – 25 国整体平均约为 100 英里每年。[33]

如今,法国铁路线以 185 英里时速运行,并延伸至比利时、德国、意大利和——穿过英法海底隧道——大不列颠。其他拥有某种形式高铁的国家包括奥地利、芬兰、挪威、葡萄牙、俄罗斯、西班牙和瑞典,尽管这些列车的大多数仅以每小时 125—135 英里的范围运行。

当以高速运行时,法国 TVG 列车在专用轨道上飞驰。但是 TVG 列车也在传统的轨道上以常规速度运行。事实上,虽然 TVG 列车在法国随处可见,但他们只在巴黎和其他几个城市,包括马赛、勒芒、圣皮耶尔代科尔普、伦敦和布鲁塞尔之间,以高速运行。类似的,德国的城际特快列车(ICE)也仅在特定路线上以最高速度运行,例如柏林-汉堡和慕尼黑-奥格斯堡,而在其他线路上,则以常规速度运行。

虽然高速铁路方便了那些游览欧洲但却不想租车的人,但是其对欧洲人出行习惯的影响却微乎其微。1980 年,城际铁路占了 EU－15 国(2000 年为欧盟成员的 15 个国家)乘客出行的 8.2％。到 2000 年,该数值已下降到 6.3％。汽车驾驶在同一时间,几乎赢得了与铁路所丢失了的同样市场份额。从 76.4％增加到 78.3％。然而,对高速铁路真正的挑战是来自低成本航空。得益于欧洲航空的放松管制,国内航空出行,从 1980 年的 2.5％增加到了 2000 年的 5.8％。城际巴士和城区公共交通都丢失了市场份额。[34]

铁路自 2000 年以来持续损失重要性。在 EU－25 国中,铁路的出行份额从 2000 年的 6.2％下降到 2004 年的 5.8％。而航空从 7.7％上升到 8.0％,汽车从 75.5％上升到 76.0％。[35]倡导者或许会辩称,高速铁路延缓了铁路对客运出行重要性的衰落,但是这对在美国建造高铁毫无论据支持,美铁只运载了出行的 0.1％。

由于高铁在法国和德国的显著性,铁路在这些国家客运出行的市场份额要高于欧洲的其他国家。但是,汽车的出行份额在法国和德国比欧洲其他地方也要高。普通法国居民每年汽车出行 7,600 英里,在全欧洲只有意大利(每年仅多 100 英里)和卢森堡(这是虚假的,因为非居民占了出行的很大一部分)超过这一数值。[36]法国和德国的更高铁路份额,是以巴士出行为代价的,而不是汽车驾驶。

尽管对汽车的沉重税负和对铁路交通的巨额补贴,欧洲铁路的日益下降的重要性还是发生了。那些税收和很大部分被有效的用于补贴铁路。"铁路被大量补贴,"法国经济学家富米·普罗多姆说道,他还补充说纳税人"支付了约提供该服务的总成本的一半左右"。Prud'Homme 估计,在 2002 年,EU－15 国的铁路服务每年接收了约 680 亿欧元——或约

1,000亿美元——的补贴。[37]

新高铁线路的引进也无益于缓解公路拥堵。"迄今为止,没有一条建成的高速轨道对平行的高速公路的道路交通产生任何可察觉的影响,"一位欧洲议会的成员,阿里·瓦塔宁在2005年的一场欧洲交通会议的总结中说道。[38]然而,补贴了的高速铁路的引进,已经导致一些航空公司取消了与高铁线路平行的航线。[39]

欧洲的乘客出行结构和美国的类似(见表5.2)。一大区别是欧洲的城际铁路运载了5.8%的出行市场份额,而美铁只有0.1%。欧洲对高速铁路投入的大量补贴,可能不能很好地解释这种差异,鉴于虽有这些补贴但欧洲的份额仍在稳步下跌。相反,答案可能是,欧洲较低的收入和高汽车及燃油税轻易地减缓了驾驶的增长。欧洲的规划者们预计,铁路和巴士的总份额在现今至2030年之间将持续下降。[40]

表5.2　旅客出行结构(百分比,2004)

方式	EU-25	美国	日本
航空	8.3	10.8	6.3
汽车	76.3	86.2	57.5
巴士	8.6	2.7	6.5
铁路	5.8	0.3	29.3
水路	0.8	0.0	0.3

来源:《运输全景》(布鲁塞尔,BE:欧洲议会,2007),103页。
注:"汽车"包括摩托车;"巴士"包括城际和城区巴士;"铁路"包括城际和城区铁路。

然而,和在日本一样,欧洲对使用铁路运送旅客的强调,对货物流动产生了深远的影响。尽管美国略超过四分之一的货物走公路,超过三分之一的货物走铁路,然而欧洲近四分之三的货物是走公路,只有六分之一走铁路(见表5.3)。此外,货物流动的铁路份额在欧洲也在下降(1980年是22%)但在美国,从1980年的27%增长到了2006年的40%。[41]

表 5.3　货物运输结构(百分比,2004)

方式	欧盟 25 国	美国	日本
航空	0.1	0.4	0.2
公路	72.5	28.2	59.9
铁路	16.5	37.9	4.0
管道	5.5	20.6	0.0
水路	5.4	12.9	35.9

来源:《国家交通统计》(华盛顿:交通统计局,2008),表 1-46b;《运输全景》(布鲁塞尔:欧洲议会,2007),第 69 页。
注:"水路"只包括国内货运。

　　铁路在日本和欧洲的不佳货运表现,意味着奥巴马的把人和货都带离公路带入火车的希望或许是一个白日梦:一个国家或地区显然可以把其铁路系统用作客运或货运,但绝不可能二者兼得。美国货运铁路是盈利的而欧洲的客运铁路则不是的事实,意味着货运而非客运是大多数地区的现代铁路最高的也是最好的使用方式。每年在客运铁路上斥资数百亿美元,或许会让一小部分汽车离开道路——但是一个可能的后果是会大量增加公路上的卡车数量。

加州梦

　　可能申请 80 亿美元刺激资金中部分的三个地区是加州、佛州和中西部。加州的提案最接近于日本和欧洲的高铁线。仅加州计划的第一阶段就将是美国历史上最大的由州发起的"宏伟工程"。丹麦规划学教授和大型项目专家本特·弗莱比尔格指出,这样的项目几乎总是受到乐观偏见(optimism bias)的影响,其中支持者们通过高估收益或低估成本和战略性误传(trategic misrepresentation)欺骗自己,通过选择性呈现或扭曲事实以使这些项目看起来比其实际上要更有价值来欺骗公众。[42]加州计划包括很多二者兼有的例子。

加州立法机构于 1996 年创建了一个高速铁路管理局。该局于 2005 年发布了一份环境影响报告书并于 2008 年发布了一份其命名为商业计划的报告。这份商业计划预计,造从旧金山到洛杉矶再到阿纳海姆的线路将耗费 330 亿至 340 亿美元,或约 7,000 万美元每英里。[43]

弗莱比尔格认为,人们评估大型项目时,应当常规性地根据类似已经超出原始估测预算的类似项目,按比例增加成本估计。[44]从没有高速铁路线在美国从头建起过,所以我们对当局的成本估算是否真实无从得知。不过,从历史上看,城市客运铁路项目,平均而言,比其预期成本要高出 40%。

虽然该局预测成本为 330 亿至 340 亿美元,但是它要求加州选民通过销售仅价值 90 亿美元的高速铁路债券。该局预计联邦政府会支付一半的成本,地方政府再支付 6%—9%。该局希望私人投资者将愿意补上其余的 65 亿至 75 亿美元。[45]

作为交换,私人投资者将得以运营列车并保留所有的利润。[46]这是一场"公私合作",意味着公有部门筹集大部分资金,私人合伙人获得所有经营利润。当然,私人投资者冒着失去他们资本成本份额的风险,但是一旦建成了,如果铁路线最终赔钱的话,州里可能会觉得有义务来承担经营亏损。

为了吸引私人投资者,该局预测旧金山至阿纳海姆线将在 2020 年运送 2260 万至 3160 万次旅行,具体的取决于收取的票价。[47]考虑到美铁的波士顿至华盛顿走廊 2007 年仅仅运送了 1,000 万人次,这是极其乐观的。[48]一方面,加州提议以比美铁稍高的速度运行列车。另一方面,东北走廊现在的人口比加州走廊预计在 2020 年拥有的人口不仅多,而且还要更密集。

间距是重要的,因为高铁在 200—250 英里的距离上效果最好。对于短一些的距离,铁路不是汽车的竞争对手,而在长距离上,不是航空服务的竞争对手。纽约到华盛顿是 228 英里;纽约到波士顿是 215 英里。但

95

是洛杉矶到旧金山超过 400 英里,且没有纽约市——类似的产生乘坐量的位于中间的人口集聚。

弗莱比尔格指出,美国客运铁路规划者通常平均高估了 100％ 的乘坐量。[49]一项对加州当局商业计划的独立审查,把乘坐量预测称之为"对全球各地任何重大交通项目最不切实际的预测。"这份报告的作者之一,约瑟夫·凡尼驰,身为美铁前雇员,曾是 20 世纪 90 年代初高速铁路协会的总裁,也是 1993 年一本关于高速铁路的书的作者。[50]尽管他对高速铁路大体上是支持的,然而他对加州计划持高度怀疑。"我多年来审查了无数的铁路规划,"凡尼驰说道,"我发现该局的工作是我所见过的最糟糕的。"[51]

铁路管理局宣称其可以吸引东北走廊列车乘客数的两到三倍,还预期其可以吸引投资者在那些预测的基础上投资数十亿美元,这是乐观偏见的明显案例。如果没有私人投资者愿意承担这项风险,当局可能会很轻易地继续其计划,伴随着对州和联邦纳税人将会补足差额的预期。

铁路管理局强调,在速度高达预期的 220 英里每小时之时,它的列车将在洛杉矶市中心和旧金山市中心之间提供比飞机更快的服务。航空服务因从机场去市中心所需的时间而遭受影响。然而,这是一个战略性误传,因为其假定每个人都想要从市中心去市中心。事实上,在主要机场周边有更多的工作和居民——洛杉矶国际机场、伯班克、橙县、旧金山、奥克兰和圣何塞——比洛杉矶和旧金山市中心或市中心旁的要多。因此,火车提供的时间优势只有利于少数人。

管理局声称,高速铁路将以缓解交通拥堵、节约能源和减少污染的方式带来巨大收益。[52]然而,该局自己的环境影响报告书(EIS)披露,拥堵收益将会是微不足道的。据 EIS,高速铁路平均将只把平行于铁路线上公路 3.8％ 的汽车带走。[53]此外,高速铁路提供的小幅拥堵缓解也无法长久。在 1996—2006 年之间,加州乡村高速公路上的交通每年增长 1.9％。[54]那意味着,加州将会用超过十年来规划和建造高速铁路,而仅仅在其开放运

96

营的两年之后,拥堵将会回到之前的水平。

虽然高速铁路对缓解交通拥堵作用不大,但这预计将会减少加州州内的航空服务。EIS预计,在其高铁路乘客量推算之下,州内航空出行将会减少三分之二。[55] EIS说铁路服务对相连的航空服务影响很小——飞进或飞出加州的和从当地州内目的地中转的人们——但是航空公司在损失三分之二本地顾客之后,可能并不认为此类服务在经济上可行。

EIS对节能更加乐观。它预测,运行高速铁路节约的能源将会在五年内就能补偿建设的能源消耗。[56]但是EIS的能源分析是有缺陷的,通过假设汽车和飞机在未来将和现在一样的能源密集。[57]事实上,如果汽车制造商能够满足奥巴马总统在2009年5月宣布的能源经济性目标,且如果美国汽车购买者们继续以历史速率更替全国的汽车队伍,那么到2020年,路上的汽车和轻卡将会比现在能效更高25%,到2030年,将会更高38%。如果汽油价格大幅上涨,这些价格可能最终会显得保守。

飞机制造商也通过使飞机更加节能以应对高油价。自1980年以来,航空出行的能源效率已有所提高,平均而言,每年2%。[58]波音公司承诺其787客机将会比当今的同类飞机节能20%以上。[59]喷气发动机制造商已经制定了在2020年前把燃油效率翻一倍的目标。[60]

如果汽车和飞机变得高于其当今燃油效率30%超过了高速铁路项目的寿命,那么高速铁路的回报期会上升到30年。这一投资回报期也主要取决于高速铁路对管理局所乐观估计的乘客的吸引。如果乘坐量更低一点,投资回报期就会更长。由于铁路线约每三十年就需要昂贵的(和能源密集的)重建和修复,高速铁路可能根本就不节能。

南佛罗里达大学城市交通研究中心的史蒂芬·波尔钦指出,汽车和巴士拥有相对较短的生命周期,所以它们能够更容易地适应节约能源和减少污染的需求。铁路系统"可能在升级至更新、更有效率的技术上,更加困难或更加昂贵,"波尔钦补充道。[61]换言之,美国汽车队伍每18年完全更替一次,而航空公司机队每21年完全更替一次,因而二者都能很快地变得更有燃油效率；然而，铁路线的建造者，无论他们选择何种技术，都是停留在至少 30 年前的技术。

　　加州 EIS 对其他高速铁路产生的环境收益的预测，存在同样的问题。例如，EIS 估计，铁路将会降低加州的交通相关的空气污染，相对于未建铁路的替代方案，减少 0.7％（对颗粒）至 1.5％（对氮氧化物），其他的污染物在二者之间。和能源不一样，这没有把污染控制技术的改进考虑进来。例如，在 EIS 的报告中，汽车、飞机、火车和电力公司排放了超过 9,700 吨的一氧化碳。到 2020 年，在未建铁路方案之下，EIS 预测这将减少至 3,101 吨。高速铁路项目将进一步减少一氧化碳排放至 3074 吨。

　　注意，相对低成本污染技术的适度改进预计将减少 70％ 的一氧化碳污染，而无论人口和出行的增长。相比之下，花费至少 330 至 340 亿美元的成本，高速铁路仅仅减少了 0.9％ 的一氧化碳污染。作为一个污染控制设备，高速铁路是高昂的成本而低效的。

　　同样地，EIS 预测，高速铁路将减少 1.4％ 的温室气体排放。[62] 但是，电动汽车或插电式混合动力汽车可以以低得多的成本达到同样的效果。由于加州温室气体排放量超过三分之一是来自汽车，替代的只占 4.2％ 的电动或插电式混合动力汽车将会减少 1.4％ 的排放。[63] 这可能耗费远低于高铁的 330 亿美元或更多。总之，环境收益的声称要么是乐观偏见的范例（在能源和温室气体排放的例子中），要么就是战略性误传的范例（在拥堵和其他缓解污染的例子中）。

98

佛罗里达高速铁路

　　佛罗里达曾一度考虑过一条介于奥巴马中速铁路和加州雄心计划之间的铁路规划，后来又放弃了。佛罗里达立法机关于 2002 年创立了一个州高速铁路管理局。2005 年，该局发布了一份建造坦帕和奥兰多之间 92 英里的运行 125 英里时速列车铁路线的详细规划。当局估计，这条线路将耗资 20 至 25 亿美元，每年运送约 400 万乘客。当局建议用蒸汽轮机车头给火车提供动力,而不是支付架空电缆和其他电气设备的额外成本。

规划师们估计,这条铁路线将分流 11％原先本打算开车往返奥兰多和坦帕的人。[64] 由于这两座城市之间的 4 号州际公路上的交通流量大多有其他的出发点或目的地,火车仅将从 4 号州际公路的最不繁忙区段移走约 2％的汽车,而繁忙区段的份额还不足于此。[65] 4 号州际公路上的交通流量以每年超过 2％的速率上涨,所以这条轨道线将提供至多一年价值的交通缓解。正如 EIS 自己提到的,交通"减少将不足以显著改善 4 号州际公路的服务水平,道路的许多区段仍将是超负荷的"。[66]

EIS 还估计,火车将会产生,比离开公路的汽车所可能产生的,还要多的氮氧化物污染和挥发性有机化合物。[67] 此外,规划者们估算,操作和维护这些燃气涡轮机车将消耗离开公路的汽车所消耗能源的 3.5—6 倍。[68] EIS 没有估算火车产生的温室气体,但是鉴于温室气体排放量和化石燃料消耗大致是成比例的,火车将会产生比带离道路的汽车多得多的温室气体。

EIS 的结论是,"环保优选方案是不建造铁路的方案",因为其"将对环境产生较少的直接和间接影响"。[69] 州高速铁路管理局已经解散了,而该项目当前主要是一个由顾问、承包商和制造商构成的组织所推动的,他们将从铁路建设中获益。[70] 如果加州项目的建设曾经动工了,这些集团就准备在佛罗里达重燃高速铁路的想法。

中西部铁路计划

奥巴马模式中速铁路的最详细的规划,是由中西部地区铁路计划制定的,这一计划是九个中西部州的州交通部的联盟。2004 年,这些州发布了一份报告,其中提议了一个运行于八条主要走廊及几个分支的火车网络。

虽然中西部铁路报告的封面有一张欧洲的电力驱动高速列车,但是该报告本身提议用传统的,以堪比 20 世纪 30 年代密尔沃基海厄瓦萨铁路的速度运行的,柴油动力火车。具体来说,该报告提议,从芝加哥到明尼阿波利斯、绿湾、底特律、克利夫兰、辛辛那提和圣路易斯,用 110 英里时速的线路;芝加哥至卡本代尔和昆西以及圣路易斯至堪萨斯城,用 90 英里时速的线路;而至休伦港、大急流城/霍兰和奥马哈的支线,用 79 英里时速的线路。这些线路,比联邦铁路管理局的中西部规划多了约 800 英里。[71]

报告估计,升级约 3,150 英里的轨道至上述速度标准,将耗资约 66 亿美元,或 210 万美元每英里。将耗资约超过 11 亿美元来购买 63 套列车组,每年要耗资 4.5 亿至 5 亿美元来运营。[72]自 2004 年以来的建筑和原材料成本的上升,可以轻易地把总数增加至 130 亿美元,或平均 410 万美元每英里。[73]

在最高时速为 110 英里的线路之上,平均速度预计达到 74 英里每小时,或比当前的美铁速度快 40%—45%。[74]该计划还要求把所有线路上每天运行的火车数量升至三倍。[75]

作为对这笔 77 亿美元投资的回报,报告预测,中西部铁路系统每年将运送约 1,360 万的乘客,为当前铁路系统运送人数的四倍。当然了,美铁在这些走廊中只运送了很小一部分份额,所以美铁数目增加三倍也无益于减少驾驶或拥堵。

100

例如,在 2007 年,美铁的火车在芝加哥-底特律-休伦港走廊上运送了少于 45 万的乘客(不是所有人都坐完全程)。[76]相比之下,密歇根州交通运输部记录,94 号州际公路平行于美铁线路的最少使用部分,有 900 万辆汽车,而更频繁使用的区段的车辆数是其四到六倍。[77]在每一个铁路乘客本会使用汽车通过该路线的最少使用区段,这个不太可能发生的案例中,铁路乘坐量增加三倍也只能带离该区段 9% 的汽车,道路其他区段的份额就更小了。

虽然该提案呼吁收取比美铁高出 50% 的票价,但是它预测许多线路在 2025 年之前不足以覆盖其运营费用。[78]初始资本成本将不得不用联邦和州资金覆盖,永远不要期望可以被乘客的车费偿还掉。[79]

中西部路径和加州规划的一大主要区别是,前者是递增式的。加州将不得不在有列车可带来收益的乘客之前,投资数十亿美元,而中西部规划可以一次在一个铁道路口和/或一列火车上实施。

递增的做法意味着,如果第一批项目的回报没有产生足够有价值的收益,后续的项目可以在大量资金浪费之前停止和避免。然而,这只在有人客观地检测项目以确保其是值得的时候,才会发生。很多时候,实施这些项目的机构是由铁路倡导者运行的,无论成本有多高、收益有多低,他们都会急于宣告胜利。同时,隐藏在州预算中的增量项目,可能是如此之小,他们通常都能躲避更为客观地预算监督者的注意。

高速风险

日本和欧洲的城市比美国的城市更为密集,且大多数都有更为密集的公共交通系统,铁路乘客可以依赖它们通往各自的目的地。如果欧洲和日本的高速铁路不能吸引,或乃至不能维持从汽车那儿来的乘客出行的铁路份额,那么在美国又如何会奏效呢?高速铁路必须被认定为是高风险的。

加州参议院交通委员会的一项对加州高速铁路项目的监督报告,指出了高速铁路的很多具体风险,包括预测、路权和安全风险。[80]与运营一个巴士系统乃至一个航空公司不同,建造一条铁路线需要精确的长期预测。规划和建造可能会耗时多年,而且铁路的服务年限是以十年计的。一个看似细微的预测错误,可以把一个看起来是有效的资产变成贵而无用之物。

关于佛罗里达州和加州就未来乘坐量和其他收益预估的一些可疑假设,包括如下几点:

1. 汽车和飞机在未来不会更加节能。
2. 机场在让人通过安检方面不会变得更加高效。

101

3. 使用替代燃料的汽车不会变得可行或受欢迎。

4. 市中心将会保持或恢复为卓越工作的中心。

5. 没有将有助于减少高速公路拥堵的新技术。

6. 人们将会想去火车通向的地方。

这些假设中有几个显然是错误的;正如前文所述,到 2030 年,汽车的能效很可能至少要再高 38%,而市中心至少自 1950 年以来就已经失去了其作为工作中心的重要性。其他假设很多也可能是错误的。任何对基于这些假设的高速铁路乘坐量、节能和其他益处的预测,都很可能被大大高估。

最后一个假设——人们将会想去火车通向的地方——可能是所有中风险最高的。尽管很多人往返于,比如旧金山和洛杉矶之间,但是这不意味着他们往返于市中心,而这将会是铁路服务的主要区域。工作和人群以细颗粒图案遍布现代城市。正如经济学家威廉·博加特指出的,只有约 10%—15% 的都市工作机会是位于城市中心的——在洛杉矶这还不到 5%。即便把郊区的城镇中心算进来——只有一小部分会有高速铁路服务——总量也依然只有 30%—40%。[81]那意味着大多数人将很少体验到高速铁路的便捷。

这一点在中国上海的磁悬浮列车上特别明显,其在浦东机场和中心城区之间行驶 19 英里,达到近 270 英里的时速,它是世界上最快的定期列车。然而,乘坐量远低于预期;很少有超过四分之一的乘座率。当纽约时报问航空旅客他们为何不使用它时,他们说它没有去他们所想去之处。"这或许耗时更长,但出租车更方便。"一个人说道。"一旦你到了火车站,我只想打辆车,"另一个人说道,"我不想再换车。"[82]

来自加州参议院委员会的 2008 年 1 月监督报告指出了一个有风险的假设,即加州高速铁路管理局将能够在由诸如伯灵顿北方圣太菲铁路运输公司(BNSF)和联合太平洋铁路(Union Pacific)等私有铁路公司所有的路权上建造高速铁路线。[83]该风险被联合太平洋铁路在 2008 年 5 月

102

给高速铁路管理局的一封信证实了,信中明确否认管理局有权使用其任
何路权。

"联合太平洋已经仔细评估了加州高铁局的项目,"信中说道,"并不
觉得拥有任何位于联合太平洋路权之上的拟定路线是符合联合太平洋的
最大利益。因此,随着你项目随其最终设计向前推进,我们要求你以如下
方式进行——不要求使用联合太平洋的经营路权,也不干涉联合太平洋
的运营。"[84]

货运铁路公司可能不想要高速铁路在其他们路权之上的一个原因是
安全。加州高速铁路管理局假定其将使用欧式铁路设备,因为其轻质且
节能。欧洲和日本的铁路安全是基于事故避免能力的,亦即,所有的一切
都被高度工程化以避免事故。这一标准行之有效:至今只有一起致命的
高铁事故,证实为由劣质车轮造成的。然而,部分地因为是轻型设备的缘
故,那起事故造成了超过 100 人死亡。[85]

103　　与此相反,美国的安全标准是基于事故生还率的。这意味着美国铁
路设备比国外高速铁路更加重。加州参议院监督报告担心这将造成一个
监管问题:联邦铁路管理局将拒绝允许使用加州高速铁路管理局打算使
用的轻型列车。[86]此外,在同样的路权上混用美国和欧洲列车,即便不在
同样的轨道上,也将对铁路公司造成特殊的责任问题:重型美国列车出轨
可以造成相邻的轻型高速列车上很多人死亡。事实上,加州高速铁路的
官网上很多图形显示,高速铁路从标准货运和客运列车几英尺旁呼啸
而过。[87]

99％的人付费,1％的人乘坐

日本和欧洲的经验,以及加州、佛罗里达和中西部的规划,给奥巴马
提出的计划提供了宝贵的教训。首先,奥巴马的高铁计划耗资将超过其
预算 130 亿美元。在加州建造真正的高速铁路和在其他地方建造中速铁
路可能成本在 1,000 亿美元左右。

第二,日本的经验和中西部计划表明,一旦一个国家开始建造高速铁路,就很难停下来了。除了国家实际上无法承担的巨额补贴需求,日本纳税人还被迫为把高铁线铺进全国每一个大权在握的政客所在的县而付费。中西部铁路计划提议建造不包括在联邦铁路管理局规划之内的数百英里线路。德克萨斯将想要一条连接达拉斯和休斯顿的线路,这也不在联邦铁路管理局规划地图之内。内华达州参议员哈里·里德(Harry Reid)将想要一条到达拉斯维加斯的线路,而来自丹佛、凤凰城、盐湖城和其他许多地方的政治家都将为到达他们的城市和州的线路而施压。

第三,高铁的环境收益最多也是忽略不计的。奥巴马中速列车将由柴油内燃机车牵引,这将燃烧石油并把污染物和温室气体喷到空气中。佛罗里达州发现其提出的高速列车对环境的弊大于利。即便是电动的,真正的高速铁路也不太可能是干净的。加州把其提案评级为健全的,但是只通过预测不可能的高乘坐量,基于汽车和飞机将来能效改进的停滞不前。 *104*

第四,高铁移动性的好处同样是可以忽略不计的。尽管高铁拥有巨额的纳税人补贴,但是法国和日本居民平均一年分别乘坐其高铁也只有400英里。用慢车连接较低密度城市和地区,奥巴马的高速铁路系统运气好的话也不过人均100英里。即使拥有一个更全面、更真实的高速网络,也不太可能接近人均400英里,因为美国不像欧洲和日本,前者没有足够多靠近的大城市供高速铁路和航空公司相竞争。

第五,任何建造高速铁路得到的移动性,将主要是给一个相对富裕的精英阶层。日本人比全世界其他地方任何人坐的火车都要多,但是其80％的出行是通过传统火车。原因是定价。考虑纽约和华盛顿之间旅行的票价。写作本书的任何时间,美铁对高铁的售价至少为99美元,而传统铁路只有49美元。同时,相对的无补贴的巴士公司对相同的旅程,只要20美元——并在途中提供皮质座位和免费无线网络连接服务。同时,航空公司的票价和美铁的一样,也是99美元。鉴于这样的票价,高铁上的乘客只有富人和那些其雇主帮其付费的白领们。

总之，即便美国在高速铁路上花费它用在州际铁路上的双倍，高速铁路也将运送少于州际公路 10％的乘客里程——和 0％的货运里程。高铁不太可能俘获超过全国 1％的客运市场份额，然而其余 99％的人将不得不为该服务付费。此外，乘坐被补贴的高铁的一般旅行者，比那些为其付费的一般纳税人，可能有高得多的收入。

考虑到铁路相对于驾车和航空出行的固有缺点，高速铁路未能吸引更多的乘客应该不足为奇。驾车提供了点对点的便捷性，而铁路把大多数乘客在距其终点数英里之外放下。航空服务至少是最快的火车的双倍快——因为大多数的美国人不在市中心生活或工作——把其乘客在不比他们距离市中心更远的地方放下。尽管高速铁路可在 200 英里距离级别上与飞机有些许竞争，然而其在任何距离上都不是最优的。

105

在 20 世纪 90 年代和 21 世纪初之间，美国城市建造了超过 2600 英里的新轨道公交线路。旁观者们唏嘘不已这个国家足够富裕到为只有极少数人乘坐并为其部分成本付费的交通系统花费数千亿美元。但是，正如那些为其住宅支付超出其实际价值而深陷债务的家庭一样，城市其实并不能负担得起这些系统——它们对他们的未来收费。最近的经济危机表明，我们都正透支地生活。在高铁上花费超过 1,000 亿美元乃至更多，只会错上加错。

奥巴马总统说他要重建美利坚。用者付费支持的公路每天都被大多数美国人使用。高速铁路只将被一小部分美国人定期使用，但其成本却要其他所有人承担。奥巴马到底想要建立什么样的美利坚？

注释：

1. David Rogers, "Obama Plots Huge Railroad Expansion," *Politico*, February 17, 2009, tinyurl. com/d2kylj.

2. *A New Era of Responsibility*：*Renewing America's Promise* （Washington：

Office of Management and Budget，2009），p. 91，tinyurl. com/dyk3l2.

3. *Vision for High-Speed Rail in America* （Washington：Federal Railroad Administration，2009），p. 6，tinyurl. com/pe4ud2.

4. "High-Speed Rail Corridor Descriptions," Federal Railroad Administration，2005，tinyurl. com/6s94zd.

5. *Highway Statistics* 2007，table VM － 1；*National Transportation Statistics* （Washington：Bureau of Transportation Statistics，2009 online update），table 1 － 46a.

6. Jim Scribbins，*The Hiawatha Story* （Milwaukee，WI：Kalmbach，1970），pp. 70 － 71.

7. *High Speed Passenger Rail：Future Development Will Depend on Addressing Financial and Other Challenges and Establishing a Clear Federal Role* （Washington：Government Accountability Office，2009），pp. 64 － 68，tinyurl. com/phv447.

8. Xin Dingding，"Rapid Beijing-Tianjin Train Link Opens on Friday," *China Daily*，July 31,2008，tinyurl. com/5qwa23.

9. "Japanese Bullet Trains — 40 Years at the Forefront," *Railway Technology*，September 3,2007，tinyurl. com/5uhxus.

10. Steven Greenhouse，"Europe's Grand Plan for Web of Fast Trains," *New York Times*，January 5,1989，tinyurl. com/5wnh2v.

11. "Report on the California High-Speed Rail Authority," California Senate Transportation and Housing Committee，Sacramento，CA，2008，p. 13.

12. Jon Hilkevitch，"Amtrak：True High-Speed Rail Unrealistic，Amtrak Boss Says," *Chicago Tribune*，May 12,2009，tinyurl. com/q8v7au.

13. "Railroad Land Grants：Paid in Full," Association of American Railroads，2008，p. 1，tinyurl. com/lesuyr.

14. Elise Hamner，"Railroad Closes Coos Bay Line," *The World*，September 21，2007，tinyurl. com/2e4b73.

15. *Midwest Regional Rail System Executive Report* （Frederick，MD：Transportation Economics &- Management Systems，2004），pp. 13,15，tinyurl. com/5mxdrb.

16. Based on a 68 percent increase in the construction costs of Denver passenger rail lines that were projected to cost MYM4. 7 billion in 2004 and MYM7. 9 billion in 2008. See *FasTracks Annual Program Evaluation Summary*，pp. 1 － 2，tinyurl.

com/3fwp8z.

17. *California High-Speed Train Business Plan* (Sacramento, CA: California High-Speed Rail Authority, 2008), p. 19.

18. Wendell Cox and Joseph Vranich, *The California High Speed Rail Proposal: A Due Diligence Report* (Los Angeles, CA: Reason Foundation, 2008), pp. 42 - 43, tinyurl. com/lbykjh.

19. *California High-Speed Train Business Plan*, p. 21.

20. Katie Worth, "High-Speed Rail Would Benefit from Federal Dollars, but Agencies Need to Finalize Details," *San Francisco Examiner*, March 11, 2009, tinyurl. com/pw8uoy.

21. The California project is projected to cost about MYM80 million per mile. At this cost, the entire 8,500-mile system would cost MYM680 billion. The actual cost would probably be lower because other routes have fewer mountains than in California; on the other hand, California's 2004 estimate is probably low considering increases in construction costs since that estimate was made.

22. Mamoru Taniguchi, *High Speed Rail in Japan: A Review and Evaluation of the Shinkansen Train* (Berkeley, CA: University of California Transportation Center, 1992), p. 19, tinyurl. com/c6en4v.

23. Louis D. Hayes, *Introduction to Japanese Politics* (Armonk, NY: M. E. Sharpe, 2004), p. 107.

24. Mitsuhide Imashiro, "Changes in Japan's Transport Market and Privitazation," *Japan Railway and Transport Review* (September 1997):51 - 52.

25. All data on Japanese passenger and freight travel by mode are from "Summary of Transportation Statistics," Ministry of Land, Infrastructure, and Transport, 2008, tinyurl. com/mqkjq8.

26. "Company History," East Japan Railway Company, Tokyo, 2005, tinyurl. com/cjxhtd.

27. Chris Isidore, "GM's MYM35 Billion Albatross," *CNNMoney. com*, January 30,2009, tinyurl. com/atb2wg.

28. *Best Practices for Private Sector Investment in Railways* (Manila: Asian Development Bank, 2006), p. 13 - 3, tinyurl. com/cwjehk.

29. Mitsuhide Imashiro, "Changes in Japan's Transport Market and Privatization."

30. Mitsuo Higashi, "JR East's Shinkansen Transport Strategy," presentation to the

Forum for Global Cities Conference, December 8, 2008, p. 16, tinyurl. com/dkvlu7.

31. High-speed rail passenger kilometers are from "Traffic Volume and Passenger Revenues," East Japan Railway Company, 2008, tinyurl. com/daqgpx; "Transportation Data," in *Summary of the Company Performance* (Nagoya, Japan: Central Japan Railway Company, 2008), tinyurl. com/d4lko8; and "Results for the Year Ended March 31, 2008," West Japan Railway Company, 2008, p. 29, tinyurl. com/cuxocc.

32. Construction costs of the Shinkansen lines are from the following sources: "Testimony of Hiroki Matsumoto before the House Transportation and Infrastructure Committee," April 19, 2007, p. 2, tinyurl. com/cc7qzf (Tokaido route cost Y_380 billion); Mamoru Taniguchi, *High Speed Rail in Japan: A Review and Evaluation of the Shinkansen Train*, p. 17, tinyurl. com/c6en4v (Sanyo line cost Y_908 billion, Tohoku line cost Y_2. 7 trillion, and Joetsu line cost Y_1. 7 trillion); "New Shinkansen Route to Serve Olympic Visitors," *Kids Web Japan*, November, 1997, tinyurl. com/coxmvy (Nagano route cost Y_8. 4 trillion); and "Kyusho Shinkansen Line," *Trends in Japan* (April 5, 2004): tinyurl. com/csde8f (Kyusho line cost Y_640 billion). "Measuring Worth" (tinyurl. com/cul9zx) was used to adjust yen for inflation, resulting in a total cost of about Y_19. 5 trillion yen or (at current conversion rates) about MYM184 billion. Based on today's populations, this is about MYM1, 450 per capita, compared with a MYM1, 400 per capita cost of the Interstate Highway System.

33. *Panorama of Transport*, pp. 107, 110, tinyurl. com/23py4r.

34. *Key Facts and Figures about the European Union* (Brussels: European Commission, 2004), p. 52.

35. *Panorama of Transport*, p. 102.

36. Ibid. , p. 106.

37. Prud'Homme, "The Current EU Transport Policy in Perspective," p. 3.

38. Vatanen and Harbour, "Strangling or Liberating Europe's Potential?" p. 6.

39. "High-Speed Rail Gives Short-Haul Air a Run for the Money in Europe," *Travel Industry Wire*, April 23, 2007, tinyurl. com/6fpys3.

40. *Key Facts and Figures about the European Union*, p. 54.

41. Ibid. , p. 53; *National Transportation Statistics* (2008), table 1 – 46b.

42. Bent Flyvbjerg, *How Optimism Bias and Strategic Misrepresentation Undermine Implementation* (Trondheim, Norway: Norges Teknisk-Naturvitenskapelige Universitet, 2007).

43. *California High-Speed Train Business Plan*, p. 19.

44. Bent Flyvbjerg, *Eliminating Bias through Reference Class Forecasting and Good Governance* (Trondheim, Norway: Norges Teknisk-Naturvitenskapelige Universitet, 2007).

45. *California High-Speed Train Business Plan*, p. 21.

46. "Committee Report: Oversight Hearings of the California High-Speed Rail Authority," California Senate Transportation and Housing Committee, June 2008, p. 18.

47. *California High-Speed Train Business Plan*, p. 18.

48. *Monthly Performance Report for September* 2007 (Washington: Amtrak, 2007), p. A-3.3, tinyurl. com/536s4r.

49. Bent Flyvbjerg, Mette K. Skamris Holm, and S? ren L. Buhl, "How (In) accurate Are Demand Forecasts for Public Works Projects?" *Journal of the American Planning Association* 71, no. 2(2005):131-46.

50. Joseph Vranich, *Supertrains: Solutions to America's Transportation Gridlock* (New York: St. Martins, 1993).

51. Joseph Vranich, "Testimony before the Transportation and Housing Committee, California Senate," October 23,2008, p. 1, tinyurl. com/cfffxv.

52. *California High-Speed Train Business Plan*, p. 12.

53. *California High-Speed Rail Final Program EIR/EIS* (Sacramento, CA: California High-Speed Rail Authority, 2005), p. 3.1-12.

54. *HighwayStatistics* 1996 (Washington: Federal Highway Administration, 1997), table VM-2; *Highway Statistics* 2006, table VM-2.

55. *California High-Speed Rail Final Program EIR/EIS*, pp. 3.2-25,3.2-26.

56. Ibid. , pp. 3.5-19-3.5-20.

57. Ibid. , p. 3.5-16.

58. Stacy C. Davis and Susan W. Diegel, *Transportation Energy Data Book: Edition* 27 (Oak Ridge, TN: Department of Energy, 2008), table 2.14.

59. "787 Dreamliner," Boeing, 2008, tinyurl. com/kouly.

60. "Shifting Gears," *The Economist*, March 5,2009, tinyurl. com/ctnsas.

61. Steven Polzin, "Energy Crisis Solved!" *Urban Transportation Monitor*, July 11, 2008, pp. 8 – 9.

62. *California High-Speed Rail Final Program EIR/EIS*, table 3. 3 – 9.

63. "Greenhouse Gas Emissions Detail for California," Energy Information Agency, 2008, tinyurl. com/qvg9rb.

64. *Final Environmental Impact Statement Florida High Speed Rail Tampa to Orlando* (Washington: Federal Railroad Administration, 2005), p. 4 – 119, tinyurl. com/6ysffl.

65. Ibid. , p. 4 – 117.

66. Ibid. , p. 4 – 119.

67. Ibid. , p. 4 – 48.

68. Ibid. , p. 4 – 111.

69. Ibid. , p. 2 – 38.

70. "Bullet Train News," 2008, floridabullettrain. com.

71. *Midwest Regional Rail System Executive Report* (Frederick, MD: Transportation Economics & Management Systems, 2004), p. 6, tinyurl. com/5mxdrb.

72. *Midwest Regional Rail System Executive Report*, pp. 13, 15, tinyurl. com/5mxdrb.

73. Based on a 68 percent increase in the construction costs of Denver passenger rail lines that were projected to cost MYM4. 7 billion in 2004 and MYM7. 9 billion in 2008. See *FasTracks Annual Program Evaluation Summary*, pp. 1 – 2, tinyurl. com/3fwp8z.

74. *Midwest Regional Rail System Executive Report*, p. 11, tinyurl. com/5mxdrb.

75. Ibid. , p. 10.

76. *Monthly Performance Report for September* 2007, p. A – 3. 5.

77. Traffic Monitoring Information System, "Annual Average Daily Traffic Report," Michigan Department of Transportation, 2008, apps. michigan. gov/tmis.

78. *Midwest Regional Rail System Executive Report*, pp. 9, 12, tinyurl. com/5mxdrb.

79. Ibid. , p. 17, tinyurl. com/5mxdrb.

80. "Committee Report: Oversight Hearings of the California High-Speed Rail Authority," pp. 24 – 27.

81. William T. Bogart, *Don't Call It Sprawl: Metropolitan Structure in the Twenty-First Century* (New York: Cambridge University Press, 2006), p. 7.

82. Howard French, "Shanghai Journal; All Aboard! But Don't Relax. Your Trip Is Already Over," *New York Times*, April 22, 2004, tinyurl. com/6g3deq.

83. "Committee Report: Oversight Hearings of the California High-Speed Rail Authority," pp. 24 – 25.

84. Letter from Jerry Wilmoth, Union Pacific Railroad, to Mehdi Morshed, California High-Speed Rail Authority, May 13, 2008.

85. "Scores Killed in High-Speed Train Crash in Germany," CNN, June 4, 1998.

86. "Committee Report: Oversight Hearings of the California High-Speed Rail Authority," p. 25.

87. "California High Speed Rail Authority Image Gallery," California High Speed Rail Authority, 2008, cahighspeedrail. ca. gov/gallery. aspx.

第 6 章　通往绿色之路

我成长于 20 世纪 60 年代,对美国的空气污染问题有着敏锐的认识。在本该是晴天的日子里,棕色的云团取代了我故乡俄勒冈州波特兰市上空传统的灰色雨云。虽然俄勒冈州最高峰胡德山仅在 50 英里之外,但是在大多数"晴朗的"日子里几乎是看不到的。当俄勒冈最著名的摄影师雷·阿特金森想要一张以该山为背景的波特兰市最新照片时,他被迫用两张照片来合成:一张是城市被烟雾掩盖时的山峰,另一张是山峰隐藏在阴霾时的城市。

当我在俄勒冈州立大学上学时,拉尔夫·纳德来到了俄勒冈,鼓励学生成立俄勒冈学生公共利益研究小组并就社会和环境问题做研究。1972 年夏天,我是该小组的第一批学生实习生之一,从事于空气污染问题。

根据 1970 年洁净空气法案,每个空气质量低于环境保护局(EPA)设立的标准的城市,都需要制定一项减少交通相关的空气污染的策略。我骑着自行车逛遍波特兰,我也不喜欢汽车——我甚至好几年都没有拿驾照。所以,在鼓励人们少开车以减少空气污染方面,我很容易地就被说服了。

由于交通拥堵,波特兰最糟的污染是在市中心。所以我提议波特兰公共交通部门,拥有三年历史的三郡都会(Trimet),与城市外围的教堂联系使用它们的停车场作为工作日的停车及转乘站使用。这将允许上班族很好地把汽车停在市中心之外。

一旦到达市中心,人们可能还需要四处转一转,所以我提议三郡都会建立一个需求响应型的小型巴士系统。每个街角的信号盒将使人们可以呼叫巴士。最近的巴士将去接他们,然后接上或放其他乘客,再把他们送到市中心的目的地。这样一套系统的硬件和软件在美国是商业上可用的,但却从来没有被采纳。[1]

波特兰的交通工程师对城市空气污染问题曾有着很不同的解决方案。他指出,汽车低速行驶时污染最大。所以他的想法是,在市中心的单行道上安装一个交通信号协调系统,这将使得汽车能以更快的速度通过市中心。根据其部门的推算,这个方案与环境保护局对新汽车更加严格的空气污染管控相结合,将使该市在 1980 年之前就能符合环境保护局的污染标准。

我曾担心,加快城市中心交通只会带来更多的交通,而这将会抵消更高速度的洁净空气收益。但是,该市最终采纳了这位交通工程师的规划。

在全国各地,被要求符合洁净空气法案的城市都面临着同样的问题。虽然大多数选用了交通工程或其他技术方案,但有一些尝试推广驾驶的替代性方案和其他一些行为方案。

超过三十年的经验表明,我在 1972 年是错的。空气污染的各种技术方案对净化空气已经产生了巨大的影响。这些方案对提高汽车和公路安全也很有帮助。然而,成本高昂的行为解决方案没有或鲜有收效,它们不值得这些付出。

1970 年至 2006 年之间,美国的驾驶增长了 166%。[2] 但是据环境保护局,来自汽车和卡车的一氧化碳总排放减少了 67%;氮氧化物减少了 48%;挥发性有机化合物减少了 77%;颗粒物减少了 63%;铅减少了超过 98%。[3]

这些改善完全是因为技术方案。其中最重要的是尾气控制,如催化

转换器。如今的新汽车里程排放的污染还不足 1970 年生产的汽车的
10％；有些甚至不足 1％。每年的新车都更加洁净，因此随着新车不断取
代路上的旧车，汽车的空气污染问题正逐步消失。

诸如交通信号协调等地方性项目，也对减排做出了贡献。信号协调
节约了人们的时间，还节约了燃油。当司机们燃烧更少的燃油时，他们的
汽车就排放更少的污染。波特兰市估计，135 个交叉路口的交通信号协
调为驾驶者们每年节约了 175 万加仑汽油，这意味着少了很多污染。[4]

但是，行为手段对空气污染丝毫没有作用。侧重行为手段的城市里
人均驾驶的增长，和侧重技术手段的城市里增长差不多。不同城市间人
均驾驶增长的差异，更多的是由于这些城市的不同经济健康状况，而非它
们的交通方案。就人们可以检测行为手段的效果而言，那些手段的成本
大大超过了其收益。

我仍然认为，低成本巴士停靠站和需求响应型的小型巴士系统在很
多情形下是很好的解决方案。虽然就作为对空气污染的补救而言，它们
也近乎没什么用处。市区小型巴士带来的污染，很可能超过它们所带离
道路的汽车减少的污染。

当解决驾车的其他社会成本时，行为和技术手段的同样对比也成立，
如交通事故、能源消耗或温室气体排放。虽然有的人可能会说这些事实
上不是社会成本，但是只要一座城市或一个国家将要降低这些指标，那么
技术手段就比行为手段效果要好。

当 20 世纪 60 年代末美国城市的天空被污染遮蔽时，每年多达
55,000 人在美国公路上死亡。这表明每十亿英里驾驶就有超过 50 人死
亡。到 2007 年，此时驾驶已经增长了超过 175％，公路死亡人数已经下
降到 41,000，即每十亿英里驾驶死亡数不足 14 人。如今的驾驶比 1970
年之前安全了至少 70％以上，而且最安全的道路是城区州际公路，其上
每十亿公里只有 5 人死亡。减少的伤亡来自公路和车辆安全性的提升，
而非来自人们减少驾驶。

尽管在过去行为手段完全无法减少驾驶的这一事实,然而很多节约能源和减少温室气体排放的提案依赖于类似手段。2008 年,加利福利亚立法机构通过了一项要求该州所有城市地区增加它们的人口密度的法案,这是为了通过减少驾驶来降低温室气体排放。[5]众多公共交通部门已证实了基于铁路应该可以节约能源和减少有毒及温室气体排放的能力之上的轨道公交提案的合理性。高速铁路也被做了类似的论证。

讽刺的是,我的家乡波特兰已经在对其居民强加行为手段方面成为全美的领头羊。这些行为手段包括强调地区城市增长边界内更密集的开发项目的土地使用规划,以及强调轻轨和其他轨道公交胜过公路的交通规划。波特兰已经收到的对这些规划的大量宣传,强调的是目的,而非结果。尽管据称波特兰人喜爱公共交通,悲伤的事实是,该地区乘坐公共交通去上班的居民,从 1980 年该地区刚开始实施这些规划时的 9.8%,到 2007 年已经下降到只有 6.5%。[6]这很难说是对该地区昂贵项目的认可。

我相信技术手段将会被证明是解决能源、温室气体和其他所不希望由驾驶带来的副作用等问题的最佳解决方案。当把一切都考虑进来时,替代性出行方式,例如轨道公交,消耗的能源和排放的温室气体和汽车一样多(某些情况下更多)。任何来自尝试改变人们驾驶习惯的节余,都将是极其昂贵的。

您的情况可能有所不同

运营各种形式的交通所需的能源可以通过联邦公共交通管理局、能源部及环境保护局的公开数据计算得出。每一年,联邦公共交通管理局会公布各个公共交通部门消耗的燃料总量:轻轨、重轨和巴士等等。[7]这项数据不包括那些承包了一些公交部门的公共交通运营服务的公司所消耗的能源,但这些承包商只运载了公交乘客里程数的 11%。

　　美国能源部会公布一份显示客运汽车、轻型卡车、航空公司、美铁和其他出行方式使用能源多少的年度报告。[8]环境保护局的燃油经济性评级可以用来估算如丰田普锐斯等特定汽车的能源需求。[9]能源信息管理局公布了把各种能源来源转换为英热单位（British Thermal Units）及估算各种燃料释放的二氧化碳重量的系数。[10]该机构还发布每个州用来发电的能源来源，这对估算电力驱动的公共交通二氧化碳排放量非常必要。[11]

表 6.1　每乘客英里能源消耗及二氧化碳排放

方式	英热单位	二氧化碳/磅
轮渡	10,744	1.73
自动导轨列车	10,661	1.36
大客车	4,365	0.71
轻型卡车	3,990	0.63
无轨电车	3,923	0.28
所有汽车	3,700	0.58
轿车	3,512	0.55
轻轨	3,465	0.36
所有公共交通	3,444	0.47
航空公司	3,228	0.50
美铁	2,650	0.43
重轨	2,600	0.25
通勤铁路	2,558	0.29
丰田普锐斯	1,659	0.26

来源：计算基于联邦公共交通管理局，《能源消耗》，2007 全国公共交通数据库（华盛顿：交通部，2008）中的数据；斯泰西·C.戴维斯和苏珊·W.迪赛，交通能源数据手册：27 版（田纳西州橡树岭，能源部，2008），表 2.13；能源信息管理局，燃料与能源排放系数（华盛顿：能源部），tinyurl.com/smdrm；能源信息管理局，国家电力概况 2006（华盛顿：能源部，2007），表 5；环境保护局，车型年份 2008 年燃油经济性指南（华盛顿：EPA，2007），tinyurl.com/25y3ce。

通过这些数据,表 6.1 显示了 2006 年各种类型的公共交通及汽车的每乘客英里消耗的英热单位及排放的二氧化碳磅数。轮渡及自动导轨列车(旅客捷运系统)在这两个方面,比其他任何旅客出行方式差得远了。大客车和轻型卡车(皮卡、全尺寸面包车及 SUV)可以相互媲美,而轻轨使用的能源和轿车差不多但排放的二氧化碳更少。

112　全美销售的最省油的丰田普锐斯,也被作为一个潜在高效节能汽车的典范。普锐斯消耗的能源比其他出行方式要少,但是产生的二氧化碳却只和重轨及通勤列车一样多。

这些是全国平均水平,但是——正如俗话所说——你的情况可能有所不同。每乘客英里的英热单位数关键取决于车辆上的乘客数。根据交通部的调查,表 6.1 中的数字假设每辆轿车乘坐 1.57 人,每辆轻卡乘坐 1.73 人。[12]这意味着一辆典型的乘坐 3 人的 SUV 每乘客英里消耗的英热单位将会比一般负载的几乎任何形式的公共交通所消耗的都要少。

占用率,继而每乘客英里的能源消耗,在公交服务商之间也差异巨大。美国的公交巴士平均运载少于 11 人。然而,在纽约市、巴尔的摩和西雅图地区,一些通勤巴士线平均运载 20—30 人,而在许多小城镇,通勤巴士平均只运载不足 4 人。类似的,一般的轻轨车辆运载人数从丹佛的 14 人到波士顿的 38 人不等。[13]

电力驱动的公共交通的排放量取决于当地的电力来源。比如,马塞诸萨州和俄亥俄州严重依赖于化石燃料发电,所以这两个州的无轨电车比柴油巴士排放的温室气体要多。华盛顿州和加州更多依靠水力发电,这些州的无轨电车排放的温室气体就比柴油巴士要少。虽然轻轨一般比汽车排放的二氧化碳要少,但是主要燃烧化石燃料的州的轻轨线排放的二氧化碳比一般的 SUV 要多。

一个减少能耗及排放的显而易见的方法是增加车辆占用率。然而,增加车辆占用率说起来容易,做起来难。从历史上看,平均汽车占用率约等于平均家庭规模减一。[14]大多数的合伙拼车其实是"家庭拼车",亦即家庭成员一起出行去工作或其他目的地。这并不奇怪,用拼车车道和 1—800 拼车号码来增加占用率的努力大多都失败了。

公共交通负载更容易通过引导公共交通至高需求地区,并避免提供或提供较小车辆至低需求地区来操纵。大多数公共交通公司因政治原因做不到这一点。由于公共交通部门严重依赖纳税人的钱,它们尝试在一个地区内给所有纳税人提供一些服务。因为其资本成本很大一部分是由联邦拨款资助的,所以它们也倾向于购买比其实际所需的更大的巴士。结果是,公共汽车经常是空跑;2007 年,一般的公交巴士只有六分之一满。[15]

113

尽管表 6.1 表明,轨道交通比一般的汽车更加节能高效,然而有几个因素弱化了这一结论。第一,通勤及重型列车数字是被如下事实扭曲的:全国大部分轨道公交乘坐者是在纽约城区,而其人口及工作密度并不能代表全国其他地区。第二,汽车一直都在变得更加省油;自 1985 年以来,汽车每乘客英里消耗的能源几乎每年下降 1‰,轻型卡车下降得还要更快。[16]与此同时,轨道公交的燃油经济性(fuel economy),自 1985 年始实际上已开始下降。[17]第三,轨道公交必须与接驳巴士配套使用,且由于这些巴士的燃油经济性不高,轨道加巴士的公交系统的燃油效率经常比汽车要低得多。第四,建设轨道公交消耗大量的能源,这将部分或完全抵消所节省的运营成本。

大多数新铁路线是棕色的

表 6.2 列出了 2006 年全国大多数轻轨、重轨及通勤铁路线的能源利用效率和二氧化碳排放量。有轨电车、渡轮和无轨电车也列于其中,因为一些城市正考虑建造或扩建他们。为了较好地度量,该表还包括了自动导轨列车和缆车,即便这些都未被任何主要城市认真地考虑。

表 6.2　每乘客英里公共交通线路能源消耗及二氧化碳排放

城市区域	英热单位	二氧化碳/磅
通勤铁路		
芝加哥（NW IN）	1,587	0.33
纽瓦克（新泽西公共交通公司）	1,599	0.19
波士顿	2,209	0.36
纽约（长岛铁路）	2,681	0.24
芝加哥（区域交通局）	2,693	0.40
纽约（大都会北方铁路）	3,155	0.28
费城	4,168	0.53
重型铁路		
亚特兰大	1,983	0.29
纽约（大都会交通局）	2,149	0.16
旧金山（湾区捷运）	2,299	0.14
纽约（纽新捷运）	2,953	0.20
华盛顿特区	3,084	0.62
芝加哥	3,597	0.37
波士顿	3,631	0.44
巴尔的摩	3,736	0.50
费城（宾州东南地区交通局）	3,745	0.48
洛杉矶	4,233	0.26
费城（PATH）	5,077	0.35
克利夫兰	5,494	1.02
迈阿密	6,756	0.89
史泰登岛	8,039	0.60

（续表）

城市区域	英热单位	二氧化碳/磅
轻型铁路		
圣地亚哥	2,102	0.13
波士顿	2,473	0.30
波特兰	2,482	0.08
明尼阿波利斯	2,498	0.35
圣路易斯	2,613	0.48
盐湖城	2,830	0.56
休斯顿	2,849	0.39
洛杉矶	2,884	0.18
丹佛	4,400	0.78
达拉斯	4,466	0.60
旧金山	4,509	0.27
纽瓦克	4,564	0.31
萨克拉门托	4,821	0.29
费城	5,459	0.69
克利夫兰	5,585	1.03
水牛城	5,774	0.43
圣何塞	6,174	0.38
巴尔的摩	8,128	1.09
匹兹堡	9,265	1.18
有轨电车/复古电车		
新奥尔良	3,540	0.40
塔科马	4,396	0.09
夏洛特	5,438	0.71

115

交通困局

城市区域	英热单位	二氧化碳/磅
坦帕	7,941	1.04
小石城	12,948	1.54
孟菲斯	17,521	2.42
基诺沙	32,910	4.94
加尔维斯顿	34,325	5.58
无轨电车		
旧金山	3,341	0.21
西雅图	3,912	0.08
代顿	6,377	1.12
波士顿	7,589	0.88
渡轮		
纽约	4,457	0.72
旧金山	10,173	1.65
波特兰	11,464	1.86
西雅图	13,118	2.13
萨凡纳	38,864	6.31
圣胡安	60,582	9.84
新奥尔良	71,784	11.66
自动导轨		
迈阿密	7,649	1.00
底特律	15,058	2.11
杰克逊维尔	54,054	7.09
缆车		
旧金山	4,629	0.28

来源:2006年全国交通数据库,(华盛顿:联邦公共交通管理局,2007)。
注:盐湖城的数据对公共交通部门披露的数据进行了调整。

该表显示,大约全国一半的重轨线路和明显大多数的轻轨线路使用的能源比现今一般的汽车要多。通勤铁路要稍微好一点,但大部分较新的通勤铁路线——例如那些在达拉斯、洛杉矶和西雅图的线路——都被承包出去了,继而数据是无法获悉的。

全国公共交通数据里盐湖城的数据表明,该城市拥有非常高效的轻轨,能耗表现与圣地亚哥线旗鼓相当。但是,近日犹他州公共交通管理局透露,其数年来系统性地高估了轻轨乘坐率达 20%,甚至更多。更多可靠的计算方法显示,轻轨载客量比犹他州公共交通管理之前所报告的低 22%。[18] 表 6.2 中的数据已经调整以修正这种高估。

只有极少数的铁路系统比丰田普锐斯更加环保,而且其中大多数每英里使用的能源比一般的汽车要多。铁轨上的钢轮转动所需的摩擦比路面上的橡胶轮胎少得多。那么,为什么铁路系统拥有如此平庸的表现呢?

一个原因是,为了安全性和乘客舒适性,轨道车厢的每乘客重量往往超过公交车。轻轨车厢约为一般巴士的四倍重,而轻轨负载只有巴士的两倍半。轻轨车厢因而每乘客重量要多出 60%。[19]

第二个问题是,电力驱动系统在发电和输电过程中遭受显著的损耗,一千瓦时电力可以给用户提供约 3,400 英热单位的能量。但是电力生产商每传输一英热单位至用户,就必须消耗三英热单位的煤或其他燃料。[20] 因此,波士顿、代顿及西雅图的无轨电车消耗的能源,比这些城市的柴油巴士每单位乘客英里所消耗的要多——即便这些无轨电车的负载相近甚至更多。[21]

第三个问题是,铁路线建设花费不菲,所以它们很大程度上仅限于主要的走廊路线。为了证明巨大投资是合理的,运输部门以比巴士更高的频率运行轻轨和重轨线路。当巴士在繁忙地区提供高频率车次服务的时候,列车却在大部份时间空车运行。

所有这些因素都抵消了铁路的固有优势。其结果是,铁路只有在极高使用的线路上才是高效节能的。而且,电动轨道线路只在使用化石燃料替代品来生产其大部分电力的地区,是较少排放温室汽体的。

一直都在变得更好

自 1970 年以来,一般乘用轿车的燃油经济性已经增长了超过 40％。平均占用率据估算自彼时已下跌,所以每乘客英热单位的上涨只有约 28％。但这依然优于公共交通,后者的大多数形式事实上自 1970 年以来已经不再能源高效。

轻型卡车能源效率的改善或许比表 6.3 中所示的要好,表中假设占用率保持恒定。在现实中,1970 年的大多数轻型卡车是皮卡,有着比现今占主体的 SUV 和全尺寸货车更低的占用率。

117

表 6.3 至 2006 年能源效率方面的改善(百分比)

方式	自 1970 年以来	自 1984 年以来
乘用轿车	27.9	13.6
轻卡	44.7	22.7
航空公司	68.6	39.1
美铁	25.3*	9.3
巴士	−71.3	−28.1
通勤铁路	资料不详	2.2
轻轨及重轨铁路	−29.1	8.3

* 1971 年的数据。
来源:Stacy C. Davis and Susan W. Diegel, Transportation Energy Data.
Book:Edition 27 (Oak Ridge, TN:Department of Energy, 2008),表 2.13 及 2.14.

汽车及轻卡能源效率的大部分增加,在 1995 年之前就开始了。在 1995—2005 年之间,低燃油价格促使美国人购买更大的汽车和卡车,所以每加仑英里数保持相当平缓。然而,能源效率保持以一种不同的方式增长:加州大学戴维斯分校的交通研究人员指出,每加仑燃油的吨英里数持续上涨,部分地抵消了不断增加的车辆重量。[22] 如果燃气价格上涨并再次高居不下,美国人将购买比十年前可以买到的车辆更有能源效率的更小的汽车。

巴士的表现最差。空调的增加使用及公交部门对购买比其实际需求更大型号巴士的倾向,降低了公共汽车的燃油经济性,以每加仑英里数计的话,减少了17%。与此同时,把公交线路的延伸至人们很少乘坐巴士的郊区,降低了32%的巴士占有率。有效效应是,每单位乘客英里的能源消耗增加了71%。类似的,在一些城市本不需要建造的新轻轨及重轨线路,也导致铁路的能源效率自 1970 年以来降低了 29%。

巴士的能源效率在90年代中期稳定下来,但大多数其他趋势很可能持续下去。一方面,公交部门一直在无论是从经济角度或节能角度都没有什么意义的低密度城区建造铁路线。另一方面,汽车和飞机都有望大幅提高其燃油效率。

2009 年 5 月,十几个大型汽车企业承诺,它们将通过把其"企业平均燃油经济性"(corporate average fuel economies,CAFE)从现今的每加仑27.5 英里增加到 2016 年的 35.5 英里,来满足奥巴马总统的燃油经济性目标。[23]国会还要求生物燃料(其仅生成化石燃料净温室气体排放的三分之一)的生产从当今的 40 亿加仑在 2022 年之前增加到 360 亿加仑。[24]

全国的汽车车队几乎每18年完全更替一次,所以奥巴马目标的净效应将会是燃油经济性每年增长超过 2%。[25]到 2020 年,路上的一般汽车,每乘客英里的消耗将略少于 3,000 英热单位。到 2030 年,即便在 2020年之后的新汽车能效没有提高,对较旧汽车的更替将会把平均能源消耗降低到少于 2,500 英热单位每乘客英里。[26]

企业平均燃油经济性(CAFE)标准在很多方面是低效的,但即便没有这些标准,汽车的能源效率在未来也很可能显著改善。[27]而轨道公交对此却不适用。任何声称一条新的轨道公交线路将会比汽车更有能源效率的人,都必须把增长的汽车能源效率纳入考虑。要真正做到节约能源,提议的铁路线不仅需要比现今的汽车更有效率,还需要比未来的汽车也更有效率。鉴于铁路线一般需要 10 年来规划和建造,且拥有 30 年的运营寿命(在需要能源密集性的重建和修复之前),要想取得些许盈余的话,它们不得不比 20 年后的汽车更有效率。

119 假设一条轻轨线预计将在 2015 年开通并运营至 2045 年,彼时它将需要被更替或修复。其寿命中点将会是 2030 年,此时汽车(包括 SUV)预计每乘客英里使用 2,500 英热单位。由于大多轻轨线的消耗将远远超过今天,所以新的线路不太可能节省大量能源。

内燃汽车产生的二氧化碳与其能源效率几乎成正比。然而,可以通过使用生物燃料来降低汽车的二氧化碳排放,这由从大气中吸收二氧化碳的植物中获取能源来弥补二氧化碳排放。如果实施得当,2007 年能源法案中的生物燃料要求意味着,每乘客英里的温室气体排放将会比燃油消耗下降得甚至更快。

蚕食巴士

表 6.4 显示了全国城市化前 50 名的地区中公共交通系统的平均能源消耗。只有小部分公交系统每乘客英里消耗的能源少于一般汽车所消耗的 3,700 英热单位,且只有两地消耗少于汽车有望在 2030 年只消耗的 2,660英热单位。很多地区的轨道公交,包括巴尔的摩、达拉斯、迈阿密、圣何塞和萨克拉门托,还不及轻卡那么环保。

120 表 6.4　城市地区公共交通每乘客英里能源消耗及二氧化碳排放

城市区域	英热单位	二氧化碳/磅
檀香山	1,577	0.25
纽约	2,639	0.29
亚特兰大	2,865	0.45

（续表）

城市区域	英热单位	二氧化碳/磅
旧金山	3,003	0.30
波特兰	3,008	0.36
波士顿	3,201	0.45
盐湖城	3,241	0.54
芝加哥	3,357	0.46
休斯顿	3,528	0.57
丹佛	3,596	0.59
华盛顿特区	3,646	0.63
奥兰多	3,670	0.59
哈特福德	3,670	0.59
洛杉矶	3,674	0.56
明尼阿波利斯-圣保罗	3,722	0.56
圣地亚哥	3,893	0.54
辛辛那提	3,938	0.48
底特律	3,938	0.64
普罗维登斯	4,076	0.66
诺福克	4,133	0.66
费城	4,305	0.57
圣路易斯	4,345	0.74
夏洛特	4,488	0.72
巴尔的摩	4,497	0.67
密尔沃基	4,572	0.74
纳什维尔	4,596	0.74
哥伦布	4,643	0.50

交通困局

城市区域	英热单位	二氧化碳/磅
克利夫兰	4,703	0.79
奥斯汀	4,985	0.80
迈阿密	5,037	0.76
印第安纳波利斯	5,059	0.82
坦帕-圣彼德斯堡	5,218	0.84
圣安东尼奥	5,351	0.84
匹兹堡	5,357	0.82
达拉斯	5,414	0.85
孟菲斯	5,502	0.87
路易斯维尔	5,521	0.89
圣何塞	5,549	0.74
水牛城	5,602	0.81
萨克拉门托	5,613	0.69
西雅图	5,805	0.91
堪萨斯城	6,106	0.97
河滨	6,121	1.11
里士满	6,193	1.00
图森	6,275	1.00
杰克逊维尔	6,278	1.00
俄克拉荷马城	6,626	1.07
诺瓦克	7,243	1.17
新奥尔良	8,674	1.40

来源：2006年全国交通数据库，(华盛顿：联邦公共交通管理局,2007)。

注：拉斯维加斯不在名单之上，因为其公共交通被100%承包出去了。凤凰城被排除在外，因为其88%的公共交通被承包出去，而剩下的12%不是一个具有代表性的样本。檀香山——全美第51大城市区域——因其高能源效率被囊括在内。

121

奇怪的是,全国最节能的公交系统不在纽约,而是在檀香山,后者只运营巴士。该系统之所以是有效率的,因为其巴士平均携载近 18 人,相对应的,其他的大部分巴士系统只携载不到 11 人。平均而言,纽约巴士系统运载的人数也很多,其对该地区公共交通的能源效率贡献与轨道线路差不多。

很多铁路地区表现如此之糟的原因之一是,新的轨道线路正蚕食着巴士的最热门——因而也是最节能的——路线。此外,每开通一条新的轨道线之后,公交部门通常会给顾客们提供更多而非更少的巴士服务,而走廊公交路线被转变为铁路走廊接驳巴士。很多有汽车的人开车去火车站,所以这些接驳巴士往往以比其所替代的走廊巴士低得多的平均负载运行。

其结果是,建造新轨道公交线路的很多地区,以比修建铁路线之前消耗更多燃油却承载更少的平均负载而告终。例如,1991 年,在圣路易斯建造其第一条轻轨线之前,圣路易斯巴士平均运载超过 10 个人,每乘客英里消耗 4,600 英热单位。1995 年,在开通第一条轻轨线之后,平均巴士负载下降到不足 7 人,而巴士和轻轨的总能源消耗上升至 5,300 英热单位每乘客英里。二氧化碳排放也不断攀升,从 0.75 磅每乘客英里上升至 0.88 磅。[28]

其他城市在开通轻轨线之后,能源效率方面经历了同样的下滑。例如,萨克拉门托的巴士负载,从该地区第一条轻轨线开通前的 1987 年的 14 人左右下跌到之后的不足 10 人。综合能源消耗因此从约 3,000 英热单位每乘客英里上升到 4,300 英热单位,同时二氧化碳排放从 0.48 磅每乘客英里上升到 0.58 磅。[29] 2004 年,萨克拉门托开通了一条新的轻轨线,但巴士负载再次下跌至低于 8 人,而综合能源消耗和二氧化碳排放增长到接近 4,600 英热单位和 0.64 磅每乘客英里。[30]

同样的,休斯顿的轻轨线把每乘客英里的能源消耗及二氧化碳排放提升了 8 至 10 个百分点。[31]于 1986 年开通的波特兰东侧轻轨线,把每乘

139

客英里的能源消耗及二氧化碳排放增加了 5 至 13 个百分点。[32]其于 1998 年开通的西侧轻轨线,把每乘客英里的能源消耗及二氧化碳排放增加了 7 至 11 个百分点。[33]

不是每一个公共交通系统在开通新的轨道线之后都遭受能源效率的下跌的。在 2004 年开通海厄瓦萨轻轨线之前,双子城公共交通系统每乘客英里使用约 4000 英热单位,排放 0.65 磅二氧化碳。轻轨把 2006 年全系统平均值提升至每乘客英里 3,722 英热单位和 0.56 磅二氧化碳。[34]但正如下一节所示,这些微小的节省或许并不能弥补建造这条线路的巨大能源及二氧化碳成本。

不要忘记建设成本

即便一条新的铁路线与巴士或汽车相比,可以节约能源或减少温室气体排放,然而其建设期间的能源消耗与二氧化碳排放是巨大的,且可能永远无法通过节省运营成本而弥补。比如,轨道公交需要大量的钢铁和混凝土,这两者都是能源密集的且会排放出大量二氧化碳。

波特兰北部州际轻轨的环境影响报告书预计,该线路每年将节省约 230 亿英热单位,而其建设将消耗 3.9 万亿英热单位。[35]这意味着其将需要 172 年的节约来换上该建设成本。事实上,远远用不着 172 年,汽车可能就会变得非常高效节能,以至于轻轨将不会提供任何盈余。

同样,西雅图北部联结轻轨线预计 2015 年将节约 3460 亿英热单位,2030 年将下降到 2,000 亿。[36]施工预计需要 17.4 万亿英热单位。[37]如果节余在 2030 年后仍保持在 2,000 亿英热单位,那么这些节余在 2095 年之前都不足以弥补成本。联邦公共交通委员会称其对这些节余很满意,因为"轻轨项目预期将会有 100 年的使用寿命"。[38]

在现实中,铁路项目仅有约 30 至 40 年的预期寿命,在此之后大多数铁路线必须被大幅重建或更替。类似的重建将需要大量能源并排放出大量二氧化碳,所有这些都必须计算以回应系统所声称可提供的运营成本节余。

这些案例表明,对任何轨道公交将减少能源消耗的声明,都必须持怀疑态度,除非它们伴有其节约的运营成本将快速弥补建设成本的证据。即便法律条文要求如此,公交部门也常常不愿意提供证据。例如,达拉斯东南走廊轻轨线环境影响报告书的环境后果一章,就从未提到"能源"、"温室"或"二氧化碳"等术语,严重低估了建造该线路的能源或二氧化碳成本。[39]

公路建设也使用能源并排放二氧化碳,但每英里城市公路承载的乘客英里数及货物移动吨英里数比每英里轨道公交线的要多得多。比如,在 2007 年,美国轻轨线每英里只移动了铁路地区的城市快速路每车道英里所移动乘客英里数的 13%。[40]公路也移动了数百万吨的货物,后者可以分摊建设成本。这意味着公路建设的每乘客英里或吨英里的能源及二氧化碳成本,比轨道公交建设的这类成本要低得多。

轨道公交的替代方案

据麦肯锡的分析师称,美国可以通过向用不超过 50 美元成本就能减排 1 吨二氧化碳(同量气体)的技术投资,以显著降低温室气体排放量。麦肯锡指出,一些技术,如更轻更省油的汽车,从长远来看可以减少排放并真正地节省资金。其他投资,如把家居改造至更加节能,或许对一些业主的耗费比其节约下来的要稍微多一点,但仍然有不到 10 美元每吨温室气体的节余。[41]

鉴于资源有限,我们为何要选择一个每吨气体减排耗资 10,000 美元的项目,当我们如此减排 1 吨时本可以用来减排 1,000 吨,假设我们投资于那些每吨只耗资 10 美元的项目?在极少数情况下,轨道公交或其他行为解决方案实际上是可以节约能源并降低温室气体排放的,不过它们有效时的成本更接近 10,000 美元每吨,而不是 10 美元每吨。

公共交通官员和其他拥有减少其辖区内能源消耗及温室气体排放的　*124*

真正渴求的城市领导人,应当考虑更具经济性的可同样达成目标的替代方案,而不是构建轨道公交。这里有四个潜在的替代方案:

- 选择替代性交通燃料及技术;
- 增加平均巴士负载;
- 减少公路及街道上的燃油浪费;
- 提高汽车效率。

替代性交通燃料及技术

希望减少温室气体排放的公交部门有两个选择,但其中无一与建造轨道公交相关。首先,他们可以使用替代性燃料及技术。其次,他们可以通过增加每辆公交车辆的平均使用人数或减少车辆尺寸来增加其负载。

明尼阿波利斯-圣保罗是轻轨线节约了能源的为数不多的地区之一。此外,该地区已通过购买混合动力巴士和将其巴士转型为使用生物柴油燃料,来减少温室气体排放。混合动力巴士比一般的巴士节能 22% 以上。生物柴油的净二氧化碳排放只有石油基柴油燃料的三分之一。2006年,明尼阿波利斯-圣保罗的地铁公交公司(Metro Transit)开始使用一种含有 10% 生物柴油的混合燃料,它与其他公交部门现在正试验 20% 的混合量。[42]

混合动力巴士的成本比一般巴士要多得多,生物柴油也比一般的柴油成本高。然而,这些选择在减少温室气体排放方面,都比建造轻轨要划算得多。明尼阿波利斯-圣保罗斥资了 7.15 亿美元来打造其轻轨线。[43]每年摊销 7% 需要 40 年,这相当于年成本为 5,300 万美元。公交部门估计轻轨线每年节约 1,800 万美元的运营成本,所以净成本为每年 3,500 万美元。[44]运营这条轻轨线以替代用巴士运载相同数量的乘客,以 5,000 美元每吨的价格减排了约 7,300 吨二氧化碳。这并不包括建造时的二氧化碳排放,其可减少净节余并增加任何节约的成本。

　　与之相反,明尼阿波利斯-圣保罗购买了 172 辆混合动力巴士,每辆车价格超出一般公共巴士 20 万美元以上。用 10 年来分摊这笔费用的话,年成本超过 28,000 美元。公交部门估计,每辆巴士每年可节约近 2,000 加仑的燃油,对应的是近 44,000 磅二氧化碳。[45] 这代表着每吨约 1,300 美元的成本。

125

　　生物燃油甚至是更加的成本高效。从石化柴油转为 20%生物柴油混合油为明尼阿波利斯-圣保罗每年节约了约 10,000 吨的二氧化碳。[46] 20%生物柴油混合油比纯石化柴油每加仑多花费 20 美分,产生的英热单位数要少 2%,而每年可以节约不到 200 万美元的净成本。[47] 因此,生物柴油每年节约 1 吨二氧化碳耗费不足 200 美元,其减少温室气体的性价比是轻轨的 25 倍还多。

　　严重依赖电力的非石化燃料能源的地区,对于减少二氧化碳还有第三个选择:无轨电车。尽管无轨电车不如柴油巴士节能,它们却是导致较少温室气体。例如,西雅图的无轨电车每乘客英里所产生的二氧化碳只有其柴油巴士的七分之一。[48]安装和维护架空电线是昂贵的,但远不及建造轨道公交那般代价高昂。例如在 20 世纪 90 年代,洛杉矶都会区交通运输管理局估计,安装和购买用于 200 路线英里的架空电线的巴士将花费相同长度轻轨路线费用的 10%。[49]

增加公交负载

　　公交部门还可以通过增加载客率来节约能源,也就是说,公交车辆在一天的过程中座位及站立空间使用的比例。一般的公交巴士有 39 个座位和可以 20 个人的站立空间,一般而言只携带不足 11 人。一些公交部门的巴士每辆平均有 20 个乘客,因此每乘客英里消耗的能源远远更低。

　　增加载客量的一种方法是在乘客量最高的地区专注于巴士服务。这样的市场定位对公交部门是陌生的,它们觉得为所有纳税的街区提供巴士服务具有政治义务,即便这些街区的乘客要少一些。

不过,一些巴士业务的节能效果是显著的。纽约都会区的几条通勤巴士线路通过将其服务专注于几个客流量较大的路线和时段,每乘客英里消耗了不足 2,000 英热单位。旧金山-马林县的金门公交及诸如马里兰州坎伯兰、佐治亚州罗马、德克萨斯州布朗斯维尔、加州圣巴巴拉等不同城市的其他公交系统,所有这些每乘客英里消耗都不足 3000 英热单位。

专注于走廊或通勤路线的公交部门,对城郊社区及非高峰时段,可以使用较小的巴士车来节约能源。公交部门通常会购买大到足以满足高峰时段需求的巴士,并全天运营。此外,用于公共交通资产购置的联邦资金给了公交部门动机购买大过其实际,即便是在高峰时刻,所需的巴士。在任何情况下,购买两个独立的巴士车队——一个用于走廊及高峰时段,另一个用于郊区路线及非高峰时段——将在减少能源使用及二氧化碳排放方面比建造轨道公交做得更好!

例如,波特兰的三郡都会(Trimet)公交部门,有一个在固定路线服务的 545 辆巴士的车队,其中 90% 是 39 座或以上的。三郡都会可以用 500 辆每辆价值 50,000—75,000 美元的 15—25 座的巴士更替之前的车队。[50]总共将花费 2,500 万—3,700 万美元——约为 1 英里轻轨线的成本。在 10 年内均摊的话,每年约 500 万美元。

这些较小的巴士仅消耗全尺寸巴士约 40% 的燃料,仅排放约 40% 的二氧化碳。三郡都会的巴士 2006 年生成了 58,600 吨的二氧化碳,所以,即便只在车辆服务时间的三分之一时段运营较小的巴士,也将减排 11,400 吨的二氧化碳。燃油节省下来的费用将抵消 500 万美元购车年分摊款中的至少 100 万。因此,二氧化碳水平降低成本只有每吨 350 美元。尽管这些替代方案中无一满足麦肯锡的 50 美元每吨的阈值,但其在降低温室气体方面,都远比建造铁路线更具成本效益。

在公路及街道上的节能

德州交通运输研究院估计,每年在拥堵的交通中浪费了超过 29 亿加仑的燃油。[51]通过固定的瓶颈、使用拥堵通行费及增加新的容量来缓解交通拥堵,将会在节约能源方面比轨道公交做的好得多。此外,新的公路主要由自身支付,尤其是使用通行费的时候,而轨道公交则需要巨额补贴。

127

一些人担心缓解交通拥堵只会导致更多的驾驶,而这些驾驶的能源成本将会抵消交通拥挤纾缓的节余。诱发需求的故事和通用汽车关闭有轨电车以迫使人们买汽车的声称一样,都只是神话。它假定人们有一个无限的驾驶需求,且遏制这种需求的唯一办法就是限制他们在其上驾驶的道路。

因恐惧诱发需求而不修建道路是"判断错误"的,加州大学规划学教授罗伯特·切尔韦罗说道。"人们与道路相关的问题——例如,拥堵及空气污染——并不是道路投资的错。"他补充道。它们源自"道路的使用及错误定价。"[52]

被抑制的需求是一个比诱发需求更准确的术语。如果修建道路会导致更多的驾驶,那么驾驶代表着被拥堵抑制的需求。所以只要人们愿意承担修建其使用道路的全部费用,政府试图抑制出行需求就是不合适且适得其反的。当然,出行需求远非无穷尽的,通过确保人们全额支付其成本会有助于缓和。

从历史上看,汽油税及其他公路使用者付费支付了建造、维护及监管美国的道路街道费用的近 90%。[53](相比之下,公共交通付费只涵盖了公共交通运营费的约 40%,资本成本则没有。)然而,把燃气税作为一项用者付费的问题是,它并未向用户提供有关其消费的服务成本的信号。建立一个可以满足高峰期需求的系统耗费更多,而高峰时段使用者支付了和非高峰时段使用者同样的使用费。

解决的方法是对新公路容量收取通行费,根据交通流量调整过路费,因而新公路车道永远不会变得拥挤。既有的高乘载车道(HOV Lane)经常有过剩的容量,也可以调整为高乘载收费车道(HOT Lane),正如在丹佛所成功实现的那样。[54]通行费收入将会涵盖新道路的成本,但高峰时段更高的收费将会减少对更多道路的需求。

通行费是一个很好的解决方案,但是,迄今为止,只被应用于受限进入的公路。在无限制进入的道路上,交通工程师可以通过改善交通信号协调来减少二氧化碳排放。圣何塞以 50 万美元的成本协调了全市最拥挤的一些街道上的 223 个交通信号。用 10 年均摊的话,年成本约为 7 万美元。工程师们估计,这将每年节省 47.1 万加仑的汽油,转换为二氧化碳减排量的话,约为 4,200 吨。[55] 也就是说,每吨成本为 17 美元。但是在扣除驾驶者的燃油节余之后——每年 94.2 万美元,每加仑 2 美元——该项目实质上节省了金钱并减少了温室气体。该项目还节省了人们的时间,提高了安全性,并减少了有毒气体污染。

据美国联邦公路管理局,全国四分之三的交通信号是过时的、缺乏与其他信号的协调的。[56] 国家交通运输运营联盟说,信号协调不足的问题"在全国和各辖区是惊人相似的。"[57] 信号协调轻松地达到了麦肯锡的每吨 50 美元的测试,所以还没有为改善交通信号协调预算的城市,是无权来花费数百万美元修建轨道公交并期望减少二氧化碳排放的。

提高汽车效率

奥巴马总统的燃油经济性标准要求 2016 年制造的一般汽车每加仑汽油可以行驶 35.5 英里。然而,即便该目标达成了的话,2016 年在路上的汽车平均每加仑汽油也将只能行驶 24 英里。希望加速推进升至更高燃油效率的城市将会发现,以激励人们来购买节能汽车,在减少能源消耗和温室气体排放方面将会比修建轨道公交更具成本效益。

自 1992 年以来,美国的城市已在城市轨道公交投入约 1,000 亿美元。[58] 然而,全国没有任何一个铁路系统成功增加了城市出行中公共交通的份额,哪怕 1 个百分点。[59] 在 1990 年至 2005 年之间,唯一做到增加通勤公共交通的市场份额超过 1 个百分点的只有纽约,它还主要是通过降低票价实现的。同时,在大多其他铁路区域,公共交通实际上损失了乘客出行及通勤的市场份额。[60] 因此,轨道公交的前景充其量为大投资、小回报。

　　考虑到轨道公交的不佳记录,说服 1% 的汽车车主在下次置车时购 　*129* 买每加仑可行驶 30 至 40 英里乃至更多的汽车,将比修建轨道公交节省更多能源和二氧化碳排放。仅仅需要细微的激励就可以实现这个目标,这使得这些激励远比建造轨道公交具有成本效益。

注释:

1. Randal O'Toole, *Achievement of Improved Air Quality through Transportation Control Strategies: A Plan for Portland, Oregon* (Portland, OR: OSPIRG, 1972).

2. *Highway Statistics Summary to* 1995, table VM – 201; *Highway Statistics* 2006, table VM – 1.

3. Davis and Diegel, *Transportation Energy Data Book: Edition* 27, tables 12. 2,12. 4,12. 6, and 12. 8.

4. "Optimizing Traffic Signal Timing Significantly Reduces the Consumption of Fuel," Clinton Climate Initiative, 2008, tinyurl. com/b494vt.

5. "Governor Schwarzenegger Signs Sweeping Legislation to Reduce Greenhouse Gas Emissions through Land Use," press release, California Office of the Governor, Sacramento, CA, September 30,2008, tinyurl. com/dxcoa3.

6. 2000 *Census* (Washington: Census Bureau, 2002), table P30; 2007 *American Community Survey*, table C08006, urbanized areas.

7. 2006 *National Transit Database* (Washington: Federal Transit Administration, 2007), spreadsheet "energy consumption."

8. Davis and Diegel, *Transportation Energy Data Book: Edition* 27, tables 2. 13 and 2. 14.

9. Environmental Protection Agency, *Model Year* 2008 *Fuel Economy Guide* (Washington: EPA, 2007), tinyurl. com/25y3ce.

10. Energy Information Administration, "Fuel and Energy Emission Coefficients," Department of Energy, tinyurl. com/pqubq.

11. Energy Information Administration, *State Electricity Profiles* 2006 (Washington: Department of Energy, 2007), table 5.

12. Vehicle Technologies Program, "Vehicle Occupancy by Type of Vehicle,"

Department of Energy, 2003, tinyurl. com/2ttp7h. Calculation of average occupancy of light trucks based on vans, SUVs, and pickups weighted by vehicle numbers shown in Hu and Reuscher, *Summary of Travel Trends*: 2001 *National Household Travel Survey*, table 20.

13. 2006 *National Transit Database*, spreadsheet "service"; calculated by dividing passenger miles by vehicle revenue miles.

14. "Intercensal Estimates of Total Households by State," Census Bureau, 2002; Hu and Reuscher, *Summary of Travel Trends*: 2001 *National Household Travel Survey*, table 15.

15. 2007 *National Transit Database*, spreadsheets "service" and "revenue-vehicle inventory."

16. Davis and Diegel, *Transportation Energy Data Book*: *Edition* 27, table 2.13.

17. Ibid. , table 2.14.

18. Brandon Loomis, "New TRAX Passenger Tracking System Shows Ridership Lower Than Thought," *Salt Lake Tribune*, December 20,2007.

19. 2006 *National Transit Database* (Washington: Department of Transportation, 2007), spreadsheets "revenue-vehicle inventory" and "service."

20. Stacy C. Davis and Susan W. Diegel, *Transportation Energy Data Book*: *Edition* 26 (Oak Ridge, TN: Department of Energy, 2007), table B.6.

21. 2006 *Provisional National Transit Database*, spreadsheet "energy consumption."

22. Nicholas Lutsey and Daniel Sperling, "Energy Efficiency, Fuel Economy, and Policy Implications," *Transportation Research Record* 1941(2005):8 – 17.

23. "Automakers Support President in Development of National Program for Autos," *PRNewswire*, May 18,2009, tinyurl. com/pzaokn.

24. "Fact Sheet: Energy Independence and Security Act of 2007," The White House, December 19,2007, tinyurl. com/mdurvu.

25. Bureau of Transportation Statistics, "Median Age of Automobiles and Trucks in Operation in the United States," Research and Innovative Technology Administration, 2003, table 1 – 25, tinyurl. com/5oszkn.

26. Calculations assume a straight-line increase in new-car fuel economy between now and 2020, no change in new-car fuel economy after 2020, and replacement of the existing auto fleet at the rate of 6.25 percent per year.

27. Andrew N. Kleit, "CAFE Changes, By the Numbers," *Regulation* 26, no. 3

(2002):32 – 35, tinyurl. com/q4y92e.

28. 1991 *National Transit Database* (Washington: Department of Transportation, 1992), table 19;1995 *National Transit Database* (Washington: DOT, 1996), table 26.

29. *1985 National Transit Database* (Washington: DOT, 1986), table 3161; *1991 National Transit Database*, table 19.

30. 2004 *National Transit Database* (Washington: DOT, 2005), table 19.

31. 2001 *National Transit Database* (Washington: DOT, 2002), table 28; 2005 *National Transit Database* (Washington: DOT, 2006), table 19.

32. 1982 *National Transit Database*, table 417812;1987 *National Transit Database* (Washington: DOT, 1988), table 16.

33. 1997 *National Transit Database* (Washington: DOT, 1998), table 26; 1999 *National Transit Database* (Washington: DOT, 2000), table 28.

34. 2001 *National Transit Database*, table 28; 2005 *National Transit Database*, table 19.

35. *North Corridor Interstate MAX Final Environmental Impact Statement* (Portland, OR: Metro, 1999), p. 4 – 104.

36. *North Link Light Rail Transit Project Final Supplemental Environmental Impact Statement* (Seattle, WA: Sound Transit, 2006), p. 4 – 112, tinyurl. com/2q48do.

37. *North Link Light Rail Transit Project Final Supplemental Environmental Impact Statement*, p. 4 – 216, tinyurl. com/3cj5pd.

38. "Record of Decision for Central Puget Sound Regional Transit Authority's (Sound Transit) North Link Segment of the Central Link Light Rail Transit Project: Response to CETA May 2, 2006 Letter," Federal Transit Administration, June 7,2006, tinyurl. com/2we4ur.

39. "Environmental Consequences," in *Southeast Corridor Light Rail Transit in Dallas County, Texas, Final Environmental Impact Statement* (Dallas, TX: Dallas Area Rapid Transit, 2003), chapter 5, tinyurl. com/2da5c3.

40. Calculated by comparing passenger miles per directional route mile from tables 19 and 23 of the 2005 *National Transit Database* with vehicle miles (multiplied by 1. 6 to get passenger miles) per freeway lane mile from table HM72 of the 2005 *Highway Statistics*.

41. *Reducing U. S. Greenhouse Gas Emissions: How Much at What Cost?* (Washington: McKinsey & Company, 2008), pp. ix, xiii.

42. Peter Bell, "Message from the Council Chair" (St. Paul, MN: Metropolitan Council, 2007), tinyurl. com/2hvfnl.

43. Nasiru A. Dantata, Ali Touran, and Donald C. Schneck, "Trends in U. S. Rail Transit Project Cost Overrun," paper presented to the Transportation Research Board 2006 Annual Meeting, January 2006, table 3, tinyurl. com/mbjv24.

44. 2006 *Provisional National Transit Database*, spreadsheet "operating expenses. "

45. Jim Foti, "Hybrid Buses Thunder Down Nicollet Mall — Quietly," *Minneapolis Star-Tribune*, November 15,2007, tinyurl. com/2c33mj.

46. Calculation based on 2006 *Provisional National Transit Database*, spreadsheet "fuel consumption"; and Davis and Diegel, *Transportation Energy Data Book: Edition* 26, table A. 3.

47. Gargi Chakrabarty, "Denver Public Schools Opt for Biodiesel," *Rocky Mountain News*, October 12,2005.

48. 2006 *Provisional National Transit Database*, spreadsheets "fuel consumption" and "service. "

49. Todd W. Bressi, "From Bus Route to Urban Form: L. A. 's Electric Trolley Bus Plan," *Places* 9, no. 1(1994):66, tinyurl. com/djclja.

50. "New Shuttle Bus Inventory for Sale," TESCO, Oregon, Ohio, 2007, tinyurl. com/2zuscj.

51. Schrank and Lomax, *The* 2007 *Urban Mobility Report*, p. 1.

52. Robert Cervero, "Are Induced Travel Studies Inducing Bad Investments?" *Access* 22 (Spring 2003):27; tinyurl. com/34nesx.

53. *Highway Statistics* 2005, table HF10.

54. Jack Tone, "Denver's I-25 HOT Lanes," *The Westernite*, July - August 2007, pp. 1-5, tinyurl. com/3at5cc.

55. Gary Richards, "A Sea of Greens for S. J. Drivers: City Tweaks 223 Intersections to Ease Delays. "

56. Federal Highway Administration, *Traffic Signal Timing* (Washington: Department of Transportation, 2005), ops. fhwa. dot. gov/traffic_sig_timing/ index. htm.

57. *National Traffic Signal Report Card* (Washington: National Transportation

Operations Coalition, 2007), p. 4.

58. *Public Transportation Fact Book* 58*th Edition* (Washington: American Public Transportation Association, 2007), table 37; *Public Transportation Fact Book* 57*th Edition* (Washington: American Public Transportation Association, 2006), table 37.

59. "Shares of urban travel" calculated by comparing transit passenger miles from the *National Transit Database* (ntdprogram. gov) with highway vehicle miles (multiplied by 1. 6 to account for occupancy rates) from the Federal Highway Administration's *Highway Statistics* series (tinyurl. com/mnpuyk).

60. Transit's share of commuting in 1990 is from the 1990 *Census*, table P049, "means of transportation to work," for urbanized areas; transit's share in 2005 is from the 2005 *American Community Survey*, table S0802, "means of transportation to work by selected characteristics," for urbanized areas. Both tables are accessible from the Census Bureau's American Factfinder web page, tinyurl. com/ufd9.

第7章　为移动性付费

　　"所有的交通运输都是被补贴的"是那些主张对他们所偏爱的交通方式进行更多补贴的人们的频繁重复。[1]虽然这种说法值得商榷,但大多数客运交通的确是被补贴的。不过这回避了如下问题:当几乎所有好处都流向实际使用者的时候,为什么我们要补贴它呢？或许,我们不应对某些交通形式给予更多补贴以"平衡"其他形式的过往补贴,而是要完全地消除补贴。

　　某些事物以某些方式产生的益处,是很难通过用者付费来支付的。国防就是个经典案例。经济学家称这些事物为公共物品。这并不意味着一切由公共部门所有或运营的就是公共物品,不因有人使用,而降低他人的可用性。只有这样,它才能被称为公共物品。

　　交通运输不是公共物品。一位独具慧眼的经济学家可能会找到交通、事物、住所及其他诸事物中公共物品的方面。但在绝大多数情况下,交通的收益是由使用它的人获取的。让所有人为只有部分人使用的交通付费,这是不公平的。

　　尽管如此,美国历史还是充满了政府参与交通的例子。有时候,政府倡议提供初始资金供交通项目启动。但是,一旦政府开始资助某事,往往就很难停下来。从资助中获益的人们游说以确保利益的持续。由于偏爱某种模式或地理区域的利益集团们相互间竞争以捕获最大的资助,补贴就变得难以控制了。

公路和水道

在蒸汽动力占据主要地位之前,交通的主要方式是公路和水道。最早期的定居点都位于可通航的河流旁。但河流并非无所不及,所以人们对水道辅之以公路。

132

美国早期的很多公路都是收费的。在 1790 年至 1845 年之间,超过 1500 家私人公司获许建造收费公路,其中大部分在建设和运营这样的道路上是成功的。少数州,尤其是俄亥俄州、宾夕法尼亚州和弗吉尼亚州,对其收费公路公司进行补贴,帮助它们对其邻居们获得竞争优势。但大多数收费公路是完全由私人投资者出资的,他们从通行费收入中获得分红。[2]

反对私有道路的一个论点是,道路需要一些中央计划者来确保一个完整的道路网络的修建。然而,收费公路公司经常互相合作,提供了这样的一个网络。例如,五家不同的公司分别运营了匹兹堡派克(Pittsburgh Pike)公路中的一部分,该收费公路连结了匹兹堡与哈里斯堡。另外一系列的合作收费公路连结了哈里斯堡与费城。[3]

尽管有这些私有道路的成功,联邦政府于 1806 年还是决定建造一条从马里兰到密苏里的"国道"。毋庸置疑的理论是,加快建设这条道路将有助于联结这个年轻国度的西部地区,并抵抗法国人、英国人或其他外国人侵者。政府最终花了约 680 万美元(以当今货币计,约 1.35 亿美元)在这条路上,但在其抵达密苏里州-伊利诺伊州边界之前被放弃了。政府道路的每英里成本为相同地形上私人道路的双倍,但国有公路的维护很糟糕,因为维护依赖于来自不稳定的国会的拨款,而非通行费收入。[4]

同时,大英帝国的早期运河建设的财务成功,在美国引发了修建运河延伸至通航河道的提议。1817 年,纽约州州长德威特·克林顿说服州议会提供一笔 700 万美元贷款给一家私人公司,修建从奥尔巴尼至水牛城的 363 英里长的伊利运河。尽管施工持续了 8 年,修建它的公司在其竣工之时已经可以分段赚取通行费收入了。

该公司最终偿还了贷款,外加 6% 的利息。竣工后的运河被证明是纽约市的一个宝藏,西部的生产商发现运到纽约市比到其他竞争港口,如费城和巴尔迪莫,要便宜得多。

133　　马里兰州和宾夕法尼亚州分别用一个运河工程来回应它。马里兰州的切萨皮克与俄亥俄运河从华盛顿特区延绵 184 英里至马里兰州坎伯兰。宾夕法尼亚州投资了主干线,包括在匹兹堡连接费城与俄亥俄河系统的运河及铁路。与伊利运河不同,这些运河在财务上一般是不成功的,部分是由于蒸汽铁路在其完成之前就已把它们淘汰了。

铁路和政府赠地

早期的美国铁路几乎全是由私人资金修建的。这些铁路提供了如此优越的交通,到 1850 年它们已让大部分收费公路及水道破产。各个州还在为了业务相互竞争——或许给服务于这些州的铁路提供了各种各样的好处。例如,宾夕法尼亚州把由州出资的主干线出售给了宾州铁路公司,这无疑有助于该铁路以较低的成本建立自己的帝国。然而,在大多数情况下,美国东部的铁路没有联邦资金且鲜有州级资金补贴。

太平洋铁路法案为完成从爱荷华州康瑟尔布拉夫斯至加利福尼亚州的铁路的公司提供了政府赠地和低息贷款。后续的法律为从圣保罗至普吉特湾、洛杉矶至新奥尔良、洛杉矶至圣路易斯、波特兰至旧金山的铁路提供了政府赠地(但是没有低息贷款)。总计有 1.7 亿英亩的土地被赠与给这些铁路公司,但国会收回了未履行合约的约 4,500 万英亩土地,剩下合计最多为约 1.25 亿英亩。

国会预计铁路公司将出售土地以帮助支付施工款。在很多情况下,对土地而言并没有直接市场。其中很大一部分是不可耕种的,且美国的木材也过剩,所以林地市场也很小。20 世纪的后半叶,给北太平洋铁路、南太平洋铁路、圣达菲铁路和联合太平洋铁路公司的政府赠地上的能源及木材资源,被证明是非常有利可图的。但这并没有在第一时间帮助它们修建铁路。

1893年1月,大北方铁路公司在没有任何政府赠地(除了对一条被接管铁路的一小块土地赠与)和其他联邦或州补贴的情况下,完成了其从圣保罗至西雅图的路线。该铁路直接与北太平洋铁路相竞争,某种程度上与服务部分相同领地的联合太平洋铁路相竞争。大北方铁路的建造者,詹姆斯·J.希尔,知道其他的铁路主要是为了补贴才建的,所以其结果是,它们往往设计很差,且遵循迂回路线。希尔沿着其工程师可以找到的最直接的路线修建大北方铁路,所以他的运营成本比竞争者们的要低得多。

当1893年经济崩溃发生几个月后,北太平洋铁路、联合太平洋铁路和几乎其他所有西部铁路都进入破产接管程序。一个公司被接管之后继续运营,而不必立即支付其债权人——并且经常拒绝履行其债券。很多人预测大北方铁路将无力抗衡并步其他公司破产之后尘。但是希尔设法避免了接管,大北方铁路成为了北美洲唯一一条横贯大陆的、没有政府补助但从未破产的铁路。

到1930年,美国铁路里程达到顶峰,约26万英里。[5]如第5章所指出的,其中只有18700英里是有政府赠地或其他联邦补贴的。一些地方补贴,比如来自城市或城镇的资金或土地捐赠或许被提供,但这些大多是确定铁路会在哪里,而不是是否会被修建。铁路公司当下认为,国会授权的对政府货运及出行的费率减免有效地补偿了所有政府赠地与补贴的全部价值。[6]

铁路对主要城市——诸如纽约和芝加哥或圣保罗和西雅图——之间的业务激烈地竞争。但很多中点被一个铁路公司垄断了。农户们不安地发现,比如说铁路公司经常从米苏拉到芝加哥比从西雅图到芝加哥收取更多的费用。铁路公司对从西雅图发出的货量更大因而可以打折的解释被置若罔闻。对铁路垄断的担忧滋生了逐渐壮大的进步主义运动,对 20 世纪的交通运输政策产生了深远影响。

城市公交

早期的城市公交企业是由私人投资的。因为它们中的很多使用公有路权,所以它们经常不得不从市议会获取特许经营权。至 19 世纪末,除了路权,公交公司不接受补贴或其他的公共支持。

美国的第一条城市公共交通或许是波士顿的轮渡,其早在 1630 年就开始了。据说早在 1740 年的纽约牛车也运送乘客。但是第一条流行的公有公共交通是公共马车(omnibus,拉丁词,意为"为每一个人"),一种大型马拉货车,装有给乘客使用的座位和遮蔽物。纽约市于 1827 年第一次有了自己的公共马车,其他主要的美国城市在随后几年也陆陆续续地有了自己的公共马车。[7]

公共马车在 1832 年升级到了马拉轨道车。这些所谓的"轨道马车"被证明是非常受欢迎的;在某些时候,超过 500 座美国城市拥有至少一条轨道马车线路,且轨道马车在诸如南达科他州的戴德伍德、缅因州的刘易斯顿和阿拉巴马州的塞尔玛等偏远地区都可以被找到。德克萨斯州有超过 30 座城市是骡子拉车,包括科珀斯克里斯蒂和达拉斯。

1838 年,第一台蒸汽驱动的通勤列车开始把郊区的工人运送至波士顿。这种类型的列车只在最大的城市地区被发展,例如芝加哥、纽约、费城和旧金山。所有这些早期形式的机械化公共交通的最主要主顾是上层阶级或中产阶级、白领。

第一条高架公交线于 1871 年在纽约落成。它由蒸汽驱动,但很多城市因其噪声及污染而阻止使用蒸汽车头。1873 年,旧金山见证了第一批缆车,该系统由一个处于中间位置的蒸汽动力来拖动轨道车厢。到 1890 年,已有近 30 座美国城市安装了缆车。

最大的公共交通革命是由电力有轨电车提供的,其于 19 世纪 80 年代在阿拉巴马州蒙哥马利和弗吉尼亚州里士满被完善和安装。电力有轨电车比以往的各种出行形式要有效率得多,"电车热"很快席卷全国。公共交通公司们很快把其几乎所有缆车及马车线都改造为由架空电线驱动的电力系统,同时建造了很多新的线路。最终,电力有轨电车可以在超过850座美国城市和集镇被找到。

下一步是在 1893 年,第一条电力驱动的城市间铁路的修建连接了波特兰至俄勒冈市之间 15 英里的距离,从而有效地把后者变成了前者的郊区。数年之内,已有超过 300 家铁路及能源公司在 40 个州内经营城间铁路。[8]

芝加哥于 1895 年修建了第一条电力高架铁路线。但是高架线路因其不美观的天性而不受欢迎。电力使得企业可以建造地下铁路,同时可避免乘客窒息或把街道变黑。波士顿在 1897 年完全遮盖了有轨电车线中的一条。柏诚公司于 1904 年在纽约建造了第一条真正的重轨地铁。纽约还于 1905 年见证了第一辆电动公共汽车,于 1921 年见证了第一辆无轨电车。

截至 1904 年,城市公共交通是由私人资助和补贴的。这一年,北达科他州立法机构受公众对铁路垄断的恐惧的影响,在俾斯麦建造了第一条州有轨道电车线。1905 年,纽约市接管了先前私有的史泰登岛渡轮。1906 年,路易斯安那州门罗成为建造有轨电车的第一个城市。

私有公交公司面临一些财政困难。很多电车线路是由房地产开发商修建的,以吸引人们购买他们的住房项目。一个开发商将会把城市边缘的土地再细分,建造一条从开发项目至市中心电车的线路,然后出售地段及房屋。房地产开放项目的利润支付了电车线的资本成本。公交票价仅涵盖了运营成本。这在十年二十年内是有效的,但当到了需要更换电车、轨道及其他设备的时候,这些公司往往资金不足。

筹集资金的方法之一是提高票价。但市或州政府管控票价,且提高票价的提议常被公共事业委员会否决。这使得很多车队老化了的公交公司陷入岌岌可危的财务困境。

进步主义政治家把对公交公司的公开收购视为一种潜在的解决方案。由于公共部门将不必为股票持有者支付股息,进步主义者们相信,他们可以以更低的成本经营公共交通,且不必提升票价。旧金山是第一个运营自有轨道电车的大城市,旧金山市政铁路(Muni)于 1912 年成立。纽约于 1932 年开始运营和拥有地铁线路。1938 年,芝加哥获得了第一笔联邦拨款,用以支持其公有铁路的建设。

137　　　在那些公交依然为私有的城市里,当地电力公司经常合并单个所有者的轨道电车线路。这引起了对垄断权力的担忧。1935 年,国会下令电力公司剥离自己的中转业务。由于公交在汽车崛起和大萧条之下已在用力挣扎,这项法案使很多公司濒临破产。

一个解决方案是把电车转换为公共汽车,后者不需要如此多的基础设施支持。在 1910 年有电车的超过 700 座美国城市之中,到 1929 年末之际,至少有 230 座城市要么终止了业务,要么转为巴士了。另外 300 座城市于 30 年代转换了,还有 100 座在 40 年代也转了。[9]

电车向巴士的快速转换引起了无法抑制的神话:汽车和石油公司收购公交系统以拆解它们,并迫使人们开燃油动力的汽车。[10]事实是,通用汽车公司、凡士通轮胎、雪佛龙和菲利普斯石油公司收购了在多达 60 座城市拥有巴士公司的国民城市线,以便向这些巴士公司出售自己的产品——客车、轮胎和燃油。在 1949 年,司法部成功地就违反反托拉斯法起诉了通用汽车公司,通用公司和其他公司售出了它们的国民城市线的股份。

在通用汽车公司及其他公司拥有国民城市线的那些年里,超过 300条轨道电车线转换成公共汽车,但其中只有不到 30 条是隶属于国民城市线的。[11]在很多情况中,转换是在国民城市线收购该公司的那一年发生的,意味着在国民城市线涉入之前决定就已经做出了。国民城市线也并没有把其所有的全部电车线转换为巴士。例如,当国民城市线在 1939 年收购了圣路易斯公交系统时,它采购了更现代的有轨电车并持续运营电车直至 1963 年,那年它把系统出售给了一家公共机构——后者迅速地把所有的电车转成了巴士。[12]

到了 1949 年仍然有 50 座美国城市拥有轨道电车,这一年,通用汽车公司和其他公司出售了其在国民城市线的股份。在随后的 18 年里,除了 6 座城市其他的都把有轨电车转换为巴士了。到 1967 年,只有波士顿、克利夫兰、新奥尔良、费城、匹兹堡和旧金山依然有电车;纽约和芝加哥是仅有的还有别的轨道交通形式的其他城市。事实上,电车向巴士的转换中有 95％是由与通用公司并无从属关系的私人公司或公共部门做出的,这表明转换是出于效率的原因,而非垄断。通用汽车所想要做的只是把巴士车卖给要购买公交车的公司。

1964 年,全国最大的公交系统中的一部分,包括除新奥尔良之外所有的轨道系统,都被公有部门接管了。然而绝大多数巴士系统还是私有的。这一切,在国会承诺会给运营或收购公交系统的公共部门——但不给私有部门——提供资产赠予时,很快发生了变化。十年之内,除少数几个公交系统之外,其余的都被有税收补贴的公共部门接管了。

与大众的看法相反,国会并没有通过旨在为低收入及其他无法驾驶的人们提供移动性的 1964 年都市公共交通法案(Urban Mass Transit Act of 1964)。相反,国会以停止服务于波士顿、芝加哥、纽约和费城的州际通勤铁路来回应各铁路公司的提议。[13]当时,这四个城市还有旧金山拥有美国仅有的通勤铁路。市领导们反驳称,通勤火车对维持曼哈顿和其他市中心区域的就业非常重要。

城市公众交通法案旨在为州际通勤火车提供联邦支持。当然,政治很快要求联邦支持流向每一个州和城区的公共交通服务。各种固定导向的资金和方案旨在确保对既有火车服务的最低限度的支持。到 1991 年,轨道交通建设游说已经变得非常强大,足以获得自己的资金——新起点基金。自那时起在铁路上投入的 1,600 亿美元,成为联邦坠入了本该属于州,当地或私人的无底洞。

虽然不必支付股息,但公共交通部门却并没有运营得更加高效,它们很快就开始大量亏损。当波特兰的私有巴士公司在 1969 年寻求把票价从 35 美分提高至 40 美分之际,它就被一家公共机构接管取代了。至少在一小段时间内,票价仍然保持在 35 美分,但是该机构为每次乘坐花费超过 1 美元。一项区域性的工资税弥补了这些差价,而不管其雇员是否使用公共交通,雇主们都必须缴纳此税。

这个时候,美国人相信,汽车是被发明出来的最便捷的出行方式。被巨额补贴的旧金山、纽约和其他城市的公共交通系统未能说服民众。相对不受管制的一些太阳带(sunbelt)城市表现得也不好。

不过,私人的、不受监管的公共交通如今很可能与自 1964 年以来就开始占领美国城市的社会化公交看起来很不一样。现代公共交通可能更像大西洋城的小型巴士系统,或波多黎各的公共汽车:低容量车辆在更多的起终点和时间段提供更多个性化的服务,而非开向遥远郊区的空着的巴士或火车。

公路时代

美国公路的使用者们应该感谢早期的骑自行车的人,而不是早期的汽车司机。骑行在 1885 年发明安全自行车之后才流行起来,安全自行车方便任何人骑行,不像之前的高两轮车。1892 年,美国车手联盟开始发行《好路》(Good Roads)杂志,推广铺设供其成员骑行的乡村道路的想法。世纪之交后,汽车也开始流行,汽车司机们也加入了运动。

首要问题时:谁应当修建道路?一个可能的答案是私人投资修建收费公路。事实上,第一条汽车专用公路就是威廉·K.范德比尔特二世的 48 英里长的长岛马达大道。作为一条收费公路,其开通于 1908 年。该公路最初是作为一个赛道,但范德比尔特意识到,他可以通过在每年的 364 个非比赛日收取 2 美元的通行费,从而抵消掉一些成本。马达大道拥有混凝土路面和倾斜拐角,被认为是世界上第一条限制访问的公路,范德比尔特宣传道,"每小时 40 英里,无警察之陷阱,无尘土之飞扬。"(车手们平均而言可以开到 60 英里每小时,最高可达到 100 英里每小时。)到了 1938 年,其大部分成本已经由收费还清,这条两车道公路无法再与并行的免费州级林荫大道竞争,被转为自行车道。[14]

虽然长岛赛道成功了,但有关铁路垄断的争议在人们的脑海中仍记忆犹新。甚至铁路公司们都支持公路公有制,期望这些道路有助于农民把他们的产品带到铁路运输上。 *140*

已经解决了所有权问题,接下来的问题就是:如何为这些道路付费?回答是在 1919 年,彼时俄勒冈正致力于全国第一项道路上的汽车燃油税。到了 1931 年,每个州都纷纷效仿。在 1932 年,联邦政府征收自己的燃油税,但是和州级不同,联邦政府一开始并没有针对公路。燃油税、通行费以及其他使用者付费迅速壮大,足以覆盖修建、维护及运营高速公路的绝大部分成本。[15]

使用者付费提供了使用者和生产商之间的重要纽带。收费告诉使用者们提供一件商品或一项服务的成本,并阻止他们过度使用。收费告诉生产商们一件商品或一项服务对使用者有价值,并鼓励他们提供更多,如果使用者愿意给超过提供者成本的价钱。燃油税提供了这样一种联系:例如,公路的官员知道,如果他们修建一条哪里都不通的公路,没人会使用它,这意味着它不会产生需要为其支付的燃油税收入。

尽管如此,燃油税提供的联系没有过路费那么直接,后者的位置是特定的,如果允许,在一天当中也可以变化的话,它的时间也是特定的。此外,当立法者把资金从付费者们为之付费之处或决定本该如何使用之处转移之时,他们绕开了燃油税的联系。在 1942 年至 1956 年之间,联邦、州及地方政府征收了比其花在道路上的还要多的公路费,所以很难说道路是被补贴的。[16]与此同时,这也几乎不是一个起作用的市场模型。

在 20 世纪 20 和 30 年代,纽约州及附近的州开始修建限制访问的公路,其中一些由通行费支持。然而,托马斯·麦克唐纳领导下的联邦政府公共道路局强烈反对收费公路。身为公共道路局 1919 至 1953 年间的局长,麦克唐纳是 20 世纪中很长时间内的"公路先生"。麦克唐纳的朋友们认为他是公务员的典范,为一个有争议的政治过程带来了科学精度。他的批评者们认为他是一个试图在其局内巩固权力的自大狂。没有什么比通行费问题更能体现分裂了。

141　　在 20 世纪 20 年代,为了阻止政治分肥支出,他说服国会只在其局决议值得修建的公路上花费联邦公路资金,这种路叫做"联邦援助公路(federal-aid highways)"。但在 1938 年,也有人说,征收通行费将允许各州绕过他的机构——出于恐惧,他说服国会反对建造全国性收费超级公路网络的一项提案。[17]

　　麦克唐纳辩称,他反对收费的论点是,收取通行费的额外成本将会把司机们最终要为新道路支付的费用翻一番。这可能有点夸张,但没有人质疑说收取通行费的成本比收取燃油税要高,后者的征收成本历史上平均为收入的 2.5% 至 3.0%。[18]在一封写于 1947 年的信中,当时联邦及州燃油税合计平均为 4.6 美分每加仑,麦克唐纳估计,把税款提升至 7 美分每加仑将可为全国所需的所有道路筹集资金。相比之下,收费公路一般的收费为 1 美分每英里,相当于(考虑到当时的燃油经济性)12—16 美分每加仑。[19]

　　麦克唐纳还认为,将要成为收费公路建造商的人们进退两难。因为大部分公路不征收过路费,以传统标准建造的收费道路无法与平行的免费公路竞争。但是以相当高的标准建造的道路,可能永远无法通过收费来收回更高昂的成本。[20]

　　但是,到了 1947 年,该理论已经由宾夕法尼亚州收费公路证实了,这是全国第一条真正的长距离限制访问公路。麦克唐纳的公共道路局对该收费公路"试图破坏其建设",一位收费公路倡导者说道,因为宾夕法尼亚州计划把它作为一条收费公路。麦克唐纳预测,新的道路每天只能吸引约 700 辆车。在其于 1940 年开通后的头 10 天里,它每天承载了其 14 倍之多。连州里都低估了对该路的需求,尽管只有 50％ 低估,而非麦克唐纳的 93％。[21]

宾夕法尼亚州收费公路的成功导致其他州纷纷建立了自己的跨州收费公路,包括缅因州(1947 年)、新罕布什尔州(1950 年)、新泽西州(1952 年)、俄亥俄州(1955 年)、纽约州(1956 年)、印第安纳州(1956 年)、马萨诸塞州(1957 年)、佛罗里达州(1957 年)和康涅狄格州(1958 年)。[22]然而,麦克唐纳进行了他的复仇:1956 年联邦援助公路法案通过禁止任何新建收费公路中联邦资金的使用,在除少数之外的所有州结束了收费公路的繁荣。

在同一时期,迈向今天的州际公路系统的最初步骤正在实施。1939 *142*年,麦克唐纳的公共道路局发布了一份以《收费公路与免费公路》为题的报告。该报告的前半部分认为,收费或许在几条频繁使用的路线上有效,但不足以支撑整个全国公路系统。后半部分提议了一个 27,000 英里的"跨地区公路系统"。正成为州际高速公路系统的核心。[23]一份于 1943 年更新的《跨地区公路》把该提议拓展到了 39,000 英里。[24]在 1944 年,国会授权麦克唐纳的机构制定一个 40,000 英里长的"全国州际公路系统"。然而,国会并没有提供任何建造这样一个系统的资金。

随着第二次世界大战接近尾声,对这样一个系统的需要被广泛认可。德国的高速公路给美国将士们留下了深刻印象,上至艾森豪威尔将军,下到大兵们。[25]大城市的市长们认为公路将振兴市中心。城市规划者视公路为取代"枯萎的"贫民窟的契机,尤其希望使用过路钱来征用不仅路权,还有将要城市重建的整个街区。[26]一些州长们认为应当废除联邦汽油税,让各州处理公路财政,但他们被视作少数派。

州际公路系统面临两个主要障碍:每个人都想分得一杯羹,且大多数人希望由别人来承担成本。一些州的民选官员担心他们所能取得的资金比其居民在联邦燃油税中所支付的要少。市里担心一个真正的州际系统将主要从旁边经过它们,迫使它们不得不自己寻求资金建造当地的径向和环向路。一些州反感公共道路局的未把当地集团认为重要的路线纳入进去的提案,例如现在的位于丹佛西边的 70 号州际公路。[27]这用了超过 10 年的时间来化解这些问题。

收费或许会阻止一些地方性的纠纷,因为资金会被用在可以有通行费收入支持的道路上,而不是那些政治家想要花的地方。艾森豪威尔支持过路费,但是卡车司机反对停在收费站的延迟,这往往变为拥堵。

另一个问题是,国家是否应当被允许通过出售可抵联邦燃油税的债券来为建设筹资。艾森豪威尔总统青睐此法,但田纳西州参议员阿尔伯特·戈尔(未来副总统的父亲和后来的参议员道路委员会主席)却反对,认为利息成本会很高,该系统应当以现付现收为基础。[28]

公共道路局就提议的系统又增加了几千英里、城区居多的道路,以增加有利的条件。这包括用来取悦来自大城市的国会议员的城区州际公路,还包括诸如丹佛以西的 70 号州际公路延展段等几条新路。因在科罗拉多落基山脉建筑成本太高,公共道路局先前是反对的。1955 年末,该局向国会议员们展示了一本书,因其封面颜色被称为“黄皮书”,包括在超过 100 个城市地区的初步道路位置地图。[29]

在超过十多年的辩论和立法的僵局之后,国会于 1956 年通过了一项法案,第一次把所有的联邦燃油税、轮胎税和车辆税用于公路建设。据历史学家马克·罗斯称,“成功的关键是为所有人提供东西,而不对卡车司机征收高额税收。”[30]在 1956 年 6 月,该法案被呈送给艾森豪威尔总统,他没有审查作为最终规划的基础的黄皮书,就在法案上签了字。[31]

新法律把麦克唐纳对通行费的立场庄严地载入国策,持续了超过一代人。国会颁布了法令,联邦资金不得用于任何新的收费公路。既有的收费公路虽不受新条款约束,但仍受影响:麦克唐纳认为,当建设成本被偿还之时,收费就应当被取消,只留下燃油税用以维护高速公路。国会表示赞同,下令只有州里承诺当债券被还清的时候废除收费,未被纳入州际公路系统的收费公路才可以被纳入。

这导致了在宾夕法尼亚出现了一个奇怪的局面。宾夕法尼亚收费公路被命名为布瑞兹伍德西Ⅰ-70,但在布瑞兹伍德东边,Ⅰ-70和收费公路分道扬镳。在债券被还清的时候,宾夕法尼亚收费公路委员会不愿意停止收取通行费,所以走Ⅰ-70州际公路通过布瑞兹伍德的车辆不得不改走城市街道,在高速公路和收费公路之间切换。[32]

州际公路法的反收费条款大幅延缓了全国收费公路网络的扩张。在 *144* 1956 至 1991 年间,国会稍微放松了收费管制,只有佛罗里达、肯塔基、俄克拉何马州和德克萨斯州修建了大量的收费路线。

汽油税本可能是支付州际公路的一个合适的方式,但是有两点阻止了它。首先,初始税率定得太低。因为建造州际公路系统估算的所需成本和时间,没有包括为了使该体系更具政治吸引力而增加的城市和其他部分的成本。由于更高的路权成本且需要更多的高架和地下通道,城区的道路更加昂贵,Ⅰ-70落基山延伸线被证明是建成的最昂贵的乡村州际公路。当 1968 年又有 1,500 英里被添加进来的时候,成本再次增加,次年又有更多的里程被加入进来。[33]不可避免地,建设周期远超初始预测的12 年。

其次,在该系统完成过半之前,美国进入了一段严重的通胀期。几美分一加仑的燃油税不与通胀挂钩,且国会在 1956 年至 1983 年间只增加过一次燃油税——只有一美分。因此,建设成本增得远比公路收入要快。[34]这进一步延缓了整个系统的竣工。现在回想起来,如果艾森豪威尔的通过发行债券对该系统融资的规划通过了的话,州际公路系统本可能会更快竣工,债券的利息也本可能比由于延迟而支付的通胀费用要少得多。

州际公路系统于 1992 年基本竣工,最终总成本约为 1,320 亿美元。[35]经通胀因素调整至现在的美元,总成本大约为 4,250 亿美元。[36]这是原先预测的 250 亿美元成本的近 3 倍(约合现在的 1,500 亿美元)。原先预算的成本当然没有包括城区和其他额外的建设费用。

　　尽管存在通货膨胀,但是燃油税给公路筹资比一般的资金方式都运转地更好。使用者付费涵盖了几乎所有成本,所以州际公路没有增加国债或地方税收负担。在 1956 年这部法律通过之后,国会对道路修建的干预微乎其微。尽管存在种种缺陷,燃油税似乎有点成效:各州修建人们想要使用的公路,人们缴纳燃油税以在其上驾驶。

145　　然而,20 世纪 60 与 70 年代见证了一场不断壮大的反汽车、反公路的运动。处在争议之中的是城区的州际公路,其中大部分不在公共道路局最初的提案之中。城市的市长们坚持要把这些城区州际公路加入到法案之中,认为城市居民支付了大部分的汽油税,所以他们应当得到公路中他们的份额。城市规划者们兴高采烈地鼓励公路工程师把路线规划经过凋敝的地区,这些道路有助于清理贫民窟和城市的重建。数以万计的人失去了他们的家园,其中大多数以在别处花更多钱买房而告终。

　　存在差错的第一次迹象可能是在 1959 年,那时艾森豪威尔总统的平静被在华盛顿特区 I - 395 公路的建设打破了。他对公共道路局要在城市之间修建州际公路的计划表示赞同,但对黄皮书中计划之外的几千英里城区道路表示一无所知。他认为,由通勤者们主要使用的公路应当由地方政府支付,他甚至发起了总统质询,想看看自己能不能废除计划的一部分。当然了,他不能这么做。[37]

　　1961 年,一个名叫简·雅各布斯的建筑评论家在她的《美国大城市的死与生》一书中尖刻地抨击了城区重建政策。虽然没有特别地质疑对公路的需求,但是她有理有据地论证道,城市规划者们不知道城市到底是如何运转的,也不知道怎样区分贫民窟和有活力的城市街区。"汽车的破坏性影响与其说是一个成因不如说是我们城市建设无能的体现。"雅克布斯写道。规划者们"不知道该拿城市里的汽车怎么办,因为他们无论如何也不会知道如何规划一个合理的且重要的城市——无论有没有汽车"。[38]

　　艾森豪威尔的抗议和《死与生》是 20 世纪 60 与 70 年代反抗公路的

预兆。在愈演愈烈的民权运动和城区规划者们针对很多黑人和其他少数族裔社区清理的事实的推动之下,反公路标语变为"白人之道路,岂能穿黑人之家园。"[39]

考虑到是 20 世纪 50 年代的大城市市长和城市规划者们在坚持把州际高速公路路线穿过城区和少数族裔社区,后几代大城市市长们和城市规划者们责备公路工程师破坏城市和社区就十分讽刺了。"自 1956 年以来,联邦政府已在用六、八车道的高速公路剁割我们的城市中心上花了数千亿美元了,这把人民和市场割裂了。"密尔沃基市长诺奎斯特抱怨道。"高速公路分散了经济,摧毁了数以千计的家园和企业,把数百万的中产阶级居民和企业卷到了郊区。"[40]

虽然高速公路确实摧毁了一些社区,但是它们是否真的伤害了城市还不清楚。在 1950 年,远在任何城区州际公路被建成之前,郊区就已经以比中心城市快 10 倍的速度发展了,且市中心在迅速衰落。[41]事实上,正如哈佛大学规划学教授阿兰·阿特舒勒所指出的,通过缓解市内拥堵,州际公路很可能实际上减缓了市中心区域的衰落。[42]

加拿大的城区就缺少像美国城区那样大量的高速公路网络。然而大多数城市,像卡尔加里和渥太华,和美国城市差不多杂乱无序地蔓延。像多伦多和温哥华这些不乱的,都实行严厉的土地使用规则,以阻止那已把其住房市场变得某种程度上全世界最无力承担的无序扩张。

另一方面,20 世纪 60 年代的汽车远非是完美的。拉尔夫·纳德尔在其著作《任何速度都不安全》中阐明,汽车制造商对汽车安全根本就漠不关心。[43](纳德尔没说的是汽车公司曾试图在安全的基础上销售它们的汽车,例如凯撒汽车在 1953 年,和福特汽车在 1956 年,但都没有成功。)汽车也显然应当对日益严重的空气污染问题负有责任,污染在 20 世纪 60 年代染黑了城市的天空。

很多人只看到汽车的成本,却看不到汽车带来的好处,他们的解决之道是摆脱汽车和公路。像名为《绝路》、《汽车之死》、《汽车 VS 人类》、《公

167

路向无人之境》等书籍在60年代末和70年代初出现。[44]"停滞的政治,"历史学家马克·罗斯说道,"替代了发展的政治。"[45]

虽然反抗公路导致很多城市取消州际公路,但取消的部分大都是后加入到系统中的;1955年黄皮书中的绝大多数公路里程最终都建成了。少数几条线路至今仍在建设中,但这些也都是后来补充到系统中的。对公路历史学家而言,1992年穿越科罗拉多落基山脉的Ⅰ-70公路的开通,"标志着最初的美国州际公路系统的竣工。"[46]

公路信托基金

147　　信托公司(fiduciary trust)在英美普通法中是一个古老的概念。每当有人,亦即委托人(trustor),把资金或资源授予第二方,亦即受托人(trustee),代表第三方或多方管理,亦即代表受益人(beneficiary)的时候,该法律就生效。在信托文书(trust instrument)中由委托人制定的条款内,受托人行动时有义务对受益人绝对忠诚。

自1919年始,俄勒冈就开始把州燃油税用于公路,大多数州把其燃油税收入作为信托,立法机关作为委托人,州公路或交通部作为受托人,而公路使用者作为受益人。1956年,国会专门采用了这种模式,它把所有的联邦燃油税、轮胎税和汽车税都用于"公路信托基金(Highway Trust Fund)"。

但是,那些把税收交到公路信托基金的汽车驾驶者们,真的可以信任国会吗?在一个永久的信托中,一旦委托人签署了信托协议,委托人就无权进一步干涉该信托:他或她无权更改文书,且无从质疑受托人如何使用信托基金(只有受益人可以)。然而,国会决定燃油税每6年期满一次。每当国会重新批准征税的时候,就赋予了它修改公路信托基金条款的权利,有时幅度还很大。

第一个主要变化发生于1973年,当时马塞诸萨州州长弗朗西斯·萨金特要取缔一条有争议的在波士顿的州际高速公路,而又不想失去配置给该项目的联邦资金。他提议国会允许州里取消高速公路,并把这笔钱转用在公共交通上。对他而言,这似乎是完全合乎逻辑的:这笔钱"属于"马塞诸萨州,所以马塞诸萨州当然有权按自己的方式花这笔钱。国会表示赞同,然后很快的,波特兰、萨克拉门托和其他许多城市都纷纷加入波士顿的行列,把因州际公路而收集的燃油税转用在公共交通上。[47]

这条法律为始于 20 世纪 80 年代轨道公交的繁荣奠定了基础。国会制定这笔资金仅可以用于公共交通资本的改善,而非运营成本。如果投资在巴士上,一条州际公路的成本中联邦份额可能会多到把当地公交部门的巴士车队翻一番。但公交部门没有足够多的资金来运营这些新的巴士车。因其可以吸收大量资本资金而不会给这些机构增加显著的运营成本,轨道公交成为了最终的答案。换句话说,用本来建设州际公路的钱来改善公共交通的城市们,因为轨道公交贵才选择了它。由于一条轨道线路只能服务城区的某个部分,所以政治"公平"有效地让他们致力于在该地区其他部分修建额外的昂贵的铁路线。

148

第二项对公路信托基金的违背,发生在国会在 1982 年联邦援助公路法案中包括了 10 项专项拨款的时候。在 1916 年至 1981 年间,国会至少通过了二十几项联邦援助公路法案,其中把资金摊派给各州,并赋予公共道路局如何使用资金的一般管理权。但国会从未指定资金至特定的项目。10 个专项拨款看起来是很少,但后来在 1987 年创先例地设置了 152 项专项拨款,1991 年有 538 项,1998 年有 1,850 项,而在 2005 年有约 7,000 项、耗资逾 240 亿美元。[48]在 2009 年 5 月,众议院议员们提议了与 2005 年的相同项数的专项拨款,但其总金额达 1,360 亿美元,几乎是之前的 6 倍之多。[49]

另一项严重的违背也发生于 1982 年,此时国会在上调汽油税以应对通货膨胀上行动缓慢。自 1956 年始,国会只上调了一次燃油税:在 1959 年从 3 美分每加仑上升到 4 美分每加仑。1982 年,国会曾提出要把燃油税翻番到 8 美分每加仑。然而,来自城区的国会议员要求公共交通也从这次上调中分得一杯羹。

　　那些反对分流燃油税至非公路项目、奋斗数十载的公路倡导者们,抵制这一提案。然而,为了获得这笔税收增额,国会中的公路支持者无奈地同意了增加用于公共交通的一美分税款。公共交通还将获得所有未来燃油税增额的 20％。也许是出于补偿,1982 年法案废除了 1973 年规定的允许州使用取消州际公路而用于公共交通的资金的条款。

　　这些对公路信托基金的违背,起因于供职于联邦公路管理局(公共道路局自 1966 年起的名称)的工程师们不断弱化的声誉。由于城市规划师们多年来的痛击,他们指责公路摧毁城市,指责汽车污染空气,公路工程师不再被视为科学的管理人员。相反,许多人认为工程师们是和开发商一样头脑简单的人,不关心他们建设成果对社会和环境影响。

　　尤其是城市规划师,他们辩称其可以比工程师们更好地规划交通。工程师们狭隘地专注于类似安全性、交通流量及路面质量等事项,而城市规划师们承诺其将更广泛地看待事物,例如空气污染、土地使用及宜居性。

　　正如第 8 章将详细阐述的,1991 年国会在通过联合运输地面交通运输效率法案时,强加了一个永无止境的对州和都市地区的综合交通规划程序。该程序授予城市规划者们各种机会来注入他们的不可量化的价值,诸如"社群意识",而不提供保证将就工程师所担心的任何量化事项进行考虑,例如安全性和缓解拥堵。

　　联合运输地面交通运输效率法案(ISTEA)的财政影响甚至更大。名字就说明了一切:国会不再是在通过公路法案;而是在通过《联合运输地面交通运输效率法》。汽车和卡车司机仍然支付了全部的成本,但他们支付的增加份额有一部分被转到公共交通和其他非公路项目中去了。

　　除此之外,联合运输地面交通运输效率法案还创造了一项"灵活的"地面运输基金:它既可以用于公路,也可以用于公共交通。当然,这笔基金,是从公路信托基金中公路的部分中分割出来的,而不是公共交通的部分。最终,燃油税收入的约 15.6% 被分配给公共交通。灵活的基金意味着州和都市区可以在公共交通上花更多而不是更少的资金,如果他们想的话。

联合运输地面交通运输效率法案还创造了一个"新起点"基金,致力于"固定导轨"的公共交通,这一般意味着铁路。任何非常愚蠢的不开始规划轨道公交的城市地区,都将在这笔资金中失去份额。

国会也不再持任何借口声称联合运输地面交通运输效率法案及后续的地面交通法律(通过于 1997 年与 2005 年)中,越来越多的拨款与公路乃至交通运输有什么关系。一些专项拨款流向了道路、自行车道和公共交通项目。其他的则流向了非交通运输项目,例如国家公园游客中心。还有的流向了只与交通有较远的联系的项目,例如老火车车场向博物馆的转化。

扣除专项拨款之后,国会把剩余的燃油税分给了各种资金,用复杂公 *150*
式把每一种资金分配给州和/或都市地区。下述资金现在来自燃油税的公路份额,称作公路账户:[50]

- 州际公路维修基金(2007 年有 18.1%)
- 全国公路系统基金(22.0%,这可能是用于建设新的道路)
- 地面交通运输基金(23.3%,用于公路或公共交通)
- 桥梁基金(14.8%)
- 拥塞缓解/空气质量基金(6.1%,其中很大一部分这也用于公共交通)
- 阿巴拉契亚公路系统基金(1.3%)
- 休闲小径基金(0.2% 用于越野车径)
- 都市规划基金(0.8%)
- 协调边境基础设施基金(0.5%)

- 安全上学路线基金(0.4%)
- 公路安全改善计划(3.9%)
- 铁路公路叉口计划(0.6%)
- 股权奖励基金(7.8%,以保证每个州至少有91.5%的居民向公路信托基金中存钱,2008年提高到92%)

151　　　　尽管名为"公路账户(highway account)",只有州际公路维护基金、全国公路系统基金、桥梁基金、阿巴拉契亚公路系统基金和公路安全改善计划基金,总计占公路账户的60.3%,是专门用于公路的。与此同时,公共交通账户包括如下基金:

- 城市化地区基金(46.3%)
- 新起点(18.5%)
- 固定导轨现代化基金(18.5%)
- 成长中和高密度州基金(5.2%)
- 非城市化地区基金(4.9%)
- 工作访问和反向通勤基金(1.9%,以帮助城内的福利接受者们到郊区上班)
- 特别需求基金(1.5%,为老年人和残疾人士)
- 城市交通规划基金(1.0%)
- 新自由计划(1.0个百分点,为残疾人士)
- 国家研究计划(0.8%)
- 行政监督(0.8%)
- 全州交通规划基金(0.2%)
- 农村交通项目(0.1%)

除了新起点、研究及监督资金,其余大部分都是公式项目,这意味着它们基于公式被分配到州或都市区。这些公式使用诸如每个州的柴油消耗量(全国公路系统基金)、人口密度(城市化地区公共交通基金)和铁路系统的年龄(固定导轨现代化基金)等因子。公路资金的公式在各个州之间一般都不尽相同,往往都比较简单。例如,三分之一的州际公路维护基金是基于每个州的州际公路里程数来分配至各个州的,三分之一是基于在各个州的州际公路上的汽车行驶里程数,还有三分之一是基于各州商业车辆对公路信托基金的贡献。[51]

公共交通基金的公式是按数百个城市化地区分配的,往往更加错综复杂。例如,城市化地区基金中 9.32% 是在有 50000—199999 居民的城区间基于人口及人口密度分配的。在其他的 90.68% 中,33.29% 流向了拥有不少于 200000 居民、拥有固定导轨公共交通的城区,基于路线里程数和固定导轨公交的车辆收入里程数分配。剩余的 68.71% 流向了拥有不少于 200000 居民、拥有巴士公共交通的城区,基于巴士车辆收入里程数、人口及人口密度进行分配。人口不少于 75 万且拥有通勤铁路的地区有最低定额的保障,有一项对每乘客英里低运营成本的"激励"支付。[52]

大多数这些因素超出了州和都市区的规划师们的控制。规划师们不能明显地改变一个州或都市区的人口、车辆行驶里程、或对公路信托基金的年度贡献。通过城市增长边界及类似的工具,各区域可以增加人口密度,但这种增加需要很多年才能有明显的效果。

各都市区有一件事可以做到,那就是增加用于建造轨道公交的联邦资金流。拥有轨道公交的区域有资格获得新起点资金、固定导轨现代化基金以及近三分之一的城市化地区基金。事实上,略高于一半的公共交通资金是用于有轨道公交的地区。这给了没有轨道公交的都市区一个巨大的激励来规划轨道线。

152

在1980 年,只有 8 个大型都市区有某种形式的固定导轨公交。到2009 年,把自动导轨(旅客捷运系统)和老式无轨电车也算进来的话,该数字已经增加到了 39,且至少还有 1 个都市区计划于 2010 年开通。自

1980 年以来,经济通胀因素调整之后,城市已在修建轨道公交线上投入了近 2,000 亿美元,而其所提供的服务大多数都没有本可由巴士提供的服务好。联邦公交资金提供的激励对大量的资源浪费负有主要责任。

如今的税费及服务费

第 1 章指出,2000 年中对乘客出行的补贴平均为:航空是 0.1 美分每乘客英里,公路是 0.8 美分,美铁是 14 美分,公共交通是 50 美分。表 7.1 显示,到 2006 年,大多数这些补贴已经上涨,相对增长最大的是航空旅行(主要是因为在 2000 年的机场补贴异常的低)。尽管如此,使用者付费是公路和航空服务资金的主要来源,而税收则提供了公共交通的大部分资金及美铁的近半数资金。此外,由于公路和航空公司运载了公共交通及美铁乘客量的数百倍之多,对前者们的每乘客英里净补贴是相当的低。

表 7.1　使用者付费及补贴,2006(十亿美元,除了以美分计的每乘客英里补贴)

模式	使用者付费	政府补贴	政府开支	乘客英里数	每乘客英里补贴
公路	116.4	25.1	146.3	4,933.7	0.6
公共交通	11.9	30.1	42.0	49.5	60.9
美铁	1.8	1.5	3.3	5.4	28.6
航空	27.1	7.9	35.0	590.6	1.3

来源:公路统计 2006(华盛顿:联邦公路管理局,2007),表 HF－10;2006 国家公共交通数据库(华盛顿:联邦公路管理局,2007),数据表"经营费用","资本使用","收费收入";2006 年度报告(华盛顿:美铁,2007),27、33、35 页;全国交通运输数据(华盛顿:交通运输局,2008),表 3－27a 及 3－29a。

注:公路使用者付费及补贴加总不及公路总开支;差额为利息及债券收益。

公路使用者们不仅补贴了其他交通使用者,同时也被一般的纳税人补贴。大多数对公路的补贴来自地方一级,而联邦及州一级的净补贴是从公路使用者到公共交通及其他项目的。

在联邦一级,接近 54 亿美元的燃油税被抽至公共交通,而只有 18 亿资金支持公路——大多是对联邦紧急事务管理署和土地管理部门,例如林业局和内务部。因此,公路使用者损失了整整 36 亿美元。各州把 127 亿公路使用者付费转移至公共交通和其他非公路下项目。与此同时,他们在公路上投入了 99 亿美元的一般资金,公路使用者又损失了 29 亿美元。

对公路的主要补贴来自地方政府,它们中很少有征收燃油税或其他使用者付费的。总的来说,它们带来了 46 亿的使用者付费,其中 11 亿被转移至公共交通或其他用途。但是地方政府还在道路上投入了 328 亿美元的一般资金,对公路的净地方补贴就是 317 亿美元。

各级政府在公路上合计投入了 445 亿美元的非使用者付费。但是它们也把使用者付费中的 186 亿转移至公共交通及其他项目,故净补贴是 251 亿美元。如果补贴中排除了公路上的 1.3 万亿吨英里的货运补贴,该补贴平均不超过 0.6 美分每乘客英里。一些道路成本是由利息及债券销售支付的,所以确切补贴取决于偿还这些债券的使用者付费及税款的组合。

公路使用者付费覆盖了至少 85％的公路成本,而公共交通使用者付费只覆盖了 2006 年资本及运营成本的 28％。[53]总公共交通补贴的 301 亿美元包括 54 亿美元的联邦燃油税和 41 亿美元的州燃油税。[54]公交补贴的其余部分来自各种州及地方税,其中大多为营业税。总补贴平均超过 60 美分每乘客英里。[55]需要注意的是,公交补贴远高于公路补贴,尽管公路运送的乘客里程是公交的近 100 倍之多。

美铁的年度报告中强调,只有 4％的联邦交通运输预算适用于支持该公司的客运列车。[56]这似乎也不为过,直到你意识到美铁只运载了全国乘客出行里程数的不到 0.1％。州及地方政府为美铁提供了近 3 亿美元的支持,而联邦政府给美铁的补贴达到 12.6 亿美元。[57]净补贴平均近 29 美分每乘客英里。

对航空公司的补贴是最难估算的,因为交通统计局自 2003 年起就停止了对州和地方政府在机场和航空公司的支出的追踪。据可获得数据显示,2006 年的补贴大约为 80 亿美元,即 1.3 美分每乘客英里。大多数这些补贴来自那些坚信其需要一个大机场来维护声望,以保持对新企业的吸引的城市。2003 年之前的数据显示,从 2000 年的 0.2 美分每乘客英里增加到 2006 年的 1.3 美分,并不是一个一般的上升趋势;相反,2000 年时的补贴正好是出了奇的低。

有一种模式未在表 7.1 中显示,因为其几乎没有接受任何补贴:城际巴士服务。2006 年,城际巴士运载了公共交通的乘客里程数的近 3 倍之多,是美铁的 27 倍之多。虽然旅途和灰狗长途巴士已经有所衰落,它们在很多市场中已被如 Megabus、Coach 和 Bolt 等折扣巴士所取代。这些系统的发展驳斥了交通不得不被补贴的见解。

未来:使用者付费还是税款?

为交通运输提供资金的现行体系显然是功能失调的。汽油税在没有拥堵和通货膨胀的时候是有意义的,机动车辆每加仑汽油平均可以行驶 10 英里,通行费征收起来也很昂贵。现在这些无一是真实的。

燃油税无法向使用者们发送信号哪些道路比别的更加拥堵,或哪些时段更堵。当对公路的需求超过了供给,某些形式的限量供应就是必须的。限量供应的自由市场的方法是征收足够高的通行费,以避免道路变得拥堵。限量供应的政治方法是排队——强迫人们浪费时间去站在队伍里。市场方法的优势在于,收取的通行费可好好利用,可用来建造新的基础设施以缓解拥堵。人们浪费在排队上的时间对社会而言,是一笔严重的损失。

155

汽油税不仅无法赶上通胀,它们也赶不上更有能效的汽车。如今美国公路上一般的机动车辆,比 1960 年一般的车辆每英里少使用 30% 的能源。经过通货膨胀调整及燃油经济性调整之后,每英里的联邦和州燃油税在 1960 年达到了 3.9 美分每英里的峰值(以 2007 年美元计)。今天,一般的美国驾驶员们每英里下来支付的燃油税金额不足其一半。[58]

　　燃油税未能跟上节奏的一个原因是选民们对提高燃油税并不热衷,或不热心支持提高燃油税的立法者。新道路的反对者们投票反对这类税。但是很多新道路的支持者们也反对提高燃油税,因为他们怀疑其燃油税被转移至其他用途,或者被州交通部低效使用。即便这两个集团的目标是完全背道而驰,它们的成员却阻止了州和国会把税收与通胀和燃油经济性保持同步。

　　与此同时,征收通行费的成本随着电子化收费的引进已大幅下降。基于 11 个收费系统的数据,通行费道路专家彼得·塞缪尔估计,征收成本在通行费收入的 12%—23% 之间浮动。尽管这仍然高于收集燃油税的成本,但是塞缪尔认为额外成本是值得的,因为通行费给公路管理人员提供了更好的激励去满足使用者需求。[59]

　　电子化通行费革命已导致很多人建议:通行费应支付新高速公路,而燃油税应用于维护既有道路。有几个州研讨了修建新收费公路的方案。然而,最成功的一些新收费项目是由县或地区收费道路管理局修建的,比如德克萨斯州达拉斯和休斯顿内及周围的收费公路。这些管理局似乎官僚性更低,遭遇的来自反道路力量的反对也更少。

　　其他一些州正在考虑的另一种方案是按里程对车辆征税,而不是按汽油加仑数。这将使交通运输部门对电动或其他非汽油动力车辆做好准备。一条提议就是给每辆车装上一个地理定位系统(GPS)发射器,这样可以根据人们何时及何地驾驶车辆来灵活收费。*156*

　　俄勒冈州是把燃油税用于公路的第一个州,在车辆里程费方面也是一马当先。在一个已成功被数百名俄勒冈司机测试过的系统中,每辆车上安装的 GPS 追踪其在不同区域内分别行驶了多少里程。该装置包括一个显示屏,可以告知驾驶员们需要为正在的特定区域或道路上付费多少。为了替代燃油税,驾驶员在其加油的时候被征收相应的每英里费率。[60]

该系统避免了对人们隐私的任何侵犯。当司机们加油的时候,车载装置仅发送该车辆已经发生的总费用,而不包括该车辆曾经于何时到过何处。[61]然而,这里有一个取舍:"当一个系统完全保护隐私的时候,"俄勒冈州表示,"机构对支付的审计能力,以及消费者质疑账单的能力,都变得困难。"[62]

州里还表示,全面采用该系统不会显著增加收集车辆里程费的成本至超过燃油税收集的成本。[63]该系统会对司机和燃料经销商施加适度的一次性成本,即在车辆上安装 GPS 设备及在加油站安装收费设备的成本。

尽管没有在俄勒冈进行专门的测试,相同的系统很容易适用于拥堵定价系统,后者通过多样化收费来避免拥堵。[64]对于一个真正动态的、通行费根据交通流量而非一天中的时间段变化的定价系统,GPS 设备将需要与公路收费系统进行通讯。这也可以不泄露隐私就做到,例如,收费系统仅仅把费用发送给 GPS。

鉴于俄勒冈州试验的成功,该州州长提议该州"从把燃油税作为交通融资的核心来源转型。"[65]另外至少有六个州也在考虑类似的规划。[66]

虽然交通运输部门尝试采用从汽车驾驶员们那收集使用者付费的更优方案,但是公共交通部门更多地关注于从非公交使用者手中攫取更多的税款。的确,公路使用者们的通行费也不能避免被转移到公共交通产业体的口袋中。

157

自 1968 年以来,超过 120 亿美元的来自纽约市七座桥梁的通行费被用于补贴该市的公共交通系统。[67]弗吉尼亚州把一度私有的杜勒斯收费公路的控制权转移给大都会区华盛顿机场管理局,因而来自通行费的利润可用于补贴一条至杜勒斯机场的铁路线。[68]圣安东尼奥最近提出把其收费道路管理局和公共交通机构合并,所以通行费可以补贴一条新的轻轨线路的建设。[69]类似的,波特兰、明尼阿波利斯及其他城市也把其从乘客那里征收的部分机场起降费用于补贴它们的轻轨线路。

使用者付费为使用者和供应商都提供了最好的激励。但是,美铁和公共交通产业已经对税收和在更便宜的替代方案可行时却把这些税收用于高成本模式上瘾了。直到该依赖被打破之前,公路和航空使用者们必须警惕,防止其支付的费用被用于转移补贴其他交通形式。

注释:

1. See, for example, "Debunking Common Myths about AMTRAK," National Association of Railroad Passengers, 2003, tinyurl. com/muwao3.

2. Daniel Klein and John Majewski, "America's Toll Road Heritage: The Achievements of Private Initiative in the Nineteenth Century," in *Street Smart: Competition, Entrepreneurship, and the Future of Roads*, ed. Gabriel Roth (Oakland, CA: Independent Institute, 2006), pp. 280 – 81.

3. Ibid. , p. 288.

4. Ibid. , pp. 290 – 291.

5. *Historical Statistics of the United States: Colonial Times to* 1970, series Q289, p. 728.

6. "Railroad Land Grants: Paid in Full," Association of American Railroads, 2008, p. 1, tinyurl. com/9kz4g5.

7. All dates in this and the next nine paragraphs are from 2007 *Public Transportation Fact Book*, pp. 6 – 7.

8. "List of Interurban Railways," Wikipedia, tinyurl. com/7j3ush.

9. "List of town tramway systems — United States," Wikipedia, tinyurl. com/7za8zb.

10. Forrefutations of this myth, see Scott Bottles, *Los Angeles and the Automobile: The Making of the Modern City* (Berkeley, CA: University of California Press, 1987), pp. 3 – 4; Christine Cosgrove, "*Roger Rabbit* Unframed: Revising the GM Conspiracy Theory," *ITS Review Online* 3, no. 1 (Winter 2004 – Spring 2005), tinyurl. com/2bcg2t; Martha J. Bianco, "Kennedy, 60 Minutes, and Roger Rabbit: Understanding Conspiracy-Theory Explanations of the Decline of Urban Mass Transit," Portland State University Center for Urban Studies Discussion Paper 98 – 11, November 1998; and Cliff Slater, "General Motors and the Demise of Streetcars," *Transportation Quarterly* 51, no. 3 (Summer 1997): 45 – 66, tinyurl. com/yuth5m.

11. Bill Vandervoort, "Cities Served by National City Lines," 2005, tinyurl. com/9tuzb7.

12. "Physical Growth of the City of St. Louis," St. Louis City Planning Commission, 1969, tinyurl. com/ckwand.

13. George M. Smerk, *The Federal Role in Urban Mass Transportation* (Bloomington, IN: Indiana University, 1991), pp. 60 - 61.

14. "Long Island (Vanderbilt) Motor Parkway: Historic Overview," Eastern Roads, tinyurl. com/9mk2lu.

15. *Highway Statistics Summary to* 1995, table HF - 210.

16. Ibid.

17. Mark Rose, *Interstate: Express Highway Politics*, 1939 - 1989 (Knoxville, TN: University of Tennessee Press, 1990), p. 5.

18. *Highway Statistics Summary to* 1995, table HF - 210.

19. Thomas MacDonald, letter to *Manchester Sunday News*, April 22,1947, tinyurl. com/9y52e9.

20. Ibid.

21. Peter Samuel, "Morale: The Importance of History," *Tollroads Newsletter* 40 (February 2000):20, tinyurl. com/8r554n.

22. *The Interstate and National Highway System: A Brief History and Lessons Learned* (Washington: National Cooperative Highway Research Program, 2006), p. 21, tinyurl. com/9jc6k6.

23. *Toll Roads and Free Roads* (Washington: Bureau of Public Roads, 1939).

24. Richard Weingroff, "Creating the Interstate Highway System," *Public Roads* 60, no. 1 (Summer 1996), tinyurl. com/9zgyg.

25. Dan McNichol, *The Roads That Built America : The Incredible Story of the U. S. Interstate System* (New York: Sterling, 2006), p. 100.

26. Rose, *Interstate: Express Highway Politics*, 1939 - 1989, pp. 7,20.

27. Richard Weingroff, "Why Does I - 70 End in Cove Fort, Utah?" in Ask the Rambler, Federal Highway Administration, 2008, tinyurl. com/9vuadb.

28. McNichol, *The Roads That Built America : The Incredible Story of the U. S. Interstate System*, p. 105.

29. *General Location of National System of Interstate Highways Including All Additional Routes at Urban Areas Designated in September*, 1955 (Washington:

Bureau of Public Roads，1955）.

30. Rose，*Interstate: Express Highway Politics*，1939 - 1989，p. 89.

31. McNichol，*The Roads That Built America: The Incredible Story of the U. S. Interstate System*，pp. 106,140.

32. Richard Weingroff，"Why Does The Interstate System Include Toll Facilities?" in Ask the Rambler，Federal Highway Administration，2008，tinyurl. com/ 9mgejw.

33. "Interstate FAQ: Why Did It Cost So Much More Than Expected?" Federal Highway Administration，2006，tinyurl. com/4u7xbb.

34. *Highway Statistics* 2005，table FE - 101A，tinyurl. com/3rzwpm.

35. "Interstate FAQ: What Did It Cost?" Federal Highway Administration，2006，tinyurl. com/3qnnwk.

36. "An MYM850 Billion Challenge，" *Washington Post*，December 22,2008，page A1，tinyurl. com/74t9ey.

37. McNichol，*The Roads That Built America: The Incredible Story of the U. S. Interstate System*，p. 139.

38. Jane Jacobs，*The Death and Life of Great American Cities* （New York: Vintage，1963），p. 7.

39. Chris Niles，"Interview with a Freeway Fighter，" *Intersect*，May 5, 1997，tinyurl. com/9vnycs.

40. Quoted in Stephen Goldsmith，*The Twenty-First Century City: Resurrecting Urban America* （Washington: Regnery，1997），p. 90.

41. Kenneth T. Jackson，*Crabgrass Frontier: The Suburbanization of the United States*，（New York: Oxford University Press，1985），p. 238.

42. Darwin Stolzenbach，*Interview with Professor Alan Altshuler*，*Former Secretary of Transportation*，*Massachusetts* （Washington: American Association of State Highway and Transportation Officials，1981），pp. 3 - 4.

43. Ralph Nader，*Unsafe At Any Speed: The Designed-In Dangers of the American Automobile* （New York: Grossman，1965）.

44. A. Q. Mowbry，*Road to Ruin* （Philadelphia: J. B. Lippincott，1969）；John Jerome，*The Death of the Automobile: The Fatal Effect of the Golden Era*，1955 - 1970 （New York: W. W. Norton，1972）；Kenneth R. Schneider，*Autokind vs. Mankind: An Analysis of Tyranny*，*A Proposal for Rebellion*，*A*

Plan for Reconstruction (New York: W. W. Norton, 1971); Richard He'bert, *Highways to Nowhere: The Politics of City Transportation* (Indianapolis, IN: Bobbs-Merrill, 1972).

45. Rose, *Interstate: Express Highway Politics*, 1939 – 1989, p. xi.

46. Karen Stufflebeam Row, Eva LaDow, and Steve Moler, "Glenwood Canyon, 12 Years Later," *Public Roads* 67, no. 5 (March/April 2004), tinyurl. com/ 8lhrn8.

47. Stolzenbach, *Interview with Professor Alan Altshuler, Former Secretary of Transportation, Massachusetts*, p. 36.

48. Ronald Utt, "A Primer on Lobbyists, Earmarks, and Congressional Reform," The Heritage Foundation Backgrounder no. 1924, April 27, 2006, table 1, tinyurl. com/2jfkhu.

49. Jim Abrams, "House Members Seek MYM136. 3 Billion in Road Projects," Associated Press, May 21,2009, tinyurl. com/ljyndc.

50. *Highway Statistics* 2006, table FA – 4.

51. Ibid. , table FA – 4a.

52. "FY 2009 Apportionments, Allocations, and Program Information," Federal Transit Administration, 2008, table 4, tinyurl. com/7k7f8v.

53. 2007 *National Transit Database*, spreadsheets "operating expenses," "capital use," and "fare revenues. "

54. 2006 *National Transit Database*, spreadsheets "operating expenses," "capital use," and "fare revenues"; *Highway Statistics* 2006, table HF – 10.

55. 2006 *National Transit Database*, tables 3 through 10.

56. 2006 *Annual Report* (Washington: Amtrak, 2007), p. 6.

57. Ibid. , pp. 33,35.

58. *Highway Statistics Summary to* 1995, tables MF – 201, and VM – 201; *Highway Statistics* 2007, tables FE – 101a, MF – 121T, and VM – 1; "Current Dollar and 'Real' Gross Domestic Product," Bureau of Economic Analysis, 2009, tinyurl. com/ad629c.

59. Peter Samuel, "Toll Collection Costs," unpublished paper by the editor of *Tollroad News*.

60. James M. Whitty, *Oregon's Mileage Fee Concept and Road User Fee Pilot Program* (Salem, OR: Oregon Department of Transportation, 2007), p. 8,

tinyurl. com/c8ownh.

61. Ibid. , p. 10.

62. Ibid. , p. 32.

63. Ibid. , p. 33.

64. Ibid. , p. 11.

65. "Governor Kulongoski Submits Legislation for 2009 Session," Gov. Ted Kulongoski, Oregon, press release, December 18,2008, tinyurl. com/b352al.

66. Larry Copeland, "Drivers Test Paying by Mile Instead of Gas Tax," *USA Today*, September 21,2007, tinyurl. com/2gfx5o; Ed Sealover, "Mileage Fee, Tolls Become Tough Sells in Road-Funding Bill," *Rocky Mountain News*, January 22,2009, tinyurl. com/dh4m2u.

67. "Welcome to MTA Bridges and Tolls," Metropolitan Transportation Authority, tinyurl. com/aq6pyg.

68. Amy Gardner, "Control of Dulles Toll Road in New Hands," *Washington Post*, November 4,2008, tinyurl. com/c493j5.

69. Patrick Driscoll, "Details Offered on Bus, Toll Agency," *San Antonio Express-News*, February 6,2009, tinyurl. com/bdv2j8.

第8章 基于信念的交通规划

在 2006 年,加州萨克拉门托的规划师们坦言,为该地区制定的交通规划"在过去 25 年中尚未实现。"

- 尽管有旨在"把司机们引出汽车"的修建铁路和其他努力,但本可以开车的公共交通乘坐者份额在下跌。
- 尽管有通过组织无需扩张和鼓励高密度填充等推广代替驾驶方案的努力,但扩张"持续超速填充……,且企业越来越倾向于郊区的位置。"
- "即便汽油价格正处于历史高位,总驾驶量自 1980 年以来已翻了一番。"
- 实话实说,该报告补充道,"缺乏道路建设及导致的拥堵并没有鼓励很多人乘公共交通以替代开车。"[1]

规划师们确实有一个好消息:"汽车的总烟尘排放量只有其在 1980 年的一半。"然而,这不是因为规划师们做了什么,而是因为"技术已把汽车尾气排放比 1980 年的车型减少了 98%"。[2]

萨克拉门托的规划师们面对这些结果时依然毫无惧色。他们的新长期交通规划"保持着"先前规划的"方向"。该新规划提议使用"交通运输基金在社区规划上,以鼓励人们步行、骑行或乘坐公共交通",并给予"拓展公共交通系统以第一优先性"。[3]尤其是,规划师们想要在公共交通资产改善上花费近 30 亿美元,但在州公路改善上只有 20 亿美元。[4]制定该规划的萨克拉门托地区政府议会也同意使用"精明增长策略",诸如"混合使用,紧凑开发,加密填充",以及类似的土地使用政策——其中一些将由交通基金补贴——旨在"减少汽车出行的数量及长度。"[5]

然而,即便是规划师们自己的分析,也预计该新规划并不会比先前的规划运转得更好。在公共交通中的巨额投资有望把公共交通在总出行中的份额从 2005 年的 0.9% 提升至 2027 年的 1.1%。公共交通在高峰时段的通勤份额可能从 2.6% 上升至仅 3.0%。[6]尽管在自行车和人行道改进上花费了近 3 亿美元,骑行和步行占出行的份额预计将下跌。即使"城区内的拥堵会进一步恶化",规划师们预测人均驾驶仍将持续增长。[7]

小说家丽塔·梅·布朗是第一个把精神错乱定义为"把同样的事情做了一遍又一遍,并期望一个不同的结果"的人。[8]根据此定义,不仅仅萨克拉门托的规划师们是精神错乱的,其他城市的规划师们也是精神错乱的,他们可以模仿萨克拉门托、波特兰及其他城市的规划方案,而这些城市的方案并未能成功改变居民们的交通选择。

自 1962 年以来,国会已经要求所有的都市地区——超过 5 万人的区域——制定长期都市交通规划并每四至五年更新一次。[9]萨克拉门托是日益增长的着眼于交通规划中使用行为工具的地区中的一个,行为工具有密度、轨道公交、公共交通导向的地产开发及行人友好的设计等,以此强调拥堵、有毒污染、温室气体及其他由汽车导致的问题。

与上述规划一起被掩盖的是,规化者们都同意多姆·诺兹的主张"拥堵是我们的朋友"。[10]"拥堵给积极的城市开发提供信号。"波特兰的规划师们说道。他们已经决定,允许该地区大多数主要公路在高峰时段的拥堵继续恶化至走走停停的状态。[11]事实上,他们补充道:在大多数地区中"交通运输解决方案仅仅旨在解决拥堵是不合适的"。[12]

明尼阿波利斯-圣保罗的交通规划者们决定,"道路的扩张在未来25年中都将十分有限。""随着交通拥堵的构建,"该规划表示,"替代性出行方式将会变得很有吸引力。"[13]规划师们或许会说他们需要区域性地规划以减少拥堵。他们往往想要区域性地规划以增加拥堵,抱着不太可能的希望(如萨克拉门托规划中的)"缺乏道路建设和其导致的拥堵(将会鼓励)人们乘坐公共交通替代驾车。"[14]

除了它们的其他成本,行为工具也是高侵入性(intrusive)的。智能开发政府偏爱某些业主、房屋类型和交通模式,而不是提供一个公平的竞争环境。但没有任何人可以说政府规划师们强迫他们以某种特定的方式生活或出行。但当规划师们把公路使用者付费转移至公共交通,并期望公路拥挤会增加的时候,他们就是在给汽车司机施加巨额成本同时给予公共交通乘坐车以巨额补贴。类似的,当规划师们限制低密度开放项目并补贴高密度住房的时候,他们就是有意识地拒绝了很多家庭对大多数美国人所称其偏爱的房屋类型——独户独院的访问。

由于行为工具是昂贵且侵入性的,对其最大的控诉就是它们根本不起作用。正如萨克拉门托的规划师们所发现的,交通规划可以强调汽车的替代品,但是大多数人还是开车。城市可以补贴混合用途开发项目的建设,但是居住在那些项目中的大多数人仍然大多通过汽车出行。地区可以施行紧凑的、高密度的开发项目,但汽车出行的份额不会显著下降。

行为工具甚至可能把事情变得更糟。更高密度的开发项目与最小的新道路相结合,必然意味着更多的交通拥堵。在走走停停的交通中行驶的汽车消耗更多的能源,并排放更多的有毒烟尘和温室气体(很多都市交通规划没有把这点考虑进来)。[15]即便紧凑型城市的居民的确比所谓的蔓延型城市的居民开车要稍微少一点,拥堵的能源及污染成本可能会超过任何的节余。

尽管存在这些问题,采纳这些工具的地区数量是逐年递增。可以部分归咎于城市规划专业,它不断地推动这些理念,且从其自身的错误中学习的速度也很慢。[16]但是主要应受指责的应是国会,它在《1991 年联合运输地面交通运输效率法》中把全国城市交通系统的权力赋予了城市规划者们。

对全国最大的一些都市区的交通规划的审查发现,太多的都市区在技术工具可以更低的成本解决拥堵和污染问题的时候,却注重行为工具。但即便规划师们遵循理性的过程,国会授权的长期大都市交通规划也会失败。长期区域性问题对任何想要预测或修正的人而言简直是太复杂了。国会应当废除联邦法律中的长期规划要求,并用建立在激励和使用者付费之上的短期规划替代前者。

城市交通规划史

1962 年,国会要求城市地区使用"一种持续的、综合的交通规划过程,由州和地方社区合作展开。"这就是后来被称为"持续,全面,合作(continuing, comprehensive, and cooperative)"的"3C"过程。该法律甚至要求联邦公路基金中的 1.5%—2.0%应被用于该规划过程。[17]

国会没有就这些规划该如何考虑作详细指导。但是在 1963 年,公共道路局定义了一项规划过程,其中包括定义地方目标和宗旨、预测未来出行需求、开发并评估替代性交通网络、以及提出一个有财务资源的规划方案。该局补充说,这些规划应当包括 10 项基本元素:影响开发的、人口的、土地使用的经济要素,还有影响包括公众交通、出行模式、货运设施、交通管制、分区、土地使用法规等交通设施的经济要素,以及影响财务资源、如公园和历史遗迹等社会及社区价值的经济要素。[18]

至此,几乎所有给城市地区的联邦资金都被限制于州际高速公路和其他主要道路,所以这些规划不需要非常负责。在 1964 年,国会通过了城市公众交通法案,为公众交通提供了一般资金外的联邦资金。但最初,国会给公共交通的拨款非常的少。[19]

1975 年,交通运输部颁发了要求联结公路和轨道公交来规划的规

162

则。这些规则要求每个州为每一个都市区都创建或指定一个"都市规划组织(metropolitan planning organization，MPO)"。MPO 被要求制定长期交通规划；然而,新规则的侧重点是在短期规划上,被称之为"交通改善项目(transportation improvement program，TIP)",其规定了短期内就将被建造的具体项目。而长期规划通常面向 20 年之后,甚至更久,而 TIP 只关注 5 年内的方案。一位历史学家这样评价 TIP:"把侧重点从长期规划转变为更短交通系统管理,并在规划和方案制定之间提供了一个更强的联系。"[20]

旧金山于 1972 年开始运行湾区捷运系统(BART)。BART 的规划师们预期该系统将会导致铁路走廊上更高密度的开发项目,因而让更多人易获得铁路服务。[21]但是,后续的评估表明,BART 对当地的土地使用影响甚微。一项研究发现,如果一定要说有什么影响的话,那就是远离 BART 的地区的人口密度比靠近 BART 站点地区的人口密度增长的反而更快。[22]这样发生的部分原因是由于现有的居民反对靠近 BART 站点附近的任何区划和土地使用变化。

在 1980 年,作为回应,城市公众交通管理局(现今的联邦交通管理局的前身)要求各社区提议把联邦资金用在轨道公交上,以让它们承诺"本地的支持性行动",例如在公交站点附近进行重新高密度区划,以增加轨道公共交通的乘坐率。[23]这是第一次有联邦交通规则要求各城市为获得联邦资金的资格而规定土地使用。

1991 年的联邦交通资金重新授权,亦即熟知的《联合运输地面交通运输效率法》(Intermodal Surface Transportation Efficiency Act，ISTEA)让长期规划更为重要,且其要求变得更加复杂,远超以往。都市规划者被要求考虑空气污染、土地使用与交通之间的联系、以及其他与生活品质的问题。从历史上看,交通工程师们已处理了高度定量的问题,包括:安全性、移动效率、等等。但是由 ISTEA 提出的更宽泛的问题是超出工程师们的训练和技能的。事实上,它们超出任何人的训练和技能,但是城市规划专业的人士相信他们可以处理好这些问题。

国会于 1990 年通过了《洁净空气法案修正案》(Clean Air Act Amendments，CAAA)，这在 ISTEA 的前一年，该修正案让 ISTEA 下的规划更加复杂。CAAA 对城市地区行动进行约束，只有当环保局评测为符合空气污染条例的，才可以在市区实行。即便拥堵是空气污染的一项主要原因，该法律组织并不鼓励在严重污染地区修建更多道路以缓解拥堵，相反，反而鼓励这些地区使用行为工具来阻止驾驶。

164

当与洁净空气法案修正案相结合的时候，ISTEA 与公共道路局于 20 世纪 60 年代发展起来规划程序形成强烈对比。稍早的程序认为土地使用、区域增长以及个人出行偏好是交通规划领域之外的。然而，ISTEA 把所有的这些东西都视作规划师们可以操控的变量：规划师们在这里限制发展，在那里强迫增加的发展，并重新设计城市以塑造人们的未来出行决定。公共道路局的目标是为了提供一个安全且有效的交通系统，而 ISTEA 的目标则是通过减少污染、节约能源、提高土地使用效率和采取其他措施让城市更加"可持续发展"以促进总体福利。

在 1950 年的一次由公共道路局组织的会议中，经济学家肖雷·彼得森指出："工程师的角色就应主要担心道路类型与交通情况之间的具体关系，而非公众利益的广泛事项。"彼得森尤其警告在规划道路的时候尝试对"公众利益"负责。"通过判断道路与公众利益之间关系来控制其改善，是有争议的，因为缺乏可靠的基准，就像决定合适的和平时期国防开支或公共教育的正确数量和质量一样。"彼得森说。"用这种方式控制，公路项目就尤其地受制于'猪肉桶（政治分肥）'的政治敛取。"[24]

自 ISTEA 通过以来的联邦交通资助，已证明彼得森是正确的。联邦交通拨款在 1980 年之前闻所未闻，从 1982 年的 10 项，到 2005 年已增加到近 7000 项。[25]各城市互相攀比打造最昂贵的铁路项目。随着城区不断增加，交通规划似乎什么都管，就是什么都不管。

合理规划过程

在审查长期交通规划之前,有必要知道规划专业本身是认为这些规划应当如何制定?所谓的合理规划模型理应找到实现社会目标的最佳的方案。"在该模型之中,"一位规划师总结道,"目标应当首先被设定,在政策的期望后果中设立优先事项。然后备选方案(达成目的的手段)被检查,并做出最优的'选择'。"[26]

公共道路局于 1963 年开发出的程序就基于此模型。规划师们首先明确自己的目标和评价标准。至少一些标准应当可被量化指标衡量,因此该规划及其替代品能够被公正地评估。例如,以吨计的空气污染是可衡量的,"可持续性"就不是可衡量的。规划师们还应该确保他们的评价标准是输出,而非输入。步行人数就是一个输出;一个社区的"可步行性"是一项输入。当规划师们依靠模糊的术语,像可持续性和可步行性,他们就冒着只能通过他们的直觉,而不是根据它们的结果制定规划的风险。一套合适的标准包括交通相关的死亡数、浪费在拥堵中的小时数、空气污染的吨数以及能源消耗的英热单位数。

接下来,规划师们需要预测未来的出行需求和期望。现今最好的出行模式都是基于对人们到底如何生活的详细观察。这些观察通常以旅行日记的方式从成千上万的人那里收集而来,被用于预测人们对其收入、教育、家庭规模、旅行成本、拥堵、交通替代方案、以及如密度和多用途使用等城市设计特征等所有的变化,将会做出何种反应。

即使出行记录准确反映人们如今如何生活,有关未来的很多事情依然一无所知,包括当地人口增长、能源价格、其他交通成本以及人们将会对这些成本作何反应。这意味着出行预测的很多输入将需要基于最优的猜测。

规划师们处理这种不确定性的一种方式是通过一项敏感度分析,在其中询问交通输出对固定变动反应的不同变化——比如,在假设的输入中加上或减去 20％。如果改变一项特定的输入并不显著改变输出,那么准确度就不重要。如果一项特定的输入对输出有很大影响,那么规划师们就应当多花功夫,确认关于输入的信息尽可能的精确,且如果该假设被证明不准确的话,应该在规划中对其效果向公众公布。他们甚至可以在规划中建立反馈机制,以使如果一些假设被证明是错误的话其可以自动调整。

166

下一步是制定交通规划的代替方案。要做到这个的话,规划师们必须列出所有的可能交通项目:新道路、新公交线路、新自行车和行人设施、例如交通信号协调等其他改善以及如高承载车道或收费车道等新的管理设施的方式。一些规划师会对列表中添加一些不同的土地使用监管方式,如城市增长边界、填充开发激励、基于表单的区划法规、还有其他旨在改变人们出行偏好的规则。

对于每一个项目,规划师们应当估计纳税人的成本、其余每个人的成本以及就第一步中制定的标准而言的收益:例如,项目对死亡率、拥堵、污染以及能源消耗方面的影响。资本成本应当在每一个项目的寿命中分摊的年份里年化,以使各项目的成本和收益可以在年度基础上比较。每一个项目的收益可以除以其年度美元成本,然后得到每拯救一条生命的成本,每小时拥堵缓解的成本,每吨空气污染缓解的成本,以及每英热单位能源节约的成本。这些项目然后就可以使用这些标准来进行排名。

对于实际的替代品,规划师们可以制定一个侧重公交的备选方案,一个侧重公路的备选方案,诸如此类。但这将是不必要的两极分化。更好的方法是围绕每一项主要标准来制定备选方案:一项最大值——安全性选择,一项最小值——拥堵性选择,等等。最大值——安全方案将包括所有的拥有最高安全性的州里支付的其的备选方案。因此,地区可有 4 种选择:安全性、拥堵、污染、能源——其中每一项成本相同,但造成不同程度的输出,且以不同的方式符合评价标准。

这时,规划师们可以比较各项目和标准,来看看哪些是相辅相成的,

167

哪些是冲突的。例如,交通信号协调可以提高安全性并减少拥堵、污染和能源消耗。但是,建造一条新的公路减少了拥堵,而建设过程中是以消耗能源为代价的。规划师们可以先问问:是否有可能重新设计该项目,使之产生净能源节余? 如果不能,那么规划师们就必须考虑取舍:我们愿意花费多少能源以节约一小时的拥堵? 一些取舍是容易的,例如人们的时间和能源,因为二者皆可评价。但其他的一些因素,比如死亡率,需要更多的主观判断。

基于这些取舍,规划师们应该设计一项首选方案,在固定的可获取资金的情况下提供输出间的最佳平衡。这个方案还应当具体指出如果有更多资金,那么在哪些地方花更多的钱是有意义的,比如说,一项地方税的增加或联邦补助的增加。

在该方案被采纳之后,规划师们应当监测其结果,以确保该规划的目标得以实现。如果可能的话,监测应当包括反馈机制,以使该规划可以自我纠正,如果有假设被证明是错误的话。例如,如果一个具体项目比规划师们预估成本高得多,该规划可以提供替代性选择方案——更具成本收益的项目。

每一个步骤都应该包括公众咨询,以确保:第一,规划师们没有忽略任何重要的标准、潜在交通项目或可选方案;第二,规划师们在制定首选方案中所做的权衡达到公众的批准。此外,规划应当是透明的;就是说,规划师们通向其首选方案的制定过程中所经过的每一步,对每一位读者都应当是很清楚的。

总之,一项合理的运输方案应当包括如下内容:

- 有评价规划的可量化输出标准;
- 对出行需求和出行行为的基于现有技术的预测;
- 对存疑假设的敏感度分析;
- 所有可能的交通项目的清单,包括对成本及收益的预测,以及与每种主要评价标准紧密相关的收益；

● 就每种评价标准相关收益而言的项目排序；

● 几大备选方案，包括各种潜在项目的集合，可能每种评价标准都有一个；

● 各个备选方案的财务费用估算，以及交通、环境和其他方面的收益；

● 拥有具体计划的替代方案，并试图平衡了各种要求； *168*

● 在全程的各关键阶段与公众咨询，规划过程透明以使评审人员可以理解规划师们为何做出这样的推荐；

● 通过反馈机制监控，以确保该规划按预期运行，如果资金增加或某些假设被证明的错误的情况下，将增加或减少项目。

都市交通规划

为了把都市交通规划和标准的合理的规划过程相比较的话，我阅读了超过 70 个地区的最近规划，包括 67 个最大的城市地区（从纽约州纽约市到纽约州奥尔巴尼）以及几个稍微小点的城市地区（贝克斯菲尔德、科罗拉多斯普林斯、得梅因、杜勒姆、柯林斯堡、弗雷斯诺、小石城、麦迪逊、罗利和萨凡纳）。这些规划中无一接近上述的合理规划过程，甚至连公共道路局 1963 年制定的更基本的过程都不接近。

这些方案中无一包括对关键假设的敏感度分析，且都懒于对规划中项目的潜在收益或成本效益做预测。大多数规划没有包括任何现实的可选方案，且很多没有预测提议规划对交通的影响。其结果是，这些规划缺乏透明度：大多数规划的纳税人和其他读者将无从得知这些项目是如何被选择的，也无从得知这些项目或规划自身在满足规划目标上是不是成本有效的，乃至在很多情况下，规划有没有达成任何目标。

评价标准。大多数都市城市规划包括目标（goal）和作为评价标准的具体目标(objective)。然而,大多数规划中的大多数评价标准是定性的。即便当评价标准是潜在的可量化的,规划者们也很少列出他们用来评估方案的量化措施。

如前所述,诸如拥堵延迟的小时数、空气污染的吨数、或交通相关的死亡率等事项容易被量化。但很多规划包含了无法量化的目标,例如:

- 推广宜居社区[27]
- 培育充满活力的社区[28]
- 打造社区框架[29]
- 促进环境公平[30]
- 提供多方式交通系统[31]
- 增加可访问性[32]
- 创建适合步行的街区[33]
- 保护湿地[34]
- 保留空地及农业用地[35]
- 阻止城市扩张[36]
- 规划员工住房[37]
- 维护历史、文化及考古资源[38]
- 支持经济发展[39]

很多这些目标,例如宜居社区或社区结构,完全不可量化。其他的目标是可以量化的,但并不是说其可与别的目标相比较的。人们愿意取舍多少单位的环境公平,以保护更多的开放空间?人们愿意取舍多少单位的员工住房,以维护历史资源?人们愿意取舍多少单位的经济发展,以向其多方式联运系统增加另一种方式?大多数规划包含了许多这样的目标,所以无法确定一个最佳的方案。

一些目标,诸如可访问性和可步行性,实际上是输入,而非输出。仅仅因为规划师们认定一个社区是可步行的，并不意味着每个人真的会步行。一个规划把可访问性定义为"在一个给定的时间内可以抵达一个给定地点的机会数量，通过汽车、公共交通或者非机动方式"。[40] 这是一项输入，而非一项输出。

其他方面，诸如可持续、宜居、多方式联运，是一种标准语言，在大多数情况下，它们代表着同一件事：汽车的替代品。"可持续（sustainable）"往往意味着不基于石油的交通。"宜居（livable）"意味着专为行人和骑自行车的人设计的城市，而不是汽车。"多方式联运（Multimodal）"意味着资金花在任何的交通模式上，但不包括汽车——即使大部分人继续使用汽车。

问题的部分原因是，国会要求规划师们包括或考虑一些模糊的目标，例如支持经济活力、保障全球竞争力、促进节约能源、以及提高可访问性。[41] 国会已经通过要求无法量化的、模糊的、和/或冲突的目标设置了先例，它有效地鼓励了规划师们增加更多的自己的此类目标。

170

大多数规划没有为规划者们该如何在这些目标间做取舍提供一点蛛丝马迹。但是纳什维尔的规划包括一个为项目打分的系统，提供了关于规划师们的优先性的些许信息。如下是最重要的得分：

- 公共交通资产改善——21 分
- 对公交的正面影响——9 分
- 高乘载车道使用——4 分
- 出行需求管理（拼轿车，拼旅行车，等等）——9 分
- 自行车/步行设施——8 分
- 新的公路车道——8 分
- 拥堵定价——2 分
- 获得联邦和州资助的资格——50 分[42]

人口普查局称,近 97％的纳什维尔通勤者通过小汽车去上班,不到 2％的人走路或开车,还有不到 1.5％的人乘坐公共交通。[43]尽管自行车-步行设施与新公路车道得分一样高,且公共交通得分几乎为新公路车道得分的四倍,但都远远不如得分最多的"有资格获得联邦和州资金"的项目。[44]换句话说,如果有别人愿意为其付费,不管项目是什么,纳什维尔都将修建它。

纳什维尔的评分系统让地区规划师们的偏见显而易见。大多数交通规划不包括这样的评分系统,这有助于隐藏规划师们可能拥有的任何偏见。正如下文将表明的,很多规划在运载的人很少的交通形式上花费了太多,这意味着纳什维尔的规划师的偏见是为很多都市交通规划师所共有的。

预测和敏感度分析

171

几乎所有的规划都包括至少一些对人口增长和未来出行需求的预测。很少有介绍这些出行预测有多可靠的。没有规划曾报道规划师们对存疑的假设和预测进行敏感度分析。

带有收益和成本的项目清单

大多数规划清单列出了将在提议的规划中实施的项目。一些规划包括规划师们认为可取的但没有可用资金的附加项目。

通常情况下,都市规划组织(metropolitan planning organizations, MPOs)编译这些清单,通过询问州、地区及地方交通部门来列出它们愿意在未来 20 年左右愿意完成的项目。杰克逊维尔规划把这个称为"许愿单"。[45]大都市规划组织很少,即便有的话,向清单中添加备选方案。在大多数情况下,这些许愿单以超出这些地区可获得的所有资金而告终。因此,大都市规划组织不得不决定哪些项目可以获得资助,哪些不会。这就是长期规划的精髓。

该过程暴露于滥用的风险之下。如果我们假设政府部门把税款视为一个公共池资源,那么他们就有动机提交冗长的愿望清单。事实上,他们可能会提议昂贵的解决方案(如轨道公交),尽管此时低成本解决方案(如改善公共巴士系统)本可以同样有效。

例如,柯林斯堡规划使用一个复杂的积分系统对几个类别的项目进行排名——公路、公共交通、自行车/步行等等。等到了在那些种类中选择高评分的项目的时候,大都市规划组织基本上是踢皮球:"我们将把资源以相同的比率分配到每一个项目种类上。"[46]换句话说,如果资金只够一半的项目,那么它将资助每个种类的一半项目(按美元计算)。这当然将激励各机构把自己的项目列表制定的尽可能的长。

交通规划模型运输规划师们估算个别项目对拥堵和其他输出的影响。然而这些规划中无一列出其项目的任何影响,除了其财务成本。在一个例子中,一个大都市规划组织评估了个别项目对拥堵的影响,但没有把这些评估包括在规划中。旧金山都市交通委员会就其 2025 年长期规划发布了一份独立的"评估报告",其中列出了数十个公路和公交项目。[47]该都市交通规划局报告包括一系列列出了每个项目的成本的表格,还有一组独立的表格,其中估算了每个项目将提供的拥堵缓解小时数。

不同于规划本身,该报告不提供网上下载。但是每一个得到它的人,可以计算每小时延迟的成本,并借此对项目进行排序。该报告没有给出都市交通委员会曾自己做过这种计算的证据。其规划提出资助几个单位小时延迟节约成本最高的项目,但对较低成本的项目却没有资助。显然,都市交通委员会并不认为这是一个重要的评价标准。 *172*

该评估报告已被低收入支持者们用于一个针对都市交通委员会的歧视诉讼,他们控诉该机构是在为高收入社区建造昂贵的交通设施,但却忽略了将服务低收入社区的低成本交通改进。[48]毫不奇怪的是,都市交通委员会没有发布最近的 2030 年规划的类似报告。

替代方案

都市交通规划的最大缺口就是缺少替代性方案。在被审阅的超过70个规划之中,只有杰克逊维尔和盐湖城的这两个规划包括真正的替代性方案,并对那些替代性方案的影响进行评估。

一些规划根本就不考虑替代方案。提议的规划似乎完全是随意的,或者基于一些幕后(或不那么幕后)的动机。也许规划者们不愿向公众显露这些规划与其替代方案相比表现得有多的糟糕。其他的规划列出了仅仅是名义上的替代性方案。比如下面这些例子。

很多规划包括一个"非建造"替代方案,意味着已经在进展中的项目被完成之后,没有新的资本改善。规划师们一般在这个替代方案之中预测一个拥堵的大幅增加,这允许他们可以说首选的方案"减少"了拥堵——而事实上它是增加了拥堵,只是比非建造规划要少了一点。在德克萨斯奥斯汀,这里超过90%的通勤者开车上下班,规划师们预测,一个非建造选项将会成百倍的增加人们浪费在交通中的时间,但在提议的方案中,时间浪费将"只"增加四倍。[49] 由于没有其他方案被评估,所以人们无从得知是否有其他方案可以阻止这种增长。

一些规划,包括波特兰的,增加了一个"优先级"或"需求"替代方案,也可以被称为"许愿单"方案,因为其包括了该地区各交通部门提交给大都市规划组织的项目。由于所有项目的总成本可能是总可获资金的很多倍,需求替代方案和非建造方案一样,不是一个真实的选择。

萨克拉门托的2030年规划包括了2025年规划,后者是作为对拟议规划的"替代性方案"。鉴于2025年规划的部分已经达成,且2030年规划又向未来延伸了5年,2025年计划并不是一个真正的替代性方案。

一些规划,例如匹兹堡的,考虑不同的"视觉场景"。匹兹堡包括四项:当前趋势、分散发展、紧密发展、走廊/集群发展。当然,这些都是土地使用可选方案,而非交通方案。但是不管它们是什么,匹兹堡的规划师们并没有努力评估每一个场景的交通或其他影响。相反,他们确定一个首选方案,并把他们的交通规划专门地基于此。

水牛城的 2025 年交通规划考虑了三种可选方案。方案 A 强调公路通行能力的改善,方案 B 强调公共交通的改善,方案 C 则强调投资以促进经济发展。该提议的规划最终呼吁在三个方面都进行投资。[50]

杰克逊维尔和盐湖城是个例外。除了一个非建造可选方案,杰克逊维尔还考虑侧重公路和侧重公交的可选方案。[51]盐湖城提供了三种选择方案:对先前计划的延续,强调高速公路,以及强调主干道。除了名称之外,这些方案之间的差别实际上很小。所有这三项都包括 5 条轻轨线和通勤铁路线,好像对那些线路没有任何质疑。他们还包括几条电车线路,虽然不在同样的街道上。[52]

成本及收益的预测

联邦政府要求的规划过程中的重要一步就是,考虑可得的财政资源后,确保提议的规划是可行的。因此,大多数规划估算了提议规划的货币成本。但是很多并没有评估规划的收益或其他影响。这个规划会导致更多的还是更少的拥堵? 对公交的大量投资会把汽车出行转变过来吗? 这样的转变会减少拥堵和空气污染吗? 波士顿、劳德代尔堡、迈阿密、明尼阿波利斯-圣保罗、圣迭戈、旧金山湾区,以及其他很多城市地区的规划师们,可能都不愿意劳神回答有关规划效果的相关问题。 *174*

例如,阿尔伯克基的规划提到:在 2005 年,77.4% 的通勤者独自开车去上班,只有 1.4% 的人乘公交。他们的规划提供了"给通勤者们大量从'单独开车'分类转移至其他非'独占汽车'种类模式的机会",包括通勤铁路、快速巴士公共交通和自行车道。然而,规划师们没有估算出有多少人将会真的利用这样的机会。当然,机会是输入;实际使用是输出。

水牛城的规划师们担起了确定其 2025 年规划的替代性方案的麻烦,但是没有估算这些方案影响。[53]此外,水牛城没有在其 2030 年规划中包括任何的替代性方案。[54]

　　杰克逊维尔的规划包括这些事情的估计,如拥堵延误的小时数、高峰时段平均出行速度以及每一种替代方案和所选的规划方案的公交乘坐者数量。[55]杰克逊维尔的规划是不一般的,因为其是由外部的咨询人员制定的,而非是内部的规划人员;也许其他的都市规划组织也应当走这条路线。

　　对于他们的每一个替代方案,盐湖城的规划师们对拥堵延迟的小时数、平均通勤速度、空气污染吨数以及很多其他效应等的影响进行估算。[56]奇怪的是,他们并不报告首选方案的可比较的评价。该规划用了 65 页纸来阐述所选方案的影响(只用了 17 页纸来阐述三个替代方案,其中 16 页描述方法,1 页纸展示结果),但读者们将无法找到总的拥堵延迟时间、平均通勤速度、空气污染吨数、或替代方案的其他预估影响。[57]这大大减少了这些替代方案的有用性。

首选方案

　　每个规划都包括一个首选方案,当然,尽管很多规划并没有显示其他的替代方案,他们简单地把首选方案称之为"该规划"或"财政约束下的规划"。大多数规划包括规划对未来交通的影响的预测:拥堵、污染、使用公交出行的份额等等。但是缺乏替代方案做比较,市民们就无从得知所选的规划是不是处理都市交通问题的最佳方案。

　　例如,作为洛杉矶都市交通规划草案是符合成本效益的证据,规划师们称预计的收益比预计成本的两倍还要多一点。[58]但这并不能证明一个规划是符合成本效益的。假设一个规划包含 3 个项目,每个项目的成本都是 1 美元。一个项目产生价值 5 美元的收益,一个是 0.75 美元,还有一个是 0.25 美元。所有这三个项目一起所获得的收益是其成本的 2 倍,但后两个项目既没有效率,也不符合成本效益。此外,仅仅是知道所选项目的收益成本比,并未说明潜在项目是否被否决,或者根本就不应该被考虑,以产生更大的收益成本比。

透明度

只有少数规划对公众是透明的。规划师们是如何选择规划中被考虑的项目的？他们是如何选择规划中被资助的项目的？他们是如何权衡拥堵缓解、安全性、污染治理、土地使用操控，或对汽车提供替代方案这些规划对这些问题鲜有回答。

监督和反馈

大多数规划宣称这些部门将监督其执行。然而，很少有规划包括这些监督过程将如何运作的细节，且无一包括任何反馈机制或可能需要规划修正或修订的触发机制。对于大多数情况，规划者们似乎包含有关更多监督的言语，但更多是用来符合联邦规划指导方针，而不是他们相信监督是重要的或者能够改善实地决策。

交通规划的实质性问题

尽管不到 7% 的波特兰地区的通勤者乘坐公交去上班，俄勒冈州波特兰市却因其强调紧凑型城市开发和公共公交优于新公路的规划方案而远近闻名。但在 2007 年 1 月，联邦公路管理局向波特兰的都市管理组织 *176* Metro 下发了一些关于后者的都市交通规划草案的不寻常的批评意见。那些批评包括：

- 在该规划中"很难找到交通重点"。"当前的重点是关于土地使用和通过其他的方式实现土地使用目标，尤其是通过控制交通。"
- "该规划应当允许把公路扩建作为一个可行的替代方案。对于一个庞大而又充满活力的都市地区而言，类似地铁等交通解决方案应当包括补充的公路容量选项。"
- "该规划应当包括承认汽车是波特兰市民们首选的交通

方式——他们每天用他们的汽车做出选择。"[59]

信中还批评了波特兰的区划法规,该法规允许极其狭窄的街道,批评了该地区没有采取任何措施以阻止其轻轨线路上的高犯罪率,还批评了公交巴士上下客时挡住街道而非进入站台的街道设计。如果不出意外,这封信揭露出很多交通人士否认行为手段是波特兰交通需求的解决方案。

规划过程中替代品、敏感度分析和透明度的缺乏,使得区域性规划部门粉饰了很多规划并不是真的关于解决交通问题的事实。相反,例如波特兰的规划,很多是关于社会工程的,以及,通过人为地增加某种交通模式的成本并同时减少其他交通模式的成本,来改变人们的行为方式。即便公众是支持这些行为矫正的,这些规划也没有提供了解其是否有效的途径,就是其是否会对通勤者行为产生任何有意义的改变,且那些变化是否值得这些成本。

民调经常显示,城市居民认为交通拥堵是居住在美国城市的最严重的问题之一。[60]如前所述,德州交通运输研究院估计,美国通勤者们的拥堵成本约为 780 亿美元每年。[61]大多数都市交通规划在耍嘴皮子,至少,在缓解拥堵上是的。但很少有规划做了比减缓拥堵增加速率更多事情的,一部分甚至都没有承诺会这么做。

两种症状揭露了区域交通规划师们是否对行为工具施加比技术工具施加过多的强调,以达成他们的目标。第一个是规划师们打算用于公共交通的该地区资本资金。第二个是规划师们强调规范土地使用来达成交通运输目标。

对公共交通的过分强调

纽约是唯一一个其公共交通运载了超过 15% 的通勤者去上班的美国都市规划区域。此外只有四个区域——波士顿、芝加哥、新泽西北部,以及华盛顿——其公共交通运载了超过 10% 的通勤者。但是,超过 30

177

个都市交通规划——超过那些数据可得的规划中的一半——提议把其区域资本资金的超过 20％ 花在公共交通上。

纽约的打算把其区域资本资金的 56％ 花在公共交通上的规划,和其 40％ 的乘坐公共交通的通勤者相比,并不是很出格(表 8.1)。但是双子城打算把区域资本资金的 70％ 花在公共交通上,而其只有 4.8％ 的通勤者是乘公交去上班的,这就非常的出格了。

圣路易斯的交通规划拒绝了该地区公交部门的花费 49 亿美元在轻轨线路及其他资本改善上的提案。该规划指出,该地区公交部门的预测收入甚至不能偿付其运营成本,比轻轨扩张的成本更是少之又少。该规划补充说,该县的选民反对一项需要用来支持公交运营的加税,且即便有了那项税,该部门的收入也不足以支持提议的扩建。[62]

除了圣路易斯这个例外,其他所有地区都提议花费份额比公交通勤者份额更多的资本资金在公共交通上。公共交通的每乘客英里成本,与运营和维护公路相比也更高。此外,还需要税收补贴来覆盖超过 70％ 的公交资本和运营成本,而对公路的补贴总计还不到公路成本的 12％。[63] 所以,在某种意义上,表 8.1 中的除圣路易斯外的所有这些城市地区,都在公共交通上花费太多了。但是,假设给那些没有汽车的人一些基本层面的支持是需要的,真正严重的问题是那些把其资金超过 20％ 花在公共交通上,并在公共交通上花费超过其公交通勤者份额数倍之多的地区。

179

表 8.1　在公共交通上的支出(百分比)　　*178*

都会区	公共交通的资金份额	通勤者
明尼阿波利斯-圣保罗	70	4.8
旧金山	68	9.6
迈阿密	68	5.5
哈特福德	67	3.0
檀香山	57	8.7
纽约	56	39.9

交通困局

都会区	公共交通的资金份额	通勤者
波士顿	55	11.6
费城	55	9.7
劳德代尔堡	53	2.6
斯普林菲尔德	49	1.5
丹佛	47	4.3
俄勒冈波特兰	43	7.6
亚特兰大	38	4.0
休斯顿	37	3.2
西雅图	36	7.0
凤凰城	34	2.5
奥尔巴尼	33	2.9
达勒姆	33	4.9
柯林斯堡	32	1.0
圣地亚哥	31	3.1
华盛顿特区	31	14.7
阿尔伯克基	28	1.5
孟菲斯	28	1.6
水牛城	28	3.6
洛杉矶	27	4.5
盐湖城	27	3.9
图森	25	2.5
萨凡纳	25	2.5
达拉斯	24	1.9
萨卡拉门托	23	2.4
巴尔的摩	23	7.6

（续表）

都会区	公共交通的资金份额	通勤者
克利夫兰	21	4.9
小石城	21	0.9
麦迪逊	19	4.9
缅因波特兰	19	2.1
埃尔帕索	18	2.4
坦帕	18	1.4
布里奇波特	17	9.3
杰克逊维尔	16	1.4
里士满	13	2.1
贝克斯菲尔德	13	1.6
奥斯汀	12	3.8
阿克伦	11	0.9
底特律	11	1.7
俄克拉荷马城	11	0.7
夏洛特	10	2.6
辛辛那提	10	2.8
拉斯维加斯	10	3.5
密尔沃基	10	3.5
伯明翰	9	3.2
安克雷奇	5	1.5
圣路易斯	0	2.8

来源：公共交通的资金份额来自每个地区的最近的都市交通规划草案或终稿。每个地区的通勤者公交份额来自《2005 年美国社区调查》（华盛顿：人口普查局，2006），表 GCT0804，"16 岁及以上的工人搭乘公共交通去城区或某些都市区域未与非城市化地区融合的情况中去县城（例如纽约）上班的通勤者比例"。

注：未在表中显示的区域，例如芝加哥和匹兹堡，没有在其规划方案中包含足量的用来计算这些数值的数据。

　　在决定把其很大份额的资金用在轨道公交上,盐湖城使用了一个基于拥堵缓解、成本效益、安全性、环境和社区因素等的评分系统,对各项目进行排序。几个轨道公交项目在该排名中得分很高。然而,一位州审计师发现了一些严重的数学错误。[64]对这些错误进行修正之后,一个项目的排名从第2下降到第19,还有一个项目从第7下降到第18,而且还有好几个项目被推到轨道项目之前。总之,这两个降级的项目总共消耗了州资金的80%。[65]"不是把资金用在道路和公交项目这两个对拥堵缓解都关键的方面,"该审计师指出:规划师们"把所有的资金只用在了公交项目上。"[66]

　　该政府委员会在审阅该审计师的报告时,决定无视新的排名并继续为公共交通项目提供资金。"选择相同的项目的原因是,公共交通提供了一个平衡的交通系统。"该委员会说。[67]

　　在面对同一时期发布的一份发现盐湖城公交部门存在对轻轨乘坐率20%系统性高估的报告时,该委员会也未受影响。[68]如果既有的轻轨线路运载的人数比该部门所声称的要少,那么新的轻轨线路对缓解交通拥堵所作的贡献可能要比规划师们预料的要少。

　　政府委员会的主席回应称:"不管数字如何,犹他州交通委员会拥有影响力,我对此很满意。"不管新数字怎样,"我只看到我们正在前进",与公共交通一起。[69]换句话说无论规划过程中的评分系统给了怎样的评分,拥堵缓解或缓解的成本效益等的真实数量是无关紧要的。显然,在这种情况下,政府委员会不会在乎规划的过程,只在乎他们说了算这种先入为主的观念。

　　这些先入为主的观念往往是错误的。1979年,加州大学经济学家查尔斯·莱夫发现,很多人假设"公共交通比汽车要节能得多"且"投资以改善公交设施将会吸引更多的乘客"。[70]莱夫说,这两种假设在当时都是错误的。它们至今依然是错误的:公共交通并不是特别环保,即便其曾经是,现在也没有哪个美国都市区能够通过在公共交通中巨额投资以把约1%的通勤者们从他们的汽车中吸引出来。[71]那些估算未来公交使用量的都市交通规划证实了这一点:没有什么公共交通的项目将会获得比汽车明显要多的市场份额。

公共交通规划师们更喜欢在出行方式上比较模式的份额,如"公共交通携载了 5％ 的出行,而汽车为 90％"。但这在涉及拥堵和移动性的时候具有误导性,因为公交出行往往比汽车旅行更慢更短,而且较短的出行提供的移动性比较长的出行还要少。一趟 10 英里长的出行可能访问的土地面积,是一趟 5 英里长的出行的 4 倍,潜在目的地的数量也是后者的 4 倍之多。所以乘客英里数是移动性的一个更好的指标。

181

例如,俄勒冈波特兰的规划师们乐观地预测,他们的规划将会把公交出行份额从 3.55％ 增加到 5.11％。[72] 这相当于把公交的乘客英里数份额从 2.0％ 增加到 2.9％。[73] 类似的,丹佛的规划预测出行的公交份额将会从 2.3％ 增加到 3.1％,同时公交的乘客英里份额从 1.4％ 增加到 1.9％。[74] 这样的回报和把每个地区的交通资金的 40％—50％ 用在公交上相比,只是微不足道的。这种情况尤为明显,考虑到增长将会让更多的汽车上路,且把资金转移到公共交通上将会阻止该区域建造更多可供汽车在其上行驶的道路,这是特别正确的。

过分强调土地使用监管

过度使用行为工具的第二个症状是,对用土地使用计划来改变交通选择的过度依赖。至少有 27 项规划对操纵土地使用以推广汽车驾驶的替代性方案高度重视,且还有其他 13 项规划对这些目标至少有一些强调。相比之下,其余的规划大多把土地使用看作是交通规划师们必须回应的,而非他们可以或应当试图控制的。

"传统上来说,发展模式被允许决定出行需求的分布,政府通过扩大基础设施来容纳它,"辛辛那提的 2030 年规划写道,"相反,增长管理涉及政府对时间、选址、方式、力度以及发展预算等多方面的影响,以减少对交通设施的需求,并解决环境、社会以及财政问题。"[75]

辛辛那提的 2004 年更新版规划使用了相同的语言,但用"精明增长"

替换了"增长管理",这反映了规划术语中的变化。[76] 这两个版本都"推荐地方政府采纳并实施支持 SOV(单乘员车辆)替代品的全面土地使用及交通政策。"[77] 因为这只是一个提议,而非一个命令,辛辛那提的规划落入了"中等强调"一类。

183

182

表 8.2　对土地使用监管的规划强调

强烈	中等	没有或微弱
阿尔伯克基	奥尔巴尼	阿克伦
亚特兰大	水牛城	安克雷奇
奥斯汀	芝加哥	贝克斯菲尔德
巴尔的摩	辛辛那提	伯明翰
波士顿	克利夫兰	夏洛特
布里奇波特	劳德代尔堡	哥伦布
丹佛	小石城	达拉斯
柯林斯堡	迈阿密	得梅因
哈特福德	罗利	底特律
檀香山	萨拉索塔-海牛	达勒姆
休斯顿	斯普林菲尔德	埃尔帕索
洛杉矶	圣路易斯	弗雷斯诺
麦迪逊	华盛顿特区	汉普顿锚地
明尼阿波利斯-圣保罗		印第安纳波利斯
纳什维尔		杰克逊维尔
北新泽西		堪萨斯城
奥兰多		拉斯维加斯
费城		路易斯维尔
匹兹堡		孟菲斯
俄勒冈州波特兰		密尔沃基

（续表）

强烈	中等	没有或微弱
萨克拉门托		蒙哥马利
盐湖城		纽约
圣地亚哥		俄克拉何马城
旧金山		奥马哈
西雅图		凤凰
		缅因州波特兰
		普罗维登斯
		里士满
		罗彻斯特
		圣安东尼奥
		萨凡纳
		坦帕
		图森

来源：对每个地区长期都市交通规划的最新草案或终稿的审阅。

　　像辛辛那提那样中等程度强调土地使用的规划，或许可以通过补贴来推广公交导向的开发，或者有时仅通过劝地方政府为这类开发设立区域。它们并不依赖强制性土地使用措施，例如增长边界。

　　例如，圣路易斯的规划称交通设施"应当有在公共交通站周边和谐地融合住宅、零售以及办公开发土地等的使用政策的支持"。虽然一项 2020 年规划考虑在"可持续开发"上斥资 15 亿美元，但无论该规划还是任何其他后续的规划，都没有把该项目评为达到最终清单的足够高优先级。[78]

　　和这些温和的规划一样，拥有较强的土地使用侧重的规划，通常使用税收增量融资或其他补贴来促进公交导向的开发。但是，和温和的规划不同，较强的规划还采取了强制性措施，例如增长边界。增长边界之外的,或者其他什么边界之外的,它们使用大块分区或其他限制来阻碍开发。在边界之内的,它们鼓励更紧凑的开发,也许通过最小密度区划,也许仅仅对高密度填充进行补贴。

萨克拉门托的 2006 年规划的等七个目标里:"影响土地使用政策,通过使用市场力量和监管过程,以改善区域内每个人对就业、服务和住房的获得性。"[79]该规划提出,要通过拨款 5 亿美元的交通资金补贴高密度、多用途项目的开发商们,来"遏制蔓延"并促进"紧凑型开发"。[80]

旧金山湾区的 2030 年规划提议使用土地使用监管,来把规划师们在没有类似监管情况下预计将会开发的 12.8 万英亩绿地模式开发,限制到 1.56 万英亩。[81]该规划还把每年 2,700 万美元用于补贴公交导向的开发。[82]

交通规划中对土地使用政策的监管和实施,在当由相同的机构来处理这两个问题,且那些机构被州或市区内的社区授予强大的权力的时候,监管和实施就被大大简化了。俄勒冈州土地使用规则要求州内的每个市或都市规划组织制定城市增长边界,所以这些边界自然地就被纳入了波特兰和其他俄勒冈城区的交通规划之中。丹佛地区的市县都同意让丹佛都市规划组织制定一个城市增长边界,有时市政府议会的大多数就可以凭借都市规划组织的能力施加任何异议,扣留抵抗的城市的联邦拨款。

除了城市增长边界,丹佛的交通规划还包括对大量细块土地的限制,以及对公交导向和其他高密度开发的财政激励和其他激励。[83]波特兰的交通规划和该地区的 2040 年土地使用规划联系在一起。[84]后者强调通过一道城市增长边界和增加边界内的社区密度,使该地区可以对边界的最小的扩张增长,"维持一个紧凑的城市风格"。[85]

洛杉矶的交通规划与一项积极的土地使用规划相关联,后者关注于交通的结果。尽管细节有些模糊,但是该规划提出要把新居民的近 40％ 全部放在公交走廊上的高密度填充开发项目里,而这些项目只在该地区土地面积的 2％ 之上。

正如在公共交通上斥资上亿美元并没有提高公交乘坐率一样,几乎没有证据表明紧凑型城市地区或公交导向的开发将显著减少汽车驾驶。洛杉矶的土地使用规划,及其新的轨道公交线路和自行车道,预计将把平均通勤距离减少2%,并把出行的公交份额从2.1%增加到3.0%,步行和骑行的份额从8.3%增加到9.2%。净结果是人均驾驶预计将减少3.3%。[86]

这听起来可能很少,但是洛杉矶的规划师们比其他地区的规划师们对土地使用变化对交通选择的影响更加的乐观。丹佛和波特兰的规划都预测人均驾驶的增长,尽管有新的轨道公交线路、增加的人口密度、以及新的公交导向开发项目的评分。[87]

类似的预测并不完全是对规划师们的一个启示。丹佛的都市规划组织,丹佛区域市政局,逾30年前开始评估行为策略对减少交通拥堵和空气污染的可行性。一份1977年的报告发现,更加紧凑型的开发项目对驾驶影响不大,对空气污染则没有影响。

该报告指出,人们通过汽车的出行数主要是受家庭收入的影响,和住房类型并无太大关系。该报告引用了一项在波士顿的研究,后者把该地区20%的人口从郊区移到城区中心,发现这只把驾驶量降低了1%。[88]

该报告还指出,即使更紧凑的开发能够大大缩短出行的距离,出行数目才是对空气污染最重要的。催化转换器只有在发动机发热到正常的工作温度时才起作用,所以来自如今的汽车的污染大多来自"冷启动"。因此,一趟2英里的汽车出行和一趟20英里的出行产生的污染差不多。"冷启动引擎意味着出行次数比VMT(车辆行驶里程)更加显著",该报告警告称。[89]

密度的改变与对公共交通的巨额投资相结合也不会有所影响。"可能的是,总个人出行的不超过15%可由公共交通容纳——大部分看来是不超过10%的。"[90]考虑到在纽约市区所有的出行也只有不到10%是通过公共的交通的,而在美国其他城区,也只有不到5%,即便这个数字也是

185

很乐观的了。

一份 1979 年的报告分析了各种策略,例如公交改善、高承载车辆车道、增加停车费、以及其他"交通系统管理策略"等。这些策略无一对驾驶产生显著的影响,甚至合计起来,这些策略把驾驶减少了不到 10％。[91]

除了这些调查结果,丹佛区域市政局自 1977 年来发布的规划越来越依赖于行为工具来减少驾驶。例如,一项 1981 年的规划关注于在全丹佛地区推广综合开发项目的"活动中心",希望这样的开发项目将减少驾驶。[92] 最近的规划呼吁在全丹佛都市区建造至少 80 个这样的公交导向开发项目。[93]

为什么长期交通规划没有成效呢?

尽管行为工具成本高昂而收益甚微,该报告审议过的规划中有超过三分之一严重依赖于类似的工具,且其他 20％ 也在某种程度上使用它们。此外,这些规划中几乎无一认真地评估过替代性方案,或曾尝试找到最具成本效益的拥堵、空气污染以及其他区域性交通问题的解决方案。无论是出于懒惰还是掩盖他们的规划低效率的愿望,大多数规划使用了"合理规划模型"这一略称,排除了替代性方案和其他重要的步骤。

规划师们未能使用合理规划模型,表明了国会所要求的长期规划过程的破产,但是,这些问题不能通过规划师们严格遵守合理规划模型来补救。即便该模型被一字不落地遵循,依然有几大原因会造成规划过程的失败。

第一,一个长期规划需要关于未来的信息,而这本质上是不可知的。对未来人口、建设成本、能源成本、出行需求、工作地点、住房偏好、税收收入以及其他的信息等的预测,在很多情况下比猜好不到哪里去,甚至在某些情况下是痴心妄想。然而,很多城市基于这些猜测,把成百上千亿的资金用在可能无用的交通项目上。

第二,尝试考虑活力社区、员工住房、文化资源以及经济发展等这些

186

因素的综合规划,太复杂到无法分析或理解。正如前文所述,很多这些变量是不可量化的,而其他许多变量,不能被简单地相互比较。

第三,正如肖雷·彼得森在1950年预测的那样,无论何时,一项规划必须处理长期的未知性或不可量化的收益或成本,最终的决定往往以政治性结束而非理性。决定是由政客们做出的,他们的成见可能与事实完全相悖,如盐湖城市委会的那个例子,他们决定支持轨道公交,哪怕其修正的分析指出这并没有意义。此外,决定完全是被争夺的,不是基于任何理性过程,这给了利益集团强大的动机按他们的偏爱来影响规划过程。

第四,长期规划给了规划师和决策者们很少的或没有动机来确保他们所做的决定是正确的。他们花的是别人的钱,而被他们花钱的那些人却不得不在这些规划师们易职或退休、政客们离职很久之后,一直生活在这些决策中。

最后,如果新的信息可以得到,指出某一长期规划有缺陷的话——例如,如果成本更高了或者收益比预期要低了——即便是定期更新的情况下,改正这个问题也是非常困难的。

政府规划人员无从捆准确预测未来我们想要什么、需要什么,所以长期交通规划或许会把机构绑到无意义的规划和项目上。二十年前,没有人可以预测到互联网;或者,绝大多数城市地区的远程办公人数将超过公交乘坐者数;亦或者,城际巴士服务(通过在线车票销售)将在数十年间第一次不断增长;再或者,联邦快递、UPS和DHL等将在几乎每一条美国街道上进行日常投递。正如20年前制定的规划对今天的这些事物而言将会是错误的,现在制定的规划对20年后的预测也将会是错误的。

然而,正如彼得·德鲁克指出的:"任何政府行为几乎马上变得'道德的'了。"[94]一旦一项规划被写下来,无论有怎样的缺陷,那些从中受益的人都视之为一种权利。所以,成本变成原来的两倍之多会怎样呢?所以,收益变得比预期的要小得多会怎么样呢?规划是一定要执行的。

总之,任何长期规划肯定是错的。然而,如果它是一项政府规划,这

将很难改变。其结果是,长期交通规划把越来越多的城区捆绑到了令人怀疑的规划之中:越来越堵(希望阻碍少部分的汽车出行里程)、无法承担的房价(希望鼓励很少一部分更多的人挤在公交为导向的开发项目中),以及其环境和交通收益很值得怀疑的昂贵铁路项目。

短期规划可以关注于今天的问题,包括拥堵、安全性以及交通设施损耗。解决那些问题的交通部门将会比那些不关注这些问题的部门创造一个更好的未来城市环境,后者只试图构造一些不太可能实现的愿景。由于短期规划并不太依赖于长远预测,它更少犯那些会把地区捆绑坏规划的错误。短期规划还应当只关注直接与交通相关的可量化价值,而不是在任何情况下都难以衡量且有争议的广泛的社会关注。

安全、高效的交通确实推动了我们的经济,把美国变成全世界历史上最富强的国家之一。第 10 章给国会的建议——废除长期交通规划要求,给予地区激励以完成交通目标,并鼓励更多的基于使用者付费资助的新交通设施——将会确保把美国人民所交给交通的费用和税款真正地有效利用起来。

注释:

1. 2006 *Metropolitan Transportation Plan*(Sacramento,CA:SACOG,2006),p. 3.
2. Ibid.
3. Ibid. ,p. 4.
4. Ibid. ,p. 49.
5. Ibid. ,p. 23.
6. Ibid. ,p. 29.
7. Ibid. ,p. 5.
8. Rita Mae Brown,*Sudden Death*(New York:Bantam Books,1983),p. 68.
9. U. S. Code 23,§ 134(i)(1).
10. Dom Nozzi,"Congestion Is Our Friend,"*Gainesvile Sun*,February 9,2008,tinyurl. com/cszagx.
11. *Regional Transportation Plan Update*(Portland,OR:Metro,1996),p. 1 - 20.

12. 1999 *Regional Transportation Plan* (Portland, OR: Metro, 1999), p. 6 – 38.
13. *Transportation Policy Plan* (St. Paul, MN: Metropolitan Council, 1996), pp. 17,54,72,76.
14. 2006 *Metropolitan Transportation Plan* (Sacramento), p. 3.
15. Michael Penic, "Addressing Congestion and Air Quality Issues through Highway Planning," paper presented to the Preserving the American Dream Conference, Washington, DC, February 24,2003.
16. O'Toole, *The Best-Laid Plans*, pp. 163 – 66.
17. Edward Weiner, *Urban Transportation Planning in the United States: An Historical Overview* (Washington: U. S. Department of Transportation, 1997), p. 24.
18. Ibid. , pp. 25 – 26.
19. Ibid. , pp. 30,59.
20. Ibid. , pp. 71 – 73.
21. Robert Cervero et al. , "BART @ 20: Land Use and Development Impacts," Working Paper no. 308, University of California Transportation Center, 1995, p. 1, tinyurl. com/2w2t33.
22. Ibid. , p. 8.
23. Weiner, *Urban Transportation Planning in the United States: An Historical Overview*, p. 91.
24. Shorey Peterson, "The Highway from the Point of View of the Economist," in *Highways in Our National Life: A Symposium*, ed. Jean Labatut and Wheaton J. Lane (Princeton, NJ: Princeton University Press, 1950), p. 194.
25. Ronald Utt, "A Primer on Lobbyists, Earmarks, and Congressional Reform," The Heritage Foundation Backgrounder no. 1924, April 27, 2006, table 1, tinyurl. com/2jfkhu.
26. Bonnie E. Browne, "Rational Planning and Responsiveness: The Case of the HSAs," *Public Administration Review* 41, no. 4 (July – August 1981):437.
27. 2030 *San Diego Regional Transportation Plan: Final* (San Diego, CA: San Diego Association of Governments, 2007), p. 2 – 2.
28. 2030 *Regional Transportation Plan* (Portland, OR: Metro, 2004), p. 3 – 1.
29. *New Visions 2030: The Plan for a Quality Region: Summary Document* (Albany, NY: Capital District Transportation Committee, 2007), p. 15.

30. 2030 *San Diego Regional Transportation Plan*: *Final*, p. 5 – 28.

31. 2030 *Long Range Transportation Plan* (Nashville, TN: Nashville Area MPO, 2006), p. 76

32. *Envision*6: 2030 *Regional Transportation* Plan (Atlanta, GA: Atlanta Regional Commission, 2007), p. 36.

33. *Regional Transportation Plan* 2007 – 2030 (Salt Lake City, UT: Wasatch Front Regional Council, 2007), p. 106.

34. 2030 *Long Range Transportation Plan* (Savannah, GA: Chatham County-Savannah MPO, 2004), p. 11.

35. *New Visions* 2030: *The Plan for a Quality Region*: *Summary Document* (Albany), p. 15.

36. 2030 *San Diego Regional Transportation Plan*: *Final*, p. 2 – 3.

37. *Regional Transportation Plan* 2007 – 2030 (Salt Lake City), p. 43.

38. *MAPA* 2030 *Long Range Transportation Plan* (Omaha, NE: Metropolitan Area Planning Agency, 2006), p. 14.

39. 2030 *Long-Range Transportation Plan for the Erie and Niagara Counties Region* (Buffalo, NY: Greater Buffalo-Niagara Region, 2007), p. 27.

40. *Access and Mobility* 2030: *Regional Transportation Plan* (Newark, NJ: North Jersey Transportation Planning Authority, 2005), p. 34, tinyurl. com/2y2orv.

41. U. S. Code 23, § 134(h)(1).

42. 2030 *Long Range Transportation Plan* (Nashville), pp. 87 – 88.

43. 2006 *American Community Survey* (Washington: Census Bureau, 2007), table S0801, "Commuting Characteristics by Sex," Nashville-Davidson, TN, Urbanized Area, tinyurl. com/3xcubv.

44. 2030 *Long Range Transportation Plan* (Nashville), p. 88.

45. 2030 *Long Range Transportation Plan*: *Summary* (Jacksonville, FL: First Coast MPO, 2005), p. 5, tinyurl. com/3deeml.

46. *The North Front Range 2030 Regional Transportation Plan* (Ft. Collins, CO: North Front Range MPO, 2004), p. 168.

47. Metropolitan Transportation Commission, *Bay Area Transportation Blueprint for the 21st Century*: *Evaluation Report* (Oakland, CA: MTC, 2000), figure 11.

48. *MTC, Where Are Our Buses? Challenging the Bay Area's Separate and Unequal*

Transit System (Oakland, CA: Communities for a Better Environment, 2006), tinyurl. com/3b9shj.

49. *CAMPO Mobility* 2030 *Plan* (Austin, TX: Capital Area Metropolitan Planning Organization, 2005), p. 36, tinyurl. com/ywwo2s.

50. 2025 *Long-Range Plan for Erie and Niagara Counties* (Buffalo: Greater Buffalo-Niagara Regional Planning Council, 2001), pp. 9 - 1,11 - 2.

51. 2030 *Long Range Transportation Plan: Needs Plan* (Jacksonville, FL: First Coast Metropolitan Planning Organization, 2005), pp. 7 - 3 - 7 - 4, tinyurl. com/ 35op2s.

52. *Wasatch Front Urban Area Long Range Transportation Plan* (Salt Lake City, UT: Wasatch Front Regional Council, 2007), pp. 50 - 52, tinyurl. com/ksmpag.

53. 2025 *Long-Range Plan for Erie and Niagara Counties* (Buffalo), pp. 9 - 1,11 - 2.

54. 2030 *Long-Range Transportation Plan for the Erie and Niagara Counties Region* (Buffalo: Greater Buffalo-Niagara Regional Planning Council, 2007), tinyurl. com/27594s.

55. 2030 *Lang Range Transportation Plan: Needs Plan* (Jacksonville), pp. 7 - 3 - 7 - 4.

56. *Wasatch Front Urban Area Long Range Transportation Plan* (Salt Lake City, UT: Wasatch Front Regional Council, 2007), p. 107, tinyurl. com/yp63pr.

57. *Wasatch Front Urban Area Long Range Transportation Plan* (Salt Lake City, UT: Wasatch Front Regional Council, 2007), pp. 209 - 73, tinyurl. com/ ys87xb. The transportation effects are described in four paragraphs on page 230.

58. *Draft* 2008 *Regional Transportation Plan* (Los Angeles, CA: Southern California Association of Governments, 2008), p. 172.

59. David Cox, "FHwA Comments on Draft 1. 0 Regional Transportation Vision," Federal Highway Administration letter to Metro, Portland, OR, January 2007, tinyurl. com/lmd8qv.

60. "More Than One-Third Say Traffic Congestion Is a Serious Problem in Their Community," *The Harris Poll* 16 (February 22,2007), tinyurl. com/2veece.

61. Schrank and Lomax, *The* 2007 *Urban Mobility Report*, p. 1.

62. *Legacy* 2035 (St. Louis, MO: East-West Gateway Coordinating Council, 2007), p. 102, tinyurl. com/yqk8ma.

63. 2005 *National Transit Database*, tables 1, "operating funds and fares," and 5,

"capital funds"; *Highway Statistics* 2006, table HF10. Highway subsidies are calculated by subtracting diversions of highway user fees to transit and nonhighway purposes from property, income, and other taxes and dividing the remainder by the total expenditure on highways.

64. *A Review of the Transportation Prioritization Process* (Salt Lake City, UT: Legislative Auditor General, 2007), pp. 5 – 6, tinyurl. com/35uw36.

65. Ibid. , p. 7.

66. Ibid. , p. 1.

67. Salt Lake County Council of Governments, "Minutes," November 26, 2007, meeting of the Expanded COG, Salt Lake County Council of Governments, p. 4, tinyurl. com/2jyfax.

68. *A Performance Audit of the Utah Transit Authority* (Salt Lake City, UT: Legislative Auditor General, 2008), p. 54, tinyurl. com/2aj5bw.

69. Brandon Loomis, "New TRAX Passenger Tracking System Shows Ridership Lower Than Thought," *Salt Lake Tribune*, December 19,2007.

70. Lave, "The Mass Transit Panacea and Other Fallacies about Energy. "

71. O'Toole, *Does Rail Transit Save Energy or Reduce Greenhouse Gas Emissions?*, tables 1 and 5.

72. 2004 *Regional Transportation Plan* (Portland, OR: Metro, 2004), p. 5 – 6.

73. Transit's current share of passenger miles is calculated from *Highway Statistics* 2005, table HM72 (with vehicle miles multiplied by 1. 6 to get passenger miles), and 2005 *National Transit Database*, table 19. The increase in transit's share of passenger miles is assumed to be proportional to the increase in transit's share of trips.

74. 2030 *Metro Vision Regional Transportation Plan* (Denver, CO: DRCOG, 2005), p. 113, tinyurl. com/yvqzte.

75. *OKI* 2030 *Regional Transportation Plan* (Cincinnati, OH: Ohio-Kentucky-Indiana Regional Council, 2001), p. 7 – 6.

76. *OKI* 2030 *Regional Transportation Plan* 2004 *Update* (Cincinnati, OH: Ohio-Kentucky-Indiana Regional Council, 2004), p. 8 – 6.

77. Ibid. , p. 8 – 8.

78. *Transportation Redefined II* (St. Louis, MO: East-West Gateway Coordinating Council, 2000), pp. 13,19; *Legacy* 2035 (St. Louis), p. 90.

79. 2006 *Metropolitan Transportation Plan* (Sacramento, CA: SACOG, 2006),
    p. 17.
80. Ibid. , pp. 22 – 23.
81. *Transportation* 2030 *Plan for the San Francisco Bay Area* (Oakland, CA:
    Metropolitan Transportation Commission, 2005), p. 64, www. mtc. ca. gov/
    planning/2030_plan/downloads/final_2030_plan/5-Investments_T2030Plan. pdf.
82. Ibid. , p. 65.
83. 2035 *Metro Vision Regional Transportation Plan* (Denver, CO: DRCOG,
    2007), pp. 20 – 23.
84. 2004 *Regional Transportation Plan* (Portland, OR: Metro, 2004), p. 1 – 1.
85. *Regional Framework Plan* (Portland, OR: Metro, 1997), p. 23.
86. *Southern California Compass Growth Vision Report* (Los Angeles, CA:
    Southern California Association of Governments, 2004), pp. 81,88,91.
87. 2035 *Metro Vision Regional Transportation Plan* (Denver), p. 123; 2004
    Regional Transportation Plan (Portland, OR), p. 5 – 4.
88. *The Relationship between Air Quality and Urban Development Patterns:
    Analysis and Prospectus for Sensitivity Testing* (Denver, CO: DRCOG, 1977),
    pp. 24,26.
89. Ibid. , p. 16.
90. Ibid. , p. 14.
91. *TSM Sensitivity Report: An Analysis of the Potential for Transportation
    System Management Strategies in the Denver Area* (Denver, CO: DRCOG,
    1979), p. ii.
92. *An Evaluation of Designated Regional Activity Centers in the Denver
    Metropolitan Area* (Denver, CO: DRCOG, 1981), p. 1.
93. 2035 *Metro Vision Regional Transportation Plan* (Denver), p. 36.
94. Peter Drucker, *The New Realities* (New York: Harper & Row, 1989), p. 64.

第 9 章　伙计，我的无人驾驶汽车在哪？

　　1939—1940 年的纽约世界博览会向公众承诺了对"未来世界"的窥见。这次世博会中没有什么展览比通用公司赞助的"飞出个未来"更接近这个承诺了。展馆外，每天有 2.8 万人排着长队等着进去参观。一旦进去之后，他们被安排坐在漂浮于 1960 年的遥远美国未来的透视画之中，占地达 3.5 万平方英尺，里面有城市、乡镇、农场、平原、土地和峡谷。模型中有超过 50 万座微型建筑，还有 100 万棵微型树木。

　　这场展出的明星是有数千英里长的"魔法高速路"，以及其上的 1.6 万辆不用遭受延迟或拥堵的微型汽车和卡车模型。尽管有十年的萧条，尽管只有略超过一半的美国家庭有汽车，诸如纽约、芝加哥以及洛杉矶等美国大城市在 1939 年就已身陷交通拥堵。"飞出个未来"所承诺的移动性震惊了近 1,000 万美国人——几乎全国每 10 个人中就有 1 个人——他们见证了它，骄傲地戴上胸章，离开时简单地说道："我已经看到了未来。"

　　飞出个未来很轻松成为了世博会上最受欢迎的展览。很多年之后，曾在九岁的时候看到该展览的作家 E. L. 多克托罗，依然记得飞出个未来的启示："通用汽车把其对我们的期望告诉了我们：我们必须为他们修建公路，使他们能够卖给我们汽车。"[1]

　　事实上，该讯息并没有这么赤裸裸，它甚至都不是来自通用汽车。整个展览是由一位叫诺曼·贝尔·格迪斯的艺术家，早在通用汽车甚至同意赞助它之前，就规划设计了的。

从舞台设计师到公路未来主义者

尽管他尝试把自己定义为和雷蒙德·洛威一类的工业设计师（洛威恰巧是博览会中克莱斯勒的设计师），但是贝尔·格迪斯职业生涯中的大多数是花在舞台设计上的。作为一名舞台设计师，他的目标是让观众们感觉自己也是演出的一部分。例如，有一个产品，他把观众们都震惊了：通过把一家纽约剧院的顶棚变成哥特式教堂主殿的穹顶，且在剧院座椅的地方放上了教堂长椅。[2]

除了设计剧院布置外，贝尔·格迪斯还把自己视为一个未来学家。在 1927 年，他开始设计未来的汽车、轮船、飞机和火车：不仅更漂亮而且更快速的交通工具。"今天，速度是我们这个时代的呐喊，而未来的目标之一是更快的速度。"他在一本叫作《地平线》的书本中发布了很多这样的设计，帮助激发了未来的汽车、火车、飞机和建筑的现代流线型样式。[3]

作为对这本书的回应，壳牌石油公司雇佣贝尔·格迪斯设计一个其所设想的未来城市的模型拿来做宣传。然而，当贝尔·格迪斯与壳牌石油和通用汽车就把这个模型用于 1939 年世博会进行接洽时，他们都没有兴趣。通用汽车公司已经计划复制其在 1933 年芝加哥博览会上的思路，彼时它建造了一条安装生产线以供人们现场参观汽车生产，甚至可以在当天下单即可稍后交付。[4]

贝尔·格迪斯还尝试取得了固特异轮胎公司在世博会中展览的初步兴趣，但是固特异轮胎在世博会开幕之前退出了。绝望之下，贝尔·格迪斯回到了通用汽车公司争论到重复在芝加哥做过的事情无异于承认"过去五年没有任何新理念"。通用公司在世博会开幕前只有 11 个月的时候，给他开了绿灯。[5]

他把自己在舞台设计方面的专业知识带到了飞出个未来中，在乘坐的结尾给了这些参展人员一个大的惊喜：在透视画中的最后一幕中看完一条未来的城市街道之后,肃然起敬的观众们发现自己正处在一个全尺寸版本的街道中,有汽车(自然是由通用汽车制造的)和商店(一般为通用汽车特色产品)。

凭借其柔和的曲线、简单的分级以及能够处理 50 英里每小时的交通的互通,飞出个未来透视画中的高速公路与将于 1960 年建设的州际公路系统有很多相似之处。贝尔·格迪斯在《魔法高速路》(*Magic Motorways*)一书中承认了公共道路管理局的影响。[6]他还准确地预测出了这些公路建造成的一些变化。"出行半径增大,"他写道:"分散的社区开始产生,人口趋势变化。城市倾向于成为工作的中心,乡村区域成为居住的中心。"[7]他对城市的愿景包括分散在景观之上的摩天大楼,比之于市中心——1939 年的中心化城市,更像现今的城市边缘。这些预言终于成真,即便二战把它们推迟了好几年。

然而,贝尔·格迪斯的愿景远远超出了这些简单的预测。他的未来多车道高速公路将配有分开的 100 英里时速、75 英里时速以及 50 英里时速交通流量的车道。每一条车道都将有"一个电导体嵌在路面下,携带的电流产生电磁场"将"控制路面上汽车的速度和行驶路径"。在进入高速公路时,司机们会通过按钮选择他们想要的速度,并把自己汽车的控制权交给公路。[8]

他的未来汽车不仅有能够检测道路电磁场的感应器,还将配备无线电设备,能够不断地把其位置发送给附近的车辆。汽车和卡车将因此能够彼此维持安全距离。由于机器可以比人更快地对流量的变化做出反应,贝尔·格迪斯的魔法高速路能够移动更多的交通流量,而没有拥堵,且几乎绝对安全。贝尔·格迪斯承诺:有了这个系统,"你的孙子孙女将通过由一个按钮所控制的一种新的公路系统和新的汽车,在 24 小时内跨越整个大陆。"[9]

事实上,贝尔·格迪斯提出的电磁场和无线电仅仅是拿来举例。雷达依然是国家机密,激光和计算机处理器甚至在地球上还不存在。然而,贝尔·格迪斯意识到,类似的新技术可以轻易地替代自己的建议。不管最后使用的技术是什么,他的主要论点是,无人驾驶的公路和汽车将会是全国交通未来的下一步。

州际公路系统实现了贝尔·格迪斯的高速公路愿景,而不是他的无人驾驶汽车魔法愿景。其结果是,那些公路中很多都是严重拥堵的,最高时速仍远低于 100 英里每小时,公路技术自 20 世纪 50 年代以来也没有明显进步。飞出个未来应当让我们意识到我们可以做得更好。正如贝尔·格迪斯所写的:"因为今天我们比我们的祖先更加自由地移动,我们有一种忽视事实的倾向,那就是我们的移动应当还可以自由十倍。"[10]

无人驾驶的公路和车辆可以产生巨大的收益,至少等于原先的州际公路系统所产生的收益。首先,从人工控制转到电子控制将会轻易地把现有道路运输交通的能力几乎翻两番。现代高速公路车道以每小时 60 英里的速度移动车辆,每小时不超过 2,200 辆车。通过安全地减少车辆之间的距离,无人驾驶车道每小时相同的速度可以移动至少 8,000 辆车。在大多数城市地区,未来几十年内将几乎不再需要新的公路建设。

再者,因为计算机的反应时间比人要快得多,所以无人驾驶公路将消除那种因一辆汽车减速导致的全线拥堵。一条能够以 60 英里每小时容载 2200 辆车的公路车道,在速度只有 30 英里每小时的情况下可能只能通过1,600辆车每小时。如果该高速公路车道满载,比如说,1,800 辆车每小时且一辆车减速至 30 英里,不妨简单地说,交通将保持在 30 英里每小时——或更少——直到流量跌到低于 1600 辆每小时。[11] 这就是为什么人们经常发现自己身处拥堵中,却又看不到原因。

此外,驾驶员错误导致了大部分致命的公路意外,通过从根本上消除这些错误,这些系统将大大增加公路的安全性。[12] 减少事故将不仅挽救生命,还将节约其他人在可能因事故造成的拥堵里浪费的时间。

通过减少拥堵,无人驾驶汽车将会提高平均城区速度,给予人们接触更多资源的机会。通过提供更精确的驾驶,无人驾驶汽车将会使既有公路上的更高速度成为可能。尽管现在的道路很少有适合贝尔·格迪斯的100英里时速的,但是很多地区的速度可以被提升至超过现今常见的65至75英里每小时限速。

193 无人驾驶系统将通过消除走走停停式的拥堵节约能源。长远来看,无人驾驶汽车将无需增加油耗就可达到更高的速度。今天的汽车被设计用于允许乘客在各种事故情况下存活。但是无人驾驶汽车将可能减少很多事故的发生,使制造商们能够打造更轻,还更安全且更省油的今日汽车。

虽然没有一个系统是完美的,但是一个电子系统出错的概率比依靠人类的系统要低得多。那些经常遭遇电脑桌面系统崩溃的人们可能很难相信这个事实,但是事实就是汽车已经装载了微型处理器控制燃油喷射、自动变速器、巡航控制系统、防抱死制动系统、安全气囊、温度控制、仪表版,以及其他数以千计的功能。这些微处理器是由多达1亿行程序代码控制的——几乎是操作最新的波音787飞机的代码行数的15倍。汽车车主很快就能简便地把他们的车插进一个计算机通讯港口,对其安装软件升级。[13]制造无人驾驶汽车,在很多情况下,将需要安装不多于一两块的传感器以及一个软件。

现今的无人驾驶汽车

贝尔·格迪斯预测,美国人将在1960年之前用上无人驾驶车辆出行。然而,50年后,无人驾驶汽车似乎仍然是来自科幻小说。事实上,正如在第2章里提到的,公路和驾驶技术的进步在20世纪50年代似乎已经终止。

公平地说,自20世纪50年代以来一些公路和铁路技术已经取得了进展,但大多数被导向了安全性、燃油经济性以及动力,而非速度和交通流量。后面两种进展中,大多数也没有普遍引用到能显著提高交通流量和速度。

　　其中一项进步就是电子收费，这是非常的显著，美国现在把它列为过去 25 年中最重要的 25 项发明之一。[14] 如前文所述，电子收费不仅消除了收费站的延误，它还简化了拥堵定价的使用，通行费调整上升以杜绝道路拥堵。虽然迄今超过十几个州使用了电子收费，但拥堵定价只在九个州的十多条公路上使用，还有一些桥梁和隧道，大多数都是在纽约市区域。[15] *194*

　　其他还有一些汽车方面的进展，包括雷达或激光探测汽车周围其他车辆的使用。自适应巡航控制探测前方是否有车辆并自动调整速度，使用油门或刹车，和前车保持一定的安全距离。司机所要做的就是，设定一个最高时速和转向。自适应巡航控制系统，不仅提高了公路安全，还减少了因缓慢的人类反射导致的这类拥堵。明尼苏达大学的交通工程师估计，当路上 20% 的汽车使用自适应巡航控制系统时，拥堵将会显著降低——预计将于 2010 年前实现。[16]

　　日产、本田和丰田公司在自适应巡航控制系统之外，还出售补充配有"车道保持辅助系统"的汽车，以引导汽车在公路上。照相机探测车道的线，汽车保持在线之间。在法律上，司机们必须把双手保持在方向盘上，但是汽车在没有发出变道的信号之前，将会抵制尝试偏离车道的尝试。至少在 2001 年就有了这样的汽车，欧洲是 2004 年，且将于 2010 年进入美国。[17]

　　新车还配有防冲撞系统，使用雷达或激光探测车辆后方或司机的盲区。[18] 大众、雷声及其他几家公司已经采用了这些系统，下一步是开发出可以安全地变换车道的汽车，比如，超过那些缓慢行驶的汽车。[19]

　　还有一些中级技术是在地平线之上的。一个想法是与机动车辆无线通信的智能化十字路口。这种路口可以警告接近的汽车将有车辆穿过其路径，或信号灯要变红或变绿。[20] 电气与电子工程师协会起草了一份车辆间及车辆与交通控制设备间无线通信系统的通信标准。[21] 所有这些技术结合起来——自适应巡航系统、防冲撞、车道保持辅助、以及路口与车辆间的无线通信系统——有效地使主要公路上的无人驾驶汽车成为可能。

尽管实行这些改进的步伐像冰川移动一样慢,现实则是所有贝尔·格迪斯设想的无人驾驶技术现在都是可获得的,且已在实践中成功地展示了。巧合的是,很多成功的范例都是由赞助贝尔·格迪斯的飞出个未来展览的通用汽车公司支持的。

无人驾驶技术的现实示范可以追溯到十年前。在 1997 年,加州先进公交与公路合作会(California PATH)——一个包括加州交通部、加州大学、通用汽车及其他等等的财团——展示了一个正像贝尔·格迪斯所提议的无人驾驶系统。加州交通部在圣地亚哥新建的 15 号州际公路的高承载车道上安装了磁铁。加州先进公交与公路合作会在车道上运行了 8 辆无人驾驶的别克汽车,间隔只有一辆车长,时速 60 英里每小时。每辆汽车可以根据命令改变车道。[22]

先进公交与公路合作会在唐纳山口和其他山路上安装了磁性设备,以便雪犁和最终的除雪自动化作探测用。[23]合作会还在伯克利的一条街道上安装了磁设备,以演示一套无人驾驶巴士系统。[24]服务于伯克利、奥克兰以及阿拉米达县其他地区的 AC 公共交通估计,这一技术可用于快速巴士公交,成本不超过建造轻轨线路的 15%。[25]然而,除了另外几个示范性项目,这一系统还未被应用到日常生活中来。

其他的示范是作为对美国国防部先进研究项目局 X 大奖的回应。在 2004 年,先进研究项目局对在沙漠地区规定导向的无人驾驶汽车展示最好的团队,提供 200 万美元的大奖。没有一个团队是成功的,但在 2005 年,有四支队伍完成了挑战,最终的大奖被一支由大众、英特尔、谷歌及其他公司支持的来自斯坦福大学的队伍获得。[26]

2007 年,先进研究项目局又为另一项更加艰巨的挑战提供了 200 万美元大奖:穿过一片有完整的建筑、街道、交通信号、行人,还有移动的车辆的城市区域。这一挑战由格子呢赛车队获胜,它是由卡耐基梅隆、卡特彼勒、大陆轮胎以及通用公司赞助的。[27]他们使用的车辆配备了十多个传感器,并通过编有 50 多万行代码的微型处理器进行控制。[28]

先进公交与公路合作会和先进研究项目局的展示了说明了两种不同的无人驾驶汽车模型。合作会模型,或许叫做贝尔·格迪斯模型更好,包括修改公路和汽车。正如贝尔·格迪斯所写的,"汽车的自动化控制不能仅仅放在汽车或仅仅在公路上。主要部分将会在汽车上,但它的辅助配件必须在公路上。"[29]

该系统的缺陷在于,只有适当修整过的公路才可以无人驾驶。州交通部门或许会期望车载技术,例如车道保持辅助系统等,将克服在路底下安置磁体的需要。但即便是车道保持辅助系统,也需要维护良好的公路油漆条纹;从长远来看,磁铁可能实际上更便宜。

贝尔·格迪斯模型的优势在于,汽车车主的成本是非常地低。当今建造的汽车已有有自动变速器、电动转向、防抱死制动系统以及自适应巡航控制系统等这些这些技术,这几乎是贝尔·格迪斯的无人驾驶公路所需的全部科技。司机们只需要一个传感器来探测路上的磁铁,一个微型处理器来控制系统,还有软件,以及一种探测其他车辆并与之通信的方法。总之,这些成本应该不超过,比如,廉价的便携式计算机。对车辆进行所有这些或部分技术的改装将会耗费多一些,但在数年之内,这些技术将可被安装到所有的汽车上。

相比之下,项目局模型只需要对公路做很小的调整。与之相反,让汽车无人驾驶的所有硬件和软件都将置于车辆内部。该系统的优势在于,它使得汽车可以在任何街道或公路上行驶。其缺点是,所需设备的成本和所需程序的复杂性将会大得多——正如 11 支团队中只有 6 支团队成功完成了项目局的城市挑战科目,这就是证据。但支持者们认为,传感器、计算机处理器和软件的成本下降得如此之快,因而项目局模型更有意义。

196

在格子呢车队获得项目局的城市挑战赛大奖之后,合作赞助商通用汽车公司预测,无人驾驶汽车将在 2018 年前可得。[30] 这是根据项目局模型;使用贝尔·格迪斯模型的话,无人驾驶汽车可以更快上市。在任何一种模型之下,鉴于对无人驾驶车辆的强大制度障碍,2018 年都是过于乐观的。据通用汽车研究副总裁拉里·伯恩斯称:"政府监管、法律责任以及其他问题,给无人驾驶汽车造成的障碍,比任何其他技术障碍都要多。"[31]

最大的问题可能是先有鸡还是先有蛋问题:如果没有无人驾驶道路的话,谁会买无人驾驶汽车呢?如果没有无人驾驶汽车,又有哪个公路部门会去建设无人驾驶汽车公路呢?尽管这似乎主要是对贝尔·格迪斯模型的阻碍,它甚至对项目局模型也有影响。每个州的法律要求司机全时控制车辆;而无人驾驶汽车将违反这项法律。法律是可以被修改的,但同样,如果没有无人驾驶汽车司机要求这样的修改,哪个州会去修改法律呢?

四种方案

美国汽车车队约每 18 年更新一次。[32] 这意味着,一旦完善了的话,无人汽车在 10 年之内将会在全国占据主导地位,之后不久就可以普及了。大多数读到这本书的人可以在其有生之年见到无人驾驶汽车。但这种进步可能或被政府行为或约束而加速或放缓。这里有四种供无人驾驶汽车克服鸡与鸡蛋及其他问题的方法。

无为模式 (The Do-Nothing Model)

无人驾驶汽车即便没有政府积极推广,最终也会出台。早期的模型将先在私人道路上操作。例如,很多私有林地所有者有自己的道路系统,可以在这些道路上引入无人驾驶汽车,把木材从森林里运到工厂。类似的,无人驾驶客运服务可以在私人体系内开始,例如高尔夫球场和货场。

货运公司可能会向州里提议允许这样的卡车车队:第一辆司机驾驶的

卡车后,后面跟多辆无人驾驶卡车,这可以通过编程实现。无人驾驶巴士最初可能在固定路线行程上工作,例如在机场航站楼和停车场之间。最终,各州将会对无人驾驶汽车在公路或城市街道上合法化。无为模式的缺点是,这可能需要再多花十来年或更久,才能使无人驾驶车辆的全部益处被实现。 *198*

计算机模式（The Computer Model）

无论你是一台苹果电脑、戴尔电脑或其他任何个人电脑品牌的自豪的拥有者,光滑的外壳之内的大部分原件,与任何稍微有一点专业知识的人就可以买到的现成品并把其组装起来的并无两样(而且组装的性价比还会远超任何一个现成的机器)。一台典型的笔记本内部的几乎所有零件,包括处理器、图形芯片、存储芯片、磁盘驱动器、屏幕及键盘,都是使用计算机行业发展起来的硬件与软件标准进行互相之间的通信。

一个包括英特尔、康柏、微软、迪吉多、IBM 以及北方电信在内的协作体,最初研发出标准 USB 端口,现今广泛用于大多数计算机。一个包括苹果、德州仪器、索尼、IBM、DEC 和汤姆森在内的协作体最初设计出某种程度上有竞争性的火线接口。类似的标准支配着电脑内的硬盘驱动器和其他设备之间的通信。无论是谁最初创建了这些通信标准,它们都是带着对各种制造厂商在其产品中使用它们的期望而公开发布的。

制造商团体的计算机模型自愿地开发、共享和集成新技术,为如下几个原因而工作。首先,计算机技术正突飞猛进,用户们愿意每几年就更换一次他们的机器。那些除了在计算机上写字其他什么都不做的人,可能觉得这种报废周期是荒谬的,但那些处理照片、编辑视频、或者从事涉及较多内存及处理器密集的工作的人,期望可以帮助他们更快速完成工作的机器。

其次,个人计算机的很多零件,例如中央处理器和图形处理器,开发虽贵但复制便宜。那些坚持使用专有零件的公司必须自己支付开发费用,而使用现成产品的厂商,可以与其他厂商一起共享成本。例如,苹果电脑曾使用了摩托罗拉的处理器很多年,而其他的个人电脑使用的是英特尔处理器。当有竞争力的芯片的设计成本对苹果的微小市场份额而言太大,这一点变得明显之后,苹果就换成了使用英特尔。

最后,计算机购买者们更喜欢与其他多种产品兼容的型号。很少有人会愿意购买只能使用打印机、照相机和其他的由制造该电脑的同一公司所生产的其他外部设备的计算机。

在任何情况下,无人驾驶汽车的成功采用将需要明晰的行业标准的制定。有几个问题不得不回答:无人驾驶车辆应当遵循贝尔·格迪斯模型,把某种类型的无人驾驶汽车融入到公路中去,还是应当遵循项目局模型,把所有的无人驾驶功能嵌入车辆本身?无人驾驶车辆应当和有人驾驶车辆在相同的道路上行驶呢,还是应当在有人驾驶的车道之外单独设立无人驾驶车道呢?车辆之间和车辆与如交叉路口等的公路功能之间应当采取什么样的通讯呢?无人驾驶车辆发生事故的话,谁应当负责呢:车主还是制造商?

高清电视模式(The HDTV Model)

高清晰度电视背后简短的故事是,联邦通信委员会鼓励电视厂商开发新的标准,然后根据严格的时间表,为把标准落实而扫平道路。这一模式也可以用于公路,让交通部扮演联邦通信委员会的角色,推广无人驾驶标准,然后命令在某一日期之前把这些标准应用到一些或所有公路上。

高清电视背后漫长的历史,使得这个模式少了很多吸引力。与日新月异的计算机技术不同,电视技术的改变很慢,这与联邦通信委员会的政治性质密不可分。例如,哥伦比亚广播公司于 1950 年开始播放彩色节目。[33]然而,又过了 17 年,三家主要电视公司才把其大多数节目用彩色播放。该延迟基本是由于主要的电视公司试图获得对其竞争者的优势,使联邦通信委员会犹豫不决,被政治操纵了。[34]

同样的事情也发生在高清电视上。美国联邦通信委员会在 1987 年尝试引进高清电视,基本的数字高清电视标准成型于 1994 年。[35]但这之后,是 *200* 关于联邦通信委员会分配给电视广播公司的无线电频段的极有价值部分如何最优使用的多年政治辩论和游说。[36]联邦通信委员会的早期目标之一是,在 2002 年 5 月 1 日之前高清电视将完全取代传统的广播。他们错过了这个目标整整 7 年,而计算机行业在 7 年里将有好几代新产品问世了。[37]

不过,欧盟委员会似乎是追随了高清电视模式。它于 2006 年推出了一项智能汽车倡议,旨在为实现智能化汽车扫清障碍。这一举措旨在于相关重要成员之间建立共识,清除法律与制度障碍,并为刺激消费者对新技术的需求。[38]除其他事项外,该项目还把一个无线电频率用于道路安全和交通管理。[39]

手机模式 (The Cell Phone Model)

手机模式是一个混合体。和计算机行业一样,手机技术日新月异,用户们先后购买能够发短信、照相、视频、互联网通信等功能的强大新手机。竞争是手机技术进步的主要推动力,主要在至少五大主要网络公司(AT&T, Nextel, T-Mobile, US Cellular,还有 Verizon)以及很多地方性服务供应商之间。然而,和电视广播一样,手机技术使用的无线电频谱中的份额,使政府依然牵涉其中。不过,迄今为止,手机模式似乎比电视产业的缓慢步伐要优越一点。

四种方案的经验教训

政府对公路垄断,可能是引进新技术的主要障碍。用者付费,比如燃油税是由政治体制设定的,而非由市场决定的。这迫使公路部门手忙脚乱地寻找用于基本维持的资金,而给他们留下很少的资源来考虑未来的创新问题。一条完全私有的公路系统将会在多个目的地之间提供竞争。正如放松管制的铁路推出背负式和集装箱服务等创新以在主要线路上争夺业务一样,私有公路所有者将提供如无人驾驶汽车等创新。

引进新技术以改善我们的交通的需求或许是公路私有化的最大论 *201*

据之一。不幸的是,私有化道路所需的政治努力将需要很长时间,私有化可能不会加快无人驾驶车辆的引进。出于这个原因,第 11 章中的建议专注于一个基于计算机模式的过程,其中各州(作为全国主要道路的拥有者)和汽车制造商设定标准,并尽可能快地引进符合这些标准的汽车。

对无人驾驶汽车的反对

对无人驾驶汽车的主要反对可能是来自同样的反移动性联盟,后者反对今天的汽车。即便无人驾驶汽车是由可再生、无污染的能源驱动的,很多人依然会因无人驾驶会导致道路扩张。

无人驾驶公路运载的交通可能会达到有人驾驶公路的四倍之多。然而,反对者们会声称,这些额外的容量将很快被引诱驾车更多的人群塞满。正如第 6 章中指出的,所谓的"诱发需求"更准确的说,应该是"被抑制的需求"。只要人们愿意支付成本,任何增加移动性的东西都应当被认为是好的,而非坏的。

毫无疑问,无人驾驶汽车将有助于城市区域的进一步去中心化,也就是"扩张"。问题是,这有什么错呢?去中心化的反对者们认为,美国人是被误导性政府政策强迫扩张的,例如联邦住房管理局的内城社区"红线",或者说他们是由政府对道路和其他基础设施的补贴鼓励才去进行扩张的。上述任一情况下的处理方法都应该是改善这些政策,而不是通过严厉的土地使用管制和反移动性规划来禁止扩张。

无人驾驶车辆和无人驾驶公路代表了下一代移动性革命。和以前的革命一样,从蒸汽轮船和运河到汽车,无人驾驶革命很可能产生巨大的经济、社会和个人利益。而且,和汽车一样,而不是和铁路等之前的改革那样,那些收益很可能被在美国的每一个人所共享。现在的问题不是是否应当推广无人驾驶车辆,而是什么样的政策将会使无人驾驶技术最快的、最广泛地被采用。

202

注释：

1. E. L. Doctorow, *World's Fair* (New York: Random House, 1985).

2. RolandMarchand, "The Designers Go to the Fair, II: Norman Bel Geddes, The General Motors 'Futurama,' and the Visit to the Factory Transformed," in *Design History: An Anthology*, ed. Dennis P. Doordan (Cambridge, MA: MIT Press, 1995), p. 111.

3. Norman Bel Geddes, *Horizons* (Boston: Little, Brown, 1932), p. 5.

4. Marchand, "The Designers Go to the Fair, II," pp. 107 – 8.

5. Ibid. , p. 109.

6. Norman Bel Geddes, *Magic Motorways* (New York: Random House, 1940), p. ii.

7. Ibid. , p. 288.

8. Ibid. , pp. 73 – 75.

9. Ibid. , cover.

10. Ibid. , p. 10.

11. *Performance Audit Report: Managing and Reducing Congestion in Puget Sound* (Olympia, WA: Washington State Auditor, 2007), p. 10.

12. *Addressing the Safety Issues Related to Younger and Older Drivers* (Washington: National Highway Traffic Safety Administration, 1993), figure 16, tinyurl. com/9dngro.

13. Robert N. Charette, "This Car Runs on Code," *IEEE Spectrum*, February 2009, tinyurl. com/apd5lq.

14. "25 Years of 'Eureka' Moments," *USAToday*, May20, 2007, tinyurl. com/8zedm5.

15. "Congestion Pricing/Variable Tolls," *Tollroads News*, January 30, 2009, tinyurl. com/de6yv3.

16. Xi Zou, "Simulation and Analysis of Mixed Adaptive Cruise Control/Manual Traffic," thesis submitted to the University of Minnesota, Minneapolis, MN, March 2001, rational. ce. umn. edu/Theses/XiZou_Thesis. pdf.

17. "Nissan Demos New Lane Keeping Products," *IVSource*, February 12, 2001, tinyurl. com/os335p.

18. Mark Arnold, "Ford Introduces New Blind-Spot System," *Jalopnik*, April 9, 2008, tinyurl. com/dbwxx6; "Collision Free Cars Are Coming," *The Future of*

Things, October 15,2008, tinyurl. com/dkogj2.

19. Terri O'Connor, "Lane Change Aid," *ITS Decision*, April 19, 2004, tinyurl. com/qd8rnn.

20. Mike Schagrin, *Cooperative Intersection Vehicle Avoidance System Initiative* (Washington: Department of Transportation, 2004), tinyurl. com/73n8ov.

21. Lee Armstrong, "IEEE P802. 11 Task Group P Meeting Update," IEEE, 2008, tinyurl. com/az2agc.

22. "1. Demo'97 in San Diego, California," *Vehicle Demonstrations*, PATH, 2004, tinyurl. com/caj3wo.

23. Han-Shue Tan, "Automated Rotary Plow Demonstration," in *California PATH Annual Report* 2003 (Richmond, CA: PATH, 2004), p. 18.

24. Denis Cuff, "Bus of Future Rolled Out for First Test Drive," *Oakland Tribune*, September 5,2008, tinyurl. com/ld8u2f.

25. Sarah Yang, "Researchers Showcase Automated Bus That Uses Magnets to Steer through City Streets," *UC Berkeley News*, September 5, 2008, tinyurl. com/7jf54u.

26. Stefanie Olsen, "Stanford Wins MYM2 Million in Robotic Car Race," CNET News, October 9,2005, tinyurl. com/n8mt43.

27. "Carnegie Mellon Tartan Racing Wins MYM2 Million DARPA Urban Challenge," Carnegie Mellon, 2007, tinyurl. com/bubjdg.

28. "Technology," Carnegie Mellon Tartan Racing, 2007, tinyurl. com/bcgz92.

29. Bel Geddes, *Magic Motorways*, pp. 75 – 76.

30. Chuck Squatriglia, "GM Says Driverless Cars Could Be on the Road by 2018," Associated Press, January 7,2008, tinyurl. com/7njotq.

31. Ibid.

32. *National Transportation Statistics* (Washington: Bureau of Transportation Statistics, 2009 online update), table 1 – 25, tinyurl. com/5oszkn.

33. "You Can See the Blood on Color Video," *Washington Post*, January 15,1950, p. L1.

34. "Wired, Zapped, and Beamed, 1960s through 1980s," in *Communications History* (Washington: Federal Communications Commission, 2005), tinyurl. com/dbwox4.

35. Salvador Alvarez et al. , *HDTV: The Engineering History* (Cambridge, MA:

MIT，1999)，p. 11，tinyurl. com/aysf6k.

36. Charles Platt，"The Great HDTV Swindle," *Wired*，February 1997，tinyurl. com/cky9t5.

37. Adam D. Thierer，"The HDTV Transition: What Went Wrong?" Cato Institute，May 1,2002，tinyurl. com/c8vos5.

38. "Towards Smarter, Safer and Cleaner Cars," i2010 Intelligent Car Initiative，European Commission，2007，tinyurl. com/73lny9.

39. "Cars That Talk: Commission Earmarks Single Radio Frequency for Road Safety and Traffic Management," *Europa* (Brussels: European Commission，2008)，tinyurl. com/9hd6or.

第 10 章　改革联邦交通政策

　　交通运输一度只在联邦预算中占很微不足道的一部分,现在则每年花费 700 亿美元。这让它成为继国防开支之后最大的可自由支配资源,也解释了为什么众议院交通委员会是国会历史上最大的委员会。[1]交通运输专项拨款在 1980 年之前不存在,而在 2005 年则多达 7000 多项,总金额超过 240 亿美元(于 5 年内使用),给了不同的利益集团 240 亿个理由来感谢他们的参、众议员。

　　2007 年,交通运输部花费了约 660 亿美元。其中略超过一半,约 380 亿美元,流向了公路,而这其中大部分是给各州和都市区的。[2]此外,其他几个联邦机构,如内务部(林务局隶属于此),对其领地之上的道路有专属预算。联邦紧急事务管理署在自然灾害之后也花钱修复道路。

　　交通运输的下一块最大开支,略少于 150 亿美元,流向了美国联邦航空管理局。这其中大多数是花在了空中交通管制上,但在 2007 年约有 35 亿美元用在了机场改进拨款上。[3]

　　交通运输部预算的第三块较大的项目是每年给公共交通的 100 亿美元。[4]与公路资金一样,这笔钱的大部分是通过联邦公共交通管理局,以拨款或国会分派公式的方式,转到各地方公共交通部门。美铁不属于交通运输部,每年也通常收到 15 亿美元的联邦资金。

　　联邦铁路管理局是交通部里下一个较大的部门,每年约有 15 亿美元

的预算。铁路管理局监控铁路安全、管理贷款及拨款(主要是短程铁路)，　*204*
并监督联邦政府的高速铁路项目。

交通运输部还包括处理海事问题、管道、科研、圣劳伦斯航道以及各
种其他项目的各部门。这些部门没有一个是年开支超过 3 亿美元，且这
些部门加在一块年开支也不足 10 亿美元。[5]

2009 年经济刺激法案把该年的交通支出翻了一番。该法案给交通
分配了约 520 亿美元，包括给公路的 275 亿美元，给公共交通的 84 亿美
元，给高速铁路的 80 亿美元，给水路的 45 亿美元，给美铁的 13 亿美元，
给机场的 11 亿美元，还有州里可花费在公路、公交或港口上的 15 亿美
元。[6]该刺激法案把公交-公路资金中用于公交的比例，从历史水平的
15.5％增加到了 22.5％。这可能预示着，很多国会议员在即将到来的立
法中增加公共交通份额的期望。

让交通运输变得对国会议员们具有如此吸引力的，是几乎所有的公
路、公交资金和大量的铁路、航空资金，它们包含着给各州和各都市区的
补助金。正如第 7 章中所指出的，这笔钱被分为专项拨款、竞争性拨款和
公式拨款。因此，国会议员们可以把经费调拨给具体的项目，对机构游说
以把竞争性拨款流向他们的州或区域，并对分配给州和都市区拨款的公
式不断地修修补补。所有的这些任务，把本该由使用者们对其最需要分
东西付费的简单过程，变得政治化了。

替代方案

为什么联邦政府要掺和到交通运输中来？仍然是一个悬而未决的问
题。有了可能的航空管事和海事工作方面的例外，交通部处理的几乎所
有的事情，都可以由州或地方委员会处理得差不多，或者更好。至于空中
交通管制，至少有 17 个国家，包括澳大利亚、加拿大、德国、爱尔兰和瑞
士，已经通过某种形式的私有化改善了它们的空中交通管制。[7]

联邦政府参与公路和运输真的就是一个大骗局。各州收集燃油税，　*205*

把它们交给联邦政府,联邦政府再使用政治驱动的公式,把它们重新分配下去。一些州和都市区是"接受者",意味着它们接受了比其上缴得更多的联邦燃油税。其他的则是"捐赠者",意味着它们接受了比其上缴得更少的联邦燃油税。就公路而言,接受者州往往有着较低的人口密度,而捐赠者州有着较高的人口密度。公共交通账户某种程度上纠正了这一不平衡,通过向城市区域投钱修建轨道公交,这往往是人口密集的区域。

现在的问题是,为什么这个再分配是有必要的?当国会 1956 年创建州际公路系统的时候,这是有点意义的:像怀俄明州和南达科他州等州,有一段时间可能通过其燃油税收入很难支付州际公路系统中它们的部分。但是,现代收费系统允许使用者们直接为其使用的道路付费。联邦参与只会削弱用户和交通提供商之间的联系。

当国会于 2004 年和 2005 年考虑对联邦地表交通项目进行重新授权时,一小部分议员提议逐步取消国会对交通的参与。2003 年,众议员杰夫·弗莱克(Jeff Flake, R-AZ,亚利桑那)提出,把联邦燃油税从 18.4 美分每加仑,逐步降低至 2 美分每加仑,并仅把其用于维护州际公路系统。[8]2005 年,众议员斯科特·加勒特(Scott Garrett, R-NJ,新泽西)呼吁允许各州退出联邦燃油税,且可以保留它们要交给华盛顿的燃油使用者支付的费用。[9]

这些都是值得称道的提议,但是他们只得到了一小部分参众议员的支持。政治变革通常是增量的。在这种观念的精神下,我提出以下提议,以改善联邦交通项目,且不要阻拦如弗莱克或加勒特等人提出的更具革命性变化的选项。

提议

1. 基于使用者付费、人口和土地面积分派资金

正如第 7 章中所述,复杂的公式把大多数联邦地面交通资金至少分

派进三十多个不同的账户。这些晦涩难懂的公式,来自试图找到在模式

和地理区域间对收入进行"公平"分配的政治辩论和协商。但结果,可能是不公平的,且肯定不是有效率的。目前的公路公式可能是不公平的,因为它们从人口密集的州("捐赠州")收取资金,然后把它分配给人口稀少的州("接受州")。公共交通公式效率不高,因为它们对修建或维持高成本的轨道公交系统的公交部门进行奖励,却对专注于低成本巴士系统的部门进行惩罚。

这些复杂的公式应当由一个简单的公式所取代,后者不规定资金该如何花。与之相反,它应该根据简单的措施,如人口、土地面积以及各州收集的交通使用者付费,对各州进行资金分配。让使用者付费成为公式的一个突出部分,将激励各州和都市区的规划师们,向那些可以通过其使用者付费覆盖大部分或全部费用的交通项目。这还将阻止他们依赖一般的税收来为交通项目付费,因为——与使用者付费不同——这些税收不会有联邦资金相配套。

公式中包括的使用者付费将有:汽油税、机动车辆登记费、重量里程税、过路费、公共交通费以及其他由交通部门收集并用于交通的费用。它们将不包括任何花在非交通项目上的汽油税或其他费用。而且,再次强调,这些公式将不包括一般的销售税、房产税或收入税等州和地方政府可能拨款给交通的税收。

当前分配公路资金的公式使用例如车道里程、车辆里程和每个州公路上柴油使用比(这显然是卡车流量的代理)等因素。这些都不是真正的目标,且可以看作是产生了不正当的激励,比如,建造过多车道里程的道路。人口(交通网络要服务的人群)、土地面积(服务的地区)、以及使用者付费(代表人们重视交通的程度),都是避免类似不正当激励的更佳因素。

有一个公式,把这些资金中 50％基于使用者付费、45％基于人口、还有 5％基于土地面积分配,可产生与现行分配相近的结果。该公式的主要输家,将会是那些因为低燃油税或其他因素而不征收使用者付费的州。比如,最大的输家将会是怀俄明州和佐治亚州,它们有着全国最低的燃油

207

税率,分别为 14 美分和 8 美分每加仑。[10]怀俄明州贡献了所有联邦公路税中的 0.5%,但只收集了州和地方使用者付费的 0.2%,所以它的联邦资金份额将会下降 55%。佐治亚州贡献了所有联邦公路税中的 3.9%,但只收集了州和地方使用者付费的 1.2%,所以它的联邦资金份额将会下降 41%。[11]

这些州和其他州可以通过增加其燃油税或其他交通使用者付费,来增加它们的联邦资金份额。这将导致一场"争先竞赛",各州和地方区域越来越依靠使用者付费来支付交通设施,而不是销售税、产权税、或其他一般的税种。

除了该分配公式,国会可能会基于人口、使用者付费或其他标准,指导各州把其一定比例的资金分配给城市地区。国会还可以限制联邦配套资金不超过一个固定数额——比如说 50%——对任何资本项目都是(固定金额对所有类型的项目应当是一样的)。除这些规定和下面的提议 2 中的成本效益标准之外,国会还应当就资金该如何使用保持最低的具体化。

2. 要求短期规划是有效率的或具有成本效益

与电力和电话服务一样,交通也是一项公共事业,且也应当表现得像一项公共事业。电力和电话公司不用担心它们对城市扩张或宜居社区投资的效果。相反,他们为任何愿意付费的人提供服务。尽管它们有长期规划,但其规划视野往往是短期的,它们的规划是灵活的,且往往能够针对新技术、新口味或新需求做出改变。

电力短缺是罕见的,而电话用户也很难收到一条"全线繁忙"的消息。然而,城市道路拥堵每年耗资数百亿美元。拥堵正不断加重,已经变得司空见惯,以至于美国人都没有注意到它。在所有的公共事业中交通拥堵是个例外而非是常态。拥堵部分地是由于交通规划更多关注于获取经济发展中的联邦和其他税款以及特定的利益集团,而非关注于提供有效的交通运输。

208 正如第 8 章所述,除了强制规定长期计划,国会现今还要求各州和大都市区制定短期交通规划,称之为交通改善规划(TIPs)。这样的短期规划可以克服长期规划中的很多缺陷,无需预测在遥远将来的人口、成本或出行需求。国会应当规定短期规划必须着眼于一些可量化的变量,主要是安全性和拥堵,可能的话还有空气污染和/或能源效率。当受限于这些变量的时候,规划师们可以把前述的合理规划方法应用到区域性的交通决策上。

然而,目前的法律中很少包含交通改善规划的有效性或有成本效益(见第三章中效率和成本效益之间的区别)的要求。要纠正这个缺陷,国会应该要求各州和都市区遵循如下四个步骤:

(1)交通改善规划应当确定目标是真正的输出。美国国会可能想要指定特定的目标,包括安全性、拥堵缓解、洁净空气(在不达标的区域)以及能源效益。在任何情况下,目标都不应当包括诸如减少驾驶里程、增加人口密度或人均公交乘坐量等的因素,因为这些仅仅输出导向目标的手段。

(2)交通改善规划确定所有可能的可以实现至少一个目标的交通项目。

(3)交通改善规划应当对所有的这些项目,根据它们实现每一个目标的成本效益进行排名。排名应该把每个项目分摊的建设成本和运营成本都考虑进去,包括美元、能源以及其他成本。在可用资金的范围之内,那些满足每一个目标的最具成本效益的项目,都应该在规划中包括一个替代方案。

(4)给定这些替代方案后,交通改善规划应当定义一个首选方案,该方案可以实现所有这些目标的某种恰当的加权平均。

3. 创建一个市民执行过程,以保证效率和成本效益

证明交通改善规划是有效率或具有成本效益的这种责任国会应该把它扔给那些制定规划的州交通部门或都市规划组织。为了履行这方面的负担,同时阻止州和都会区规划师们对偏向某些政治上讨好的项目,运输

209

部长应当创建一个申诉过程,市民们可以要求部长审查和否决那些可能没有效率或成本效益的规划。

市民们可以质疑规化,基于该规化不够全面和欠缺考虑,因为他们选择了一个在不具成本效益的项目或替代方案来达到目标,或者因为他们捏造了数据以使一个实际上不具成本效益的项目看起来具有成本效益。规划不具成本效益的各州或城市区域,其联邦资金的份额将会被否决,直到其项目具有成本效益。

类似的上诉程序在很多其他部门已经有了。例如,林务局允许市民们对其规划提起诉讼,内务部有一个土地上诉委员会。这些上诉过程提供了一个低成本解决争端和确保地方官员遵守国家法律和政策的方式。交通运输部上诉过程的独特之处在于,其将关注于能源效率,而这在其他大多数部门还未成为一个强制性标准。

不满意部长决策的市民们可以把规划告上法庭。由于效率和成本效益标准是清晰的和易量化的,应该需要最小的诉讼来设定州和都市交通部门必须遵循的标准。一旦这些标准被设定了,各部门将有动力来达到这些标准,以避免其规划被交通部长推翻。

4. 消除长期交通规划

国会如今要求各州和都市区制定并定期更新长期(20 年或更长)交通规划。[12]然而,正如第 8 章披露的,这些规划实际上弊大于利。没有人可以预测从现在开始的 5 年后的交通需求,更不用说 20 年了。然而,一旦制定了,规划经常被政治捆绑了,而不管实际需求或事情如何变化。

例如,作为所有丹佛地方政府的政治交易的一部分,丹佛制定了一项交通规划,包括建造一条至遥远的朗蒙特郊区的通勤铁路线。当该规划被制定之时,规划师们估计在该线路上运送乘客的每次出行将耗资 16 美元。自那时起,预算成本已经增长了 59%,而预计乘坐率已经下跌了45%。现在,该线预计每趟出行将耗资 60 美元。[13]然而无论是丹佛的公交部门或都市规划组织,都没有认真地考虑不再修建这条线路。

既然没有人能够准确地预测未来,国会就不应当要求各州和都市规划组织假装它们能够预测。国会还应该消除至少有 1.5% 的联邦交通资金用在规划上的要求。除了在提议 2 中列出的步骤,国会也不应该指定任何详细的规划过程,例如公共参与或洁净空气的一致性。

5. 允许道路通行费的无限制使用

随着汽车变得越来越具有成本效益,且替代燃料变得可得,燃油税作为一个增加交通资金的方式,正越来越无效。从长远来看,收费是一个为道路付费的更佳方式,尤其是为那些可能变得拥堵的道路。

当国会在 1956 年首次创建州际公路系统的时候,因为收费站所导致的拥堵和延迟,它拒绝把通行费作为支付道路的一种方式。如今的电子收费系统,包括对车辆的车牌自动记录,而无需收费应答,就消除了这种异议。过路费对燃油税有一项附加优点,因为前者可以根据道路的实际成本和交通流量调整,从而使出行高峰和低谷平滑,进而消除拥堵。

尽管国会已经取消了对通行费的绝对禁止,现行法律仍然含有几条反对通行费的限制。例如,美国第 23 法案第 129 章,授权了数量有限的收费项目。除此之外,美国第 301 法案要求所有的其他联邦出资的道路为"免通行费"。这些限制和约束应当被取消。

6. 消除洁净空气命令

当国会在 1970 年通过《洁净空气法案》(Clean Air Act)时,大部分城市地区的空气质量是一个严重的问题,且汽车是造成问题的主因。洁净空气法案对汽车制造商设计更洁净汽车的要求已经在很大程度上消除了大多数城市地区的空气污染问题。[14]与此同时,通过让人们减少驾驶以减少空气污染的努力,基本是不成功的。[15]

211

尽管结果如此,《1990 年洁净空气法修正案》(Clean Air Act Amendments of 1990)与 1991 年交通重新授权法(1991 transportation reauthorization law)一起,"毫无疑问地把空气质量变成全国地面交通运输方案的首要目标"。[16]然而,因为它们专注于旨在减少人均驾驶的无效率的行为控制,该法中的很多清洁空气要求都不符合成本效益。有一些要求,例如对拥堵地区增加公路容量的限制,其实是适得其反的,因为新的容量能够减少汽车在拥堵情况下造成的污染。

虽然清洁空气应当保持作为短期交通规划中的一个重要的成本效益目标,正如在提议 2 中描述的那样,但其不应当成为绝对目标。国会也不应该出台在清洁空气时可能并不符合成本效益或没有效率的解决方案。

7. 避免专项拨款

国会没有调拨任何的交通运输资金,直到 1982 年的重新授权,其包括了 10 项专项拨款。从那时起,专项拨款已经指数级地增加到了 2005 年的 7000 项。[17]有些明显是效率不高的,因为他们甚至都不是用在交通运输用途上的。例如,2005 年重新授权中的有 30 项拨款是用于各种国家公园和其他公共土地上的游客中心。其中只有少部分涉及到交通,但很多则没有。

除此之外,专项拨款几乎都被定义为效率不高的,因为如果它们是有效率的,它们就会被任何有效率的规划系统资助,就不需要拨款了。国会的一些议员或许会争论称,当前的交通规划体系是无效率的,而拨款旨在克服效率的缺乏。但是设置专项拨款其实是阻碍,还不如考虑让这个交通规化体系更高效。

8. 消除公交法中的员工保护安排

城市公众交通是全国交通系统中表现最糟糕的,也是最无效率的部分。自 1964 年始,那时国会第一次通过了《城市公众交通法》(Urban Mass Transportation Act),公交成本上升得比收入和乘坐量都要远远快得多。这标志着生产率的大幅下降。

"在任何行业找到类似的生产率快速下跌都是十分罕见的。"加州大学经济学家查尔斯·莱夫于 1994 年写道。"如果公交效率自 1964 年以来就只是一直不变的话,"莱夫写道,1985 年的"总运营成本将会至少低40%",这一年是他所拥有数据的最后一年。[18]到 2006 年,每趟出行的运

营成本是 1964 年的 2.3 倍之多(经通胀调整之后),而平均票价却下降了
24%。[19]所有的这些额外成本都来自纳税人的口袋。

由于生产率的这种下降,公共交通成为美国最昂贵的出行方式。在
2006 年,美国的每位乘客每飞行一英里花费 13 美分,每驾车一英里为 23
美分,美铁为 56 美分,但他们在公共交通上每英里为 85 美分。使用者们
支付了飞行和驾车的几乎全部费用,而只支付了美铁成本的 60%,纳税
人对公共交通成本补贴了超过 70%。[20]

公共交通生产率损失的一个原因是,联邦公交资金中缺乏对成本效
益的要求。与此相反,该资金中的很多部分,例如新起点基金,是按先到
先得分配的,这实际上鼓励公交部门提出高成本的项目,而不是成本效益
的项目。关于成本效益的提议 2 和 3 可以解决这个问题。

然而,另一个生产率下降的原因是,联邦公共交通法中的"员工保护"
要求。[21]该条款有效地给了公共交通工会对任何对公交部门联邦拨款去
向的否决权,迫使相关部门同意工会的要求。

公交部门可以提升生产率的一个方法是,把公交服务承包给私人运
营商,例如第一公交(First Transit)和驿马(Stagecoach)。例如,丹佛把
一半的巴士路线承包出去,且每巴士英里支付给承包商的费用只有它自
己直接运营路线上的 53%。[22]

鉴于这种成本优势,现在运营自有线路的公交部门通过承包出去,在
不给纳税人增加额外费用的情况下,可以为公交乘坐者提供几乎双倍服
务。尽管如此,在 2007 年,92%的公交乘客是由直接运营的服务运载
的。[23]其原因是,工会反对承包服务,因为承包的企业往往是不属于工会
的。大多数承包是在那些公共交通传统上还未加入工会的地区,例如凤
凰城和拉斯维加斯。丹佛把一半的服务承包出去只是因为科罗拉多立法
部门要求它这么做,这是一项工会想要改变的法律。[24]

其结果是,几乎其他每一个行业的劳动生产率都在稳步上升,而公共
交通的劳动生产率——每位员工运载的出行数——在 1990 年至 2006 年

213

之间每年下降超过 1%。[25] 成本效益要求与废除雇员保护结合起来，将有助于公交部门扭转这种下滑。

　　9. 私有化空中交通管制和结束机场补贴

　　使用者付费应当很容易支付机场和空中交通管制的成本。机场补贴的主要原因是希望其可以促进经济发展。然而，从联邦的角度来看，这是一个零和博弈，因为吸引经济发展至某个城镇的补贴，有效地把发展引离了另一个城镇。如前所述，空中交通管制已在至少 17 个国家被以这样或那样的方式私有化了，而美国应该效仿。

注释：

1. Brian Reidl, fellow in federal budgetary affairs, The Heritage Foundation, "Discretionary Spending Trends: Past, Present, and Future," testimony before the House Budget Committee, February 16, 2006, p. 6, tinyurl. com/p2wr3v.

2. *Fiscal Year* 2009 *Budget in Brief* (Washington: Department of Transportation, 2008), p. 74.

3. *Budget in Brief Fiscal Year* 2009 (Washington: Federal Aviation Administration, 2008), p. 11.

4. *Fiscal Year* 2009 *Budget in Brief*, p. 74.

5. Ibid.

6. "Federal Economic Stimulus — Information by Transportation Mode," Florida Department of Transportation, 2009, tinyurl. com/p5j2hk.

7. Eamonn Butler and Keith Boyfield, *Around the World in* 80 *Ideas* (London: Adam Smith Institute, 2001), chapter 23, tinyurl. com/bt5m63.

8. Ronald Utt, "Proposal to Turn the Federal Highway Program Back to the States Would Relieve Traffic Congestion," The Heritage Foundation Backgrounder no. 1709, November 21, 2003, tinyurl. com/alcyxw.

9. Ira Carnahan, "Let States Keep Their Gas Taxes," *Forbes*, August 3, 2005, tinyurl. com/d25jen.

10. *HighwayStatistics* 2006, table MF-121T.

11. Ibid. , tables DF, FE-9, and LGF-21.

12. U. S. Code 23 § 134(i), U. S. Code 23 § 135(f), U. S. Code 49 § 5304(f),

U. S. Code 49 § 5303(i).

13. *Review of FasTracks Options and Additional Analysis* (Denver, CO: RTD, 2008), p. 7, tinyurl. com/63aj2j.

14. Joel Schwartz, "Clearing the Air," *PERC Reports* 26, no. 1 (Spring 2008):12 – 15, tinyurl. com/669ngv.

15. Arnold M. Howitt and Alan Altschuler, "The Politics of Controlling Auto Air Pollution," in *Essays in Transportation Economics and Policy: A Handbook in Honor of John R. Meyer*, ed. J. Gomez-Ibanez, W. B. Tye, and C. Winston (Washington: National Academy Press, 1999), p. 225.

16. Ibid. , p. 241.

17. Utt, *A Primer on Lobbyists, Earmarks, and Congressional Reform*.

18. Charles Lave, "It Wasn't Supposed to Turn out Like This: Federal Subsidies and Declining Transit Productivity," *Access* 5 (Fall 1994):21.

19. 2008 *Public Transportation Fact Book*, tables 5 and 46.

20. *National Transportation Statistics* (2008), tables 1 – 37, 3 – 07, and 3 – 16; 2006 *National Transit Database*, spreadsheets "capital use" and "operating expenses"; *National Economic Accounts* (Washington: Bureau of Economic Analysis, 2008), table 2. 5. 5; 2006 *Annual Report* (Washington: Amtrak, 2007), p. 20.

21. U. S. Code 49 § 5333(b).

22. 2007 *National Transit Database*, spreadsheets "operating expenses" and "service."

23. Ibid. , spreadsheet "service."

24. Kevin Flynn, "Union Aims to Nix Mandated Level of RTD Contractors," *Rocky Mountain News*, February 7, 2007, tinyurl. com/8aohrq.

25. 2006 *Public Transportation Fact Book* (Washington: American Public Transportation Association, 2006), tables 7 and 23; 2008 *Public Transportation Fact Book*, tables 5 and 23.

第 11 章　州和地方交通政策

在 2006 年,马萨诸塞州把超过三分之二的州燃油税和机动车辆注册费用在了公众交通上。康涅狄格州、马里兰州、新泽西州、纽约州也把这些收费中的超过 30％用在了公共交通上,而新墨西哥州和罗得岛州也花了超过 20％。[1]德克萨斯州把其大部分燃油税和车辆费用在了非交通项目上,而加利福尼亚州、佐治亚州、新墨西哥州、俄克拉荷马州、罗得岛州、南达科他州,以及佛蒙特州都把公路使用者付费的 20％—35％用在了非交通运输项目上。[2]

对于这种分配,高速公路通行费似乎比燃油税和车辆费更可靠一点。只有加利福尼亚州、马里兰州和纽约州,把通行费收入中比较显著的份额用在了非公路项目上:加州和马里兰州是 30％—35％,纽约州是 19％,宾夕法尼亚州是 8％,马萨诸塞州是 6％。[3]这部分地是因为很多州的收费机关是完全自负盈亏的,且是独立于州交通部门的。

把燃油税、车辆费、过路费以及其他使用者费用都算进来,在 2006年,各州转移了大约 127 亿美元到公众交通或非交通项目,就是 17％的公路使用者付费。这笔数额的大部分是由加利福尼亚州、纽约州和德克萨斯州转移的。[4]但是,与此同时,各州调拨了 98 亿美元的一般性资金至公路,意味着公路使用者们净损失了它们支付的 735 亿美元使用者付费中的 29 亿美元。[5]在 27 个州与哥伦比亚特区中,花在道路上的税收超过了转移分配。

　　为什么州立法机关玩这个把戏，一只手把公路资金中的钱拿出来，一只手又放回去呢？公路有着相对稳定和显然充足的资金来源的事实，招致了其他项目的羡慕嫉妒恨，比如公共交通部门，它们要求其交通资金的"公平份额"。这样的转移是紧随公路部门的请求之后的，它们称道路正在恶化，并要求更多的资金。立法者们在通过转移资金而取悦特殊利益集团时，以及用一般税收中对那些转移资金配套补充时，都能获得权力。 *216*

　　县和市道路部门更加糟糕，因为大多数并不征收燃油税或其他使用者付费。正如表11.1所示，一些州把公路使用者付费中一个相当高的比例与其地方政府共享，而其他的州把几乎所有的使用者付费都留给自己。少数地方政府征收燃油税、过路费和其他使用者付费，但在每一个州里，花在地方道路上的一般资金都超过了那些使用者付费。一小部分征收使用者费用的地方政府，把那些费用中的很大份额，用在了公众交通或其他非公路用途上。

表 11.1　2006 年州公路使用者付费处置（百分比） *217*

州	州道路	地方道路	公共交通	一般资金
阿拉巴马	56	39	0	0
阿拉斯加	89	0	0	0
亚利桑那	49	47	0	2
阿肯色	67	28	0	2
加利福尼亚	50	17	0	28
科罗拉多	80	16	3	0
康涅狄格	60	4	30	0
特拉华	98	0	0	0
佛罗里达	92	5	0	3
佐治亚	59	11	1	22

交通困局

州	州道路	地方道路	公共交通	一般资金
夏威夷	55	10	1	32
爱达荷	50	43	0	1
伊利诺伊	68	26	0	0
印第安纳	34	54	0	0
爱荷华	26	65	2	0
堪萨斯	54	37	0	2
肯塔基	78	21	0	0
路易斯安那	99	1	0	0
缅因	86	6	0	0
马里兰	30	22	32	9
马萨诸塞	38	0	53	1
密歇根	37	51	5	1
明尼苏达	54	43	0	0
密西西比	53	41	0	6
密苏里	77	22	0	0
蒙大拿	38	37	1	14
内布拉斯加	35	59	0	0
内华达	60	24	0	2
新罕布什尔	81	10	0	0
新泽西	73	4	18	3
新墨西哥	37	18	22	20
纽约	63	6	26	1
北卡罗来纳	76	6	4	12
北达科他	43	50	3	1

（续表）

州	州道路	地方道路	公共交通	一般资金
俄亥俄	50	43	0	1
俄克拉何马	62	3	0	30
俄勒冈	73	11	3	2
宾夕法尼亚	90	6	1	1
罗得岛	46	3	20	24
南卡罗来纳	65	10	1	18
南达科他	63	1	0	27
田纳西	61	23	3	8
德克萨斯	41	3	1	52
犹他	75	19	0	1
佛蒙特	40	24	0	35
弗吉尼亚	69	19	4	2
华盛顿州	52	37	2	2
华盛顿特区	0	78	11	0
西弗吉尼亚	95	0	0	2
威斯康星	45	40	8	3
怀俄明	77	18	0	0
总计	60	19	6	12

来源:《2006 年公路统计》(华盛顿:联邦公路管理局,2007),表 SDF。

注:公路总收入的分配,包括燃油税、车辆费和过路费。大多数州的总数加起来不足 100%;差额是征收开支。

例如,纽约市从三区大桥的通行费中拿出过半,以补贴该地区的公共交通系统。[6]布里瓦德、布劳沃德、杜瓦尔和迈阿密–戴德县的地方燃油税的很大一块被用于补贴佛罗里达公共交通系统。[7]当然,类似的转移仅仅是要求更多的地方税收用在道路上。

交通困局

表11.2显示,在2006年,一般税收中有425亿美元用在道路上,其中大多数(310亿美元)是由地方政府支出的,而非是由州或联邦政府支出的。这些税收中,仅有186亿被转移至其他用途,由公路使用者付费部分地补偿了。总的开支超出总使用者付费近400亿美元(其中近130亿美元是由净利息和债券组成的,表中未显示),这显示了一笔相当大的资金。然而,当除以数以万亿计的公路出行乘客里程数时,平均每乘客英里只有十六分之一美分。

表11.2 2006年州的公路数据

州	使用者付费 (美元)	转移 (美元)	税收 (美元)	开支 (美元)	补贴 (美分)
阿拉巴马	1,661	94	1,269	2,813	1.2
阿拉斯加	258	31	331	792	6.6
亚利桑那	1,810	124	1,235	2,634	0.8
阿肯色	1,073	70	209	1,299	0.4
加利福尼亚	1,2620	2,915	4,370	1,3242	0.1
科罗拉多	2,022	120	743	2,367	0.4
康涅狄格	1,316	323	221	1,094	-0.4
特拉华	545	14	123	742	1.3
佛罗里达	7,241	527	2,746	9,582	0.7
佐治亚	2,399	388	1,197	3,313	0.5
夏威夷	477	100	44	549	0.4
爱达荷	573	30	96	788	0.9
伊利诺伊	4,746	185	1,230	6,168	0.8
印第安纳	2,699	125	343	2,725	0.0
爱荷华	1,373	77	680	1,860	0.9
堪萨斯	1,086	62	725	1,813	1.5

（续表）

州	使用者付费 （美元）	转移 （美元）	税收 （美元）	开支 （美元）	补贴 （美分）
肯塔基	1,878	84	229	1,843	0
路易斯安那	1,502	83	856	2,450	1.3
缅因	599	25	252	875	1.1
马里兰	3,077	1,077	421	2,698	−0.4
马萨诸塞	2,002	790	1,448	2,793	0.9
密歇根	3,301	274	1,589	4,691	0.8
明尼苏达	1,937	93	1,281	3,721	1.9
密西西比	1,090	98	250	1,485	0.6
密苏里	1,974	116	992	3,176	1.1
蒙大拿	551	72	79	775	1.2
内布拉斯加	714	33	643	1,305	1.9
内华达	1,137	55	257	1,564	1.2
新罕布什尔	697	22	62	748	0.2
新泽西	3,413	625	1,146	4,140	0.6
新墨西哥	985	308	235	1,023	0.1
纽约	6,949	2,140	3,444	9,829	1.2
北卡罗来纳	3,318	494	1,039	3,690	0.2
北达科他	334	22	171	600	2.1
俄亥俄	4,473	218	856	4,917	0.2
俄克拉何马	1,859	451	176	1,553	−0.4
俄勒冈	1,392	102	357	1,928	0.9
宾夕法尼亚	5,413	283	1,026	6,281	0.5
罗得岛	361	145	83	500	1

州	使用者付费 （美元）	转移 （美元）	税收 （美元）	开支 （美元）	补贴 （美分）
南卡罗来纳	1,464	234	273	1,737	0.3
南达科他	347	71	313	761	2.8
田纳西	2,290	267	193	1,865	−0.4
德克萨斯	11,437	4,332	2,520	12,960	0.4
犹他	808	42	410	1,190	0.9
佛蒙特	296	85	141	430	1
弗吉尼亚	3,188	287	1,295	3,606	0.3
华盛顿州	2,394	155	804	3,609	1.3
华盛顿特区	149	18	96	281	2.2
西弗吉尼亚	901	43	261	1,342	1.3
威斯康星	2,134	243	1,884	3,650	1.6
怀俄明	357	18	178	532	1.1
总计	116,621	18,592	42,459	146,329	0.6

来源：《2006年公路统计》（华盛顿：联邦公路管理局，2007），表FE-9、LDF、LGF-1、LGF-2、SDF、SF-1、SF-2和VM-2。

注：由公路使用者支付的联邦、州和地方使用者付费，从那些使用者付费到非公路项目的转移，用在公路上的一般税收，以及州里的总公路开支，都是以百万美元计的。补贴是指超出使用者付费的额外开支，以美分每乘客英里计。负的补贴意味着州内的公路使用者支付的金额超过花在道路上的金额。使用者付费加上税收减去转移，不等于开支；其差额是利息、债券收益以及往年结转。总税收，包括花在道路上的16亿美元联邦一般资金，大多是用在联邦土地上，而不是由州里进行分配。总公路开支包括需要用于征收汽油税和其他使用者付费的30亿美元。

尽管公路补贴平均为0.6美分每乘客英里，公共交通补贴是其百倍之多。表11.3说明了原因：除纽约之外的所有主要城区的公共交通票价只涵盖了运营成本的4%—40%，只有纽约涵盖了70%的运营费用。在2006年，公交部门在运营上每花费1美元，就要在资产改善上花费42美分，且那些资本成本无一可被票价所覆盖。

表 11.3　2006 年 60 块主要城市区域公共交通数据

	运营比（%）	人均公交出行数	人均公交乘客英里	人均汽车乘客英里	机动化乘客里程份额（%）0
纽约	70	195	1,089	9,969	9.8
洛杉矶	25	55	247	13,272	1.8
芝加哥	36	72	466	11,832	3.8
迈阿密	19	31	160	14,767	1.1
费城	37	66	306	12,061	2.5
达拉斯	12	19	111	14,893	0.7
休斯顿	18	24	139	13,573	1
华盛顿特区	40	110	567	13,414	4.1
波士顿	36	95	443	13,486	3.2
亚特兰大	31	37	220	18,341	1.2
底特律	12	13	78	15,506	0.5
凤凰城	19	20	88	14,033	0.6
旧金山	35	111	630	13,052	4.6
西雅图	18	59	385	14,445	2.6
圣地亚哥	36	35	209	14,638	1.4
明尼阿波利斯-圣保罗	28	35	166	15,357	1.1
坦帕-圣彼得堡	20	11	58	17,106	0.3
巴尔的摩	27	51	327	14,420	2.2
圣路易斯	21	25	133	17,735	0.7
丹佛	21	42	230	14,981	1.5
河滨	18	11	58	13,916	0.4
波特兰	23	62	270	11,858	2.2

交通困局

	运营比（%）	人均公交出行数	人均公交乘客英里	人均汽车乘客英里	机动化乘客里程份额（%）0
克利夫兰	18	41	172	13,256	1.3
匹兹堡	22	42	189	13,154	1.4
圣何塞	13	26	109	13,697	0.8
辛辛那提	28	19	99	15,555	0.6
萨克拉门托	18	23	109	13,255	0.8
拉斯维加斯	41	46	156	13,243	1.2
诺福克	25	17	76	14,394	0.5
圣安东尼奥	15	30	124	15,528	0.8
堪萨斯城	13	11	46	18,189	0.3
密尔沃基	31	39	120	15,312	0.8
印第安纳波利斯	19	8	40	13,521	0.3
奥兰多	22	20	129	19,052	0.7
普罗维登斯	28	18	92	13,208	0.7
哥伦布	20	13	53	15,930	0.3
奥斯汀	4	35	132	12,663	1.0
孟菲斯	20	12	63	16,286	0.4
水牛城	24	25	85	13,951	0.6
盐湖城	17	22	170	13,699	1.2
杰克逊维尔	26	12	73	21,617	0.3
诺瓦克	30	11	32	13,264	0.2
夏洛特	16	24	119	19,683	0.6
哈特福德	26	19	127	14,978	0.8
路易斯维尔	12	17	65	16,557	0.4

（续表）

	运营比（%）	人均公交出行数	人均公交乘客英里	人均汽车乘客英里	机动化乘客里程份额（%）0
里士满	27	17	58	18,285	0.3
纳什维尔	25	10	49	24,416	0.2
俄克拉荷马城	14	4	19	21,407	0.1
图森	16	23	85	14,110	0.6
檀香山	27	97	459	10,400	4.2
艾尔帕索	17	18	86	11,511	0.7
代顿	17	19	71	16,135	0.4
罗切斯特	23	18	63	14,497	0.4
新奥尔良	4	16	58	13,223	0.4
阿尔伯克基	11	13	45	13,198	0.3
伯明翰	12	6	29	22,022	0.1
奥马哈	21	6	20	12,795	0.2
罗利	24	9	28	20,942	0.1
德州麦卡伦	11	0	1	8,185	0.0
阿伦敦	16	9	41	12,697	0.3

来源:《2006 年全国公交数据库》(华盛顿:联邦公路管理局,2007),电子表格"运营开支"和"服务";《2006 年公路统计数据》(华盛顿:联邦公路管理局,2007),表 HM－72;《2006 年美国社区调查》(华盛顿:人口普查局,2007),城市化地区表 B01003。

运营比是公交票价占运营开支的份额。人均公交出行数是所示每个城市区域居民的平均乘坐公交次数。丹佛、洛杉矶、河滨、旧金山和盐湖城的公交系统服务于多个城市区域;博尔德、米申维耶霍、特曼库拉、康科德、奥格登和普罗沃-奥勒姆市区的人口,包括在人均出行数和人均乘客里程数的计算中。

部分原因由于大量的补贴,公交部门的财务状况不如公路部门的稳定。公路车辆由用户运营和付费,而公交部门却不得不自己运营公交车辆。如果公路收入在衰退中下降了,公路部门可以推迟维护,直至下一次经济繁荣。如果公交收入下降的话,公交部门必须削减实际运行,从而损

218　害公交用户。例如,2008 年金融危机,迫使数十个公交机构削减或计划削减大量的服务。[8]

当燃油价格在 2007 年和 2008 年上涨的时候,公共交通观察人士目睹了一个奇观:公交机构在面对创纪录的需求时,却因其燃油成本上涨超过公交票价而不得不削减服务。如果在一个使用者付费(大部分或者全部的费用)的机构中,这不会是一个问题。

对州和地方交通的提议

220　联邦基金可左右交通决策,因为州和地方官员经常视联邦资金为"免费"的钱。事实上,州和地方政府在交通上花的钱,是联邦政府所花金额的约 4 倍。所以,改革州和地方交通政策成比例的更加重要。

223　修复州和地方交通政策的最重要一步,就是把交通放在一个使用者付费的基础之上。但是,说起来容易,做起来难,部分原因是很多利益集团正从现有的补贴制度中受益。

理想情况下,管理交通设施的机构应当与远离政治。很多州尝试修改其宪法,把燃油税专门用于公路,借此实现这一目标。随着时间的推移,那些努力已经侵蚀,而那些见证使用者付费被转移至其他项目的公路官员们,必须向政客们乞求其他的资金。

少数几个州,包括阿拉斯加、新泽西、罗得岛和哥伦比亚特区,把所有的燃油税都放进了州一般资金,然后立法机关把那些资金拨款调回至公路上。即便他们把公路使用者支付的所有资金都拿回来,这也让交通官员更多的是感谢政客,而非感谢公路使用者。

最好的隔绝体是允许交通官员征收并保留使用者付费,而不必通过立法程序。例如,大多数地区收费道路主管部门和公交部门,保留 100% 其收取的通行费和车票钱,而不通过州或地方拨款程序来这样操作。

只要机构的目标是明确的,这就会起效。然而,同时管理着桥梁和公交的纽约大都会交通管理局,可自由地把收集的过桥费用来补贴地铁。

类似的,德州的轨道公交倡导者最近提出把一个圣安东尼奥收费公路管理局与该市的公交部门合并,这样收费收入就可以补贴轻轨线路了(但是他们会明令禁止合并后的机构使用公交票收入来补贴一条收费道路)。[9]这种不公平的安排,降低了我们交通系统的效率,并削弱了用户和服务商之间的联系。

或许,反对政府干预的最佳措施就是私有化交通设施。一个政府收费或公交部门可以建立一个大型的储备基金,使之能够在需要之时重建其道路或铁路,但是该基金可能被政官们没收来资助他们偏爱的项目。私企来建立现金储备风险将更低。私有化也将有助于促进技术创新。虽然立即私有化不太可能,但州和地方部门可以采取如下步骤来改善交通管理。

224

1. 改革公路筹资

a. 资本化现有收费公路。在 2006 年,一个私人公司联合体为一份75 年长的印第安纳收费公路租赁合同支付了 38 亿美元。西班牙和澳大利亚公司的相同财团也为一份 99 年长的芝加哥天路(Skyway)租赁合约支付了 18 亿美元。尽管有时被称为"私有化",事实上这些道路仍保持公有;一个更好的术语是"资本化",因为印第安纳和芝加哥预先收取了租约的资本价值。租约的条款要求私人运营商把公路维护在良好条件下,并根据缓解拥堵的需要增加新的容量。

印第安纳州州长宣布,该州将要把从租赁收费公路中收到的钱,在州里其他地方修建新的道路。但是,随着其他收费部门寻求把其道路私有化的可能性,一种强烈的反应发展起来,很大程度上是由那些不想要新道路的人推动的。他们给出的更荒谬的论点之一是,我们不应当把我们的道路"卖给"外国公司——好像这些公司可以把道路折叠起来并带走。

现实情况是,欧洲或世界上其他地方的国家已被特许经营道路很多年,而这在美国依然是一个新鲜的概念。自然地,面向管理经营特许唯一企业都是位于美国之外的。如果有更多的州开始资本化或特许经营运输设施,美国投资者毫无疑问地会产生兴趣。与此同时,外国公司投资于道路与其投资于商场或其他重大结构并无差别。

长期租赁的一个现实问题是代际公平的疑问。公路使用者可能几十年后还在为芝加哥高架路支付通行费,而彼时这花出去的 18 亿美元早就消磨殆尽、被更替掉了。对一个典型的既有收费公路租赁预期使用期限而言,不应该超过 30 年。

b. 为区域收费主管部门或特许经营商所优选建造的所有收费新设施付费。即使为既有的免费道路增加通行费不失为一个减少拥堵的好方法,但是人们对为道路付费抱有天然的抗拒,他们认为他们已经通过燃油费支付过了。对新容量收费更容易接受,尤其当新的容量减少拥堵的时候。区域收费主管部门或私人特许经营商很可能用最少的时间和最低的成本来建造新道路。

c. 为带通行费的大型重建付费。所有的交通设施(比如轨道线)都需要定期重建或更替,而对这些新建设收费则是另一种用浮动性收费替代燃油税的分阶段方式。当然,所有的这些通行费,都应当电子化征收。

d. 过渡到用车辆里程费来支付地方道路和街道。不是每一条公路都拥堵到需要可变定价收费。但是燃油税作为资助交通的一种方式,正越来越不起效用。车辆里程费将允许州和地方政府以及私人特许经营商就其道路实际使用而收费。

e. 改革公路规划。第 10 章中的提议 2 和提议 3 敦促国会把成本效益作为在交通上使用联邦资金的裁定标准,并创建一个市民执行过程对其进行监管。倘若国会不这样做,州立法机关能够为州和地方花费创建出一个类似的目标和过程。这个过程将尤其适用联邦资金和其他不直接依赖于用户的资金的使用,例如,通行费和公交票费之外的资金。

2. 改革公交行业

我们的社会化公交模式已被破产;州和地方政府必须赶紧解决这个问题。公交部门,最初是创建用于为低收入和其他弱势群体提供经济的移动性的,现在已变形为对用税款资助越来越昂贵的公交机制有着贪婪胃口的官僚怪物。解决方案是依赖于使用者付费、增加私有部门参与、创造竞争的逐步过程,公路也同样适用于此。

改善公交的一个提议一直是使用更多的公私合营。但公交的公私合营与在很多欧洲国家成功修建了新公路的合营关系不同。在公路公私合营关系之下,政府授予私人公司特许经营权修建桥梁或道路。该公司完全用自有的或借来的资金为该项目筹资,然后收取通行费。在一定年限之后,通行费停止,公路变为公有制。这叫做"建造-运营-转让"合同(BOT 模式)。

在公私合营的关系中,公交部门制定一个项目,然后要求一个私人公司来修建它。公共部门提供全部或大多数建造资金。一旦完工,私人公司也可以继续运营该项目,而公共部门继续提供运营补贴。这就是所谓的"设计-建造-维护-运营"合同(DBMO 模式)。

公路和公交模式的不同是显而易见的:在前者中,私人公司提供自己的资金,并承担通行费可能无法覆盖成本的风险。而在后者中,公共部门承担所有的损失和风险,私人公司被保证是有利可图的。不幸的是,资金来源于使用者付费的项目和那些来自税收的项目之间的区别已经在模糊,使得公交部门宣称公路和公交的公私合营在某种程度上是一样的。在现实中,公交项目只是掩盖流向公交产业的巨额补贴的另一种方式罢了。

a. 把我们的公交服务承包给私人运营商。大多数公交是由公交部门直接提供的,然而私人运营商有着以更低成本提供公交服务的良好记录。把我们的公交承包出去,将使得各部门能够以更低的成本提供更多的服务。

科罗拉多州法律要求丹佛的区域交通行政区(Regional Transportation District,RTD)把其一半的巴士运营承包出去。在 2007 年,该行政区在其运营的巴士上花了 8.68 美元每车辆英里,而对私人运营商运营的巴士只支付了 4.6 美元每车辆英里。承包商们租赁、运营和维护行政区的巴士;雇佣司机(其中一些人不属于工会);并承担行政区负责税款以外的税。然而,他们成功做到了所有的这一切外加一些利润,成本只有行政区的 53％。

如果外包可以节约这么多钱,为什么不是所有的部门都把其所有的运营承包出去呢?例如拉斯维加斯等少部分地区是这么做的,但是在 2007 年,全国只有 8％ 的公交出行和 11％ 的乘客里程是由私人承包商运载的。原因是工会的压力:由于大多数承包商没有加入工会,工会宁愿与公共部门打交道。

b. 对私人竞争者开放公交运营。私人公司,例如超级班车(Super-Shuttle)和美国长途车(CoachUSA)等,经营着繁荣的机场服务。为什么人们不能乘坐这些巴士去上班或其他主要的城区目的地呢?在大多数州里,尤其是那些不在阳光带的州里,原因是私人巴士运营商不允许在往来机场以外的地方运营班车。对私人竞争开放服务将激励公交部门改善他们的服务。

比如,类似超级班车的公司使用了一个"需求响应"公交模式,在预定的基础上,上门接送乘客。大多数公交部门也提供需求响应型服务,但只面向老年人和残疾人顾客。由于这些乘客的相对小数目,公共需求响应操作的成本非常的高:平均而言,在 2007 年,纳税人在每趟出行上花费超过 26 美元。增加的乘客量将会减少平均成本,私人竞争无疑将导致公共部门把其需求响应服务对每一个人开放。

私人公交运营商们可以比需求响应服务做得更多。他们可以提供像大西洋城小型巴士系统一样的预定服务,也可以提供像纽约水路轮渡一样的创新型服务。

公共交通倡导者认为,私人运营商占公交运营的便宜,拿走最有利可图的路线,把残渣留给公共部门。所以,如果这是真的呢?在当前的模式之下,公共部门实际上在其所有的运营上都是亏损的,因为它们的成本实在是太高了。如果私人运营商削减部分损失的话,公交乘客和纳税人都将从中受益。

c. 考虑提供交通票。很多人相信纳税人应当对公交进行补贴,从而为那些因年龄、收入或残疾而无法驾驶的人提供移动性。然而,第 10 章中的提议 1 将消除给这些群体的公共交通的联邦资金。这些将会被消除的补助,实际上并没有给到低收入或其他弱势群体手中,而是到了那些宣称在帮助这些人的州和地方交通部门手中。

与喂养公交官僚机构相反,想要提供类似补贴州和地方政府应该把其直接给公交使用者。类似的优惠券或"交通票"可以应用在从出租车到航空公司的任何交通工具上。公交提供商们将不得不为这项业务,以及其他任何他们可以吸引的业务,而竞争。

228

3. 实施先进公路技术倡议

21 世纪的地面交通将不会被轻轨或其他任何形式的公共交通统治。相反,它将在个人交通方面有所改善,后者在 20 世纪中推动移动性巨大增长。下一个技术步骤是,把由驾驶员控制的汽车转变为自动驾驶汽车。

通过大幅增加平均出行速度,减少伤亡和事故,并增加既有道路可以承载的交通量,无人驾驶汽车将和当初州际公路系统的建造一样,产生革命性的经济和社会影响。类似无人驾驶汽车的技术已经实现了,剩下的唯一障碍就是制度性的了。

通信和计算机行业的快速技术进步已大幅提升了美国的生产力。这些进步的关键,依赖于设备制造商、通信提供商和软件开发者对标准的发展。州交通部门应该效仿这一过程,与汽车制造商合作,创建无人驾驶公路与车辆标准,并尽快将其付诸实施。

依然还有几个问题:无人驾驶汽车的所有这些硬、软件标准,应该在车辆自身上呢,还是在车辆和公路之间分配呢?有些公路应当被专门用于无人驾驶汽车吗?无人驾驶汽车应当与有司机驾驶的汽车一起混在交通当中吗?寻找到这些或类似问题的答案,将会大幅降低成本,放大收益,并加快无人驾驶系统的适应。

注释:

1. *Highway Statistics* 2006，table SDF.

2. Ibid.

3. Ibid.

4. Ibid.

5. Ibid. , table SF – 1.

6. Ibid. , table LGF – 4B.

7. 2006 *National Transit Database*，tables 5&9.

8. "The United States of Transit Cutbacks," Transportation for America，2009，tinyurl. com/cr8yfp.

9. Patrick Driscoll，"Details Offered on Bus，Toll Agency," *San Antonio Express-News*，February 6，2009，tinyurl. com/bdv2j8.

第 12 章　结语

　　美国的历史,就是一部机械化移动性的历史。在美国创立之际,人类、动物、风或水流,为所有的交通提供动力。如今,一般的美国人每年依靠机械化形式的交通出行数以万英里,运送数以万吨英里的货物。这是一个惊人的转变,全世界无人在别处成功复制。对这一转变的理解,为在21 世纪推广移动性提供了关键。

　　铁路和水路允许美国人以低廉的成本运送大量的货物。但是显著增加了个人移动性的唯一形式,是汽车。一般美国人现今每年乘汽车出行的里程数,是美国人在电车和城际客运火车的黄金时代里通过轨道与城市公交出行里程数的 10 倍之多。一般的美国人汽车出行里程数,也是一般欧洲人巴士与火车出行里程之和的 12 倍之多。

　　汽车也是最平等的机械化出行方式。每 20 个美国家庭中,就有近19 个家庭拥有 1 辆以上的汽车,而且很多没有车的人这么做是出于选择,而非出于经济困难。因为时间而非经济成本才是大多数美国人出行的限制因素,收入最低的那 20% 的人可能和最高的 20% 的人开车多少相差无几。与电车、游轮、高铁和私人飞机不同,汽车为大众提供了移动性,而不只是面向精英。

　　汽车在提供由需求推动的便利和灵活门对门服务的交通,使其比其他交通方式都更有价值。这种灵活性给予美国人更多的选择关于他们的居住、工作地点、购物地点以及他们的探望对象。显然,鼓励美国人更少开车并更多使用公交的推广活动的重要部分,是建立在改变人们居住选择和购物选择的土地使用规划及补贴之上的。

　　尽管汽车的价值更大,但是其成本比其大多数竞争者低得多。算上补贴的话,汽车出行每乘客英里的总成本不足美铁的一半,也不及公有公交的三分之一。此外,汽车也可以在仅需要一点额外成本或无需额外成本的情况下,运载比估算成本时使用人数更多的人。乘美铁或公有公交出行的家庭没有或很少享有折扣,而四至五人可以挤进一辆汽车,平均而言,每车辆英里成本为 38 美分,每乘客英里的成本就被降低至 7.5—9.5 美分。

　　政府的官僚主义和无能或许可以部分地解释美铁和公交的高昂成本,但这些模式的成本,包括补贴在内,不太可能降低到和驾驶一样低的成本。铁路交通一直就比驾车要昂贵。在 1930 年,亦即数据最早可得的一年,美国人每乘客英里的火车出行成本为 2.7 美分,而每车辆英里的汽车出行为 3.3 美分。[1] 任何超过一名乘客的汽车——在 1930 年,大多数汽车都不止一名乘客——成本远低于乘火车。

　　建设城际铁路和城市公交服务,以使它们可以与汽车的便捷性相竞争是一个不现实的选项——这将是非常昂贵的。在 2007 年,美国人在驾车上花费了他们个人收入的 9.2%,在其他形式的客运交通上又花了 0.6%。为了用公交替代驾驶,人们将不得不把他们收入的超过 30% 贡献给交通。[2]

　　能源高价的幽灵也不会明显改变这个计算。一方面,城际铁路和城市公交需要和驾车一样多的能源;那些乘坐这些模式以节约成本的人,只不过是把自己的成本转移给那些补贴他们的纳税人而已。另一方面,对高油价的长期反应也不是停止驾驶,而是驾驶更省油的汽车。当汽油价格在 2008 年翻了一番的时候,人们只减少了 4% 的驾驶。但如果价格一直居高不下的话,他们将购买更加经济型的轿车,并恢复到之前的驾驶水平。

美国人比其他国家人民都更具移动性的一个原因就是,我们的政府一般没有尝试通过惩罚性税收、监管和补贴青睐的交通形式,以对人们的出行和住房选择进行社会设计。然而,这正在发生变化,因为反移动性力量使用全球变暖、肥胖病以及其他据称的危机等威胁,来证明日益严重的对美国人生活方式政府干预的合理性。即便全球变暖或能源短缺的危险是真的,没有证据能够支持更加紧凑的城市和更多的公交补贴等将解决这些问题的反移动性想法,更不必深究它们是不是最具成本效益的解决方案了。

重新设计城市也无法用可访问性替代移动性。如今的消费者享受低廉的价格,是因为他们可以到达多家相互竞争的通往其所求商品的折扣商场。他们可以从大量产品中选择,因为每一个零售商店都服务了成千上万的拥有多元化口味的顾客。试图把商店放置在住宅的步行距离之内,将会失去这两种优势。

美国人把他们的移动性视作理所当然的,所以政客们和规划师们可以很轻易地谈论减少人均驾驶,并用可访问性替代移动性。很多人想象这些提案将不会影响他们。正如《洋葱》中曾经幽默地指出的:"98％的美国人支持他人使用公众交通。"[3]但是,美国人的移动性优势,是美国人拥有更高收入、更低消费者成本以及世界很多别的地方无法享受的其他好处的一个主要原因。

与此同时,美国人应当明白,现有的技术已经差不多到了其所能进一步提升个人移动性能力的瓶颈。机动车辆可以在其金属钣金表面之下包含数百个微处理器,但是——除了少数有自适应巡航控制的汽车——它们在公路上运行和与其他车辆互动的能力与其在五六十年之前相比,并无差异。公路可以装有一些能够警告前方拥堵的电子标识,但是从根本上而言,我们的道路是基于 20 世纪 50 年代或之前开发出的技术之上的。

从历史上看,提升个人移动性的关键一直是,提供了更高平均速度的

231

新技术。降低了的成本也很重要,但是速度是最重要的问题,因为当人们的出行时间预算是有限的,更高的速度意味着获得更多的资源。

然而,与媒体的炒作相反,高铁并不是下一场伟大的交通革命。从人均量上来看,日本人和欧洲人在高铁上花费的钱几乎和美国人花在州际公路上的钱差不多,而前者产生的个人流动性还不足后者的十分之一,在货运方面也毫无改善。高速铁路需要大量补贴,而州际公路是由使用者付费支持的这一事实,进一步强调了客运铁路作为移动性的一种形式的无效。除了它的高成本之外,高速铁路的缺陷是,它和个人交通工具不一样,不驶向人们想去的地方。

没有任何一种形式的公众交通、火车、飞机或巴士,曾经为任何国家提供过高达每年人均 2,000 英里的移动性——换句话说,不到汽车提供的移动性的七分之一。因此,下一场交通革命将涉及个人交通,这意味着汽车的质的方面的变化,而不只是量方面的变化。这些车辆的优点是相当大的:给定道路区域容量的四倍,更高的平均速度,提高的安全性,以及降低了的能源成本。除非反移动性联盟拥有它自己的方式,否则无人驾驶汽车在 2050 年将变得很常见。唯一的问题是,它们在 2020 年之前是否会变得很平常,还是又要再等个十年二十年。

如果说我们的公路模式是过时的,那么我们的公交模式就是支离破碎的。公交部门并没有为那些不能或不想驾车的人提供具有成本效益的交通,而是变得对更多的税收收入有着贪得无厌的需求。当经济繁荣推动了更高的乘坐率时公交部门要求更高的税收,以容纳这些新的乘客。当经济衰退减少了乘坐率时,公交部门则要求更大的税收份额来弥补差额。燃油价格的上涨会造成创纪录的乘坐量?然后公交部门需要更多的税收,因为它们也必须支付更高的燃油价格。

依赖于税收系统来覆盖其四分之三成本的公交体系是不可持续的。讽刺的是,公交系统运营完全是因为几乎没有人使用它。如果让公交系统运营个人出行中更多部分的话,将会使整个国家破产。

考虑纽约市区的问题。纽约的公交系统携载了超过全国 40％的公交乘坐者,而且区域出行的市场份额几乎是全国其他任何公交系统的两倍。票价覆盖了三分之一的公交成本,高于全国平均水平。但该地区的公交系统是一个永久的财政危机;成本是收入的三倍而非四倍的一个原因是,该地区的很多铁路线的维护都被推迟了。即便在当前的金融危机之前,纽约的大都会交通运输管理局预测未来五年将迎来 170 亿美元的赤字。[4]最近的所谓关于曼哈顿拥堵定价的辩论,实际上是关于寻求新的资金来源,以维持公交系统的运行。[5]

虽然设想我们足够富裕到可以负担昂贵但却很少使用的纪念丰碑,例如在夏洛特和檀香山的高速铁路和城市轨道公交系统,是一件很美妙的事情;但是当前的经济衰退表明,我们穷。这些事情真正意味着的是,一小撮铁路承包商和乘客,依赖于从几乎其他每个人手中收来的税收。

奥巴马政府证明,其对高铁和轨道公交的支持的合理性是基于假定的环境收益的。但是美国的机动车队和航空机队,历来都以每年 1％—3％的速度改善着其能源效率,且现有发展的技术使我们完全有理由相信该趋势会一直持续下去。鉴于这样的记录,现今正考虑的客运铁路项目在其生命周期之内,与驾车或飞行相比,几乎没有可以节约能源的。此外,由柴油驱动的或者由化石燃料燃烧发电的轨道交通线路,每乘客英里所产生的温室气体比汽车或飞行要多。随着我们开发出更多的可再生电力,把其应用到插电式混合动力或电动汽车上,将会比建造铁路线在移动性和减排方面做得更多。

这个问题的一个主要构成部分,是使用者付费和税收之间心理上的脱节。当人们得知政府已经在州际公路系统上花费了 4,000 亿美元,而在城市轨道公交和城际高铁上只花费了 2,000 亿美元之时,他们认为只有在铁路上花更多的钱才是唯一公平的方式。大多数人会忽略一个事实,即公路运送的乘客里程数,是所有铁路总和的 35 倍之多。真正的差别在于州际公路是完全由使用者付费支付的,而任何铁路线的车票收入都不能支付运营成本,更不必说资本成本了。当被补贴的火车使盈利的航空公司歇业时,高铁倡导者所感受到的喜悦同样是错位的。

使用者付费和补贴之间的区别,要比不同的出行方式之间成本的不同更加重要。如果乘客们发现火车出行有足够的价值,愿意为轨道公交和美铁的高成本付费的话,那么高成本就不再是一个问题,然而他们并没有。为了吸引乘客,无论是美铁还是城市公交部门,它们都把票价设定得和驾驶的成本差不多,并期望由纳税人来补足差额。

由使用者付费来支付交通,与由税收来支付相比,有三个好处。首先,使用者付费是公平的:那些得到交通的收益的,或至少绝大多数收益的,是那些支付了这些成本的人。

其次,使用者付费提高了效率。如果人们愿意通过使用者付费支付什么的话,这往往是有效率的,也就是说,收益是大于成本的。无论该目标是为了改善移动性、减少废气排放,还是节约能源,实现该目标最有效的方式就应被优先选择——因为每浪费一美元,本来能用好的一美元就浪费了。

最后,也许最重要的,使用者付费为使用者和提供者提供了不同地方的、不同交通形式的、不同价值的信号。全功能的使用者付费会让人们明白,满足高峰时段的容量需要比一般时段的成本要高,也会让提供者们明白,人们愿意为增加的容量支付多少钱。由税收资助交通将会减弱这些信号——究根结底,我们为何有拥堵和老旧的桥梁,以及有一些坚持用高成本的方式来解决移动性问题的交通部门呢?

目前,联邦交通项目几乎就是从无权的纳税人向有权的利益集团转移资金。为了促进更高效的交通项目,国会所能做的最好的事情就是,把所有的地面交通资金和决策制定交给各个州。要结束对这些项目的联邦控制,国会应当遵循第 10 章中提到的前三个建议:[1] 把联邦资金的分配基于州和地方的使用者付费;[2] 坚持旨在节约能源和减少交通对环境的影响的项目是具有成本效益的;[3] 建立一个公民监督机制,确保联邦基金支出是有效率的或具有成本效益的。

国家和地方政府应该对交通设施和项目逐步私有化，或者尽量依赖使用者付费来支付交通，而不是税收。新的公路应当由通行费支付。公共公交应当对私人竞争开放。旨在提升低收入和其他弱势群体移动性的补贴，应当以交通票的方式直接发到那些人的手里，而不是公交官僚们。

这些观念将提升美国交通网络的短期效率。为了铺平下一场交通技术革命的道路，各州——作为全国大多数公路的所有者——应当与汽车制造商一道，制定出无人驾驶汽车和其公路的标准，并加快实施这些标准。鉴于美国人的汽车队每 18 年进行更新换代，到大多数是无人驾驶汽车的过渡可于 2030 年前很好地完成。而没有加速过程的话，这可能需要数十年以上。

第 1 章审查了美国在 1800 年、1850 年、1900 年、1950 年和 2000 年的交通。2050 年会是什么样子呢？反移动性力量想要减少驾驶的增长速度，减少驾车速度，并鼓励人们使用其他往往更慢的出行方式。他们希望通过更高的燃油税、更多的停车费并增加交通拥堵以增加驾车成本，来实现这些目标。他们的目标是让美国人的出行方式和欧洲人一样——换句话说，类似于 1950 年左右美国人的出行方式。

他们的成功将会对美国经济造成严重的后果。收入将会更低，因为平均出行速度会下降，可雇佣的劳动力也会更少。移动性将会变得更加不平等，因为经济成本而非时间将限制比如今要多得多的人通过汽车出行，而高端定位的高铁将主要服务于富有的精英。住房也将明显地花费更多——而规划者们所谓的精明增长目标，也将减少那些可以享受居住在独户住房中的益处的美国人的份额。这个成本昂贵且不公平的未来所带来的环境收益，充其量只有一点点。

一个推广移动性的替代方案依靠三大支柱。首先，交通资金必须来自使用者付费，而不是一般的税收资金。使用者付费驱动的交通网络，更不可能成为政治分肥的工具，而是更可能关注于最有效的交通形式。其 *236*

次,降低交通的环境成本和社会成本必须符合成本效益。如果说最近的衰退教会我们什么道理的话,那就是我们不能因为感觉不错就随意资助每一个可以想到的项目。

最后,移动性倡导者必须提倡那些能够增加交通速度和个人移动性的新技术。电子收费、拥堵定价以及各种形式的智能公路和智能汽车,都可以消除堵塞、提高燃油效率并增加安全性。如果它们还能把平均速度从 34 英里每小时增加到 48 英里每小时的话,这些技术将会把人们可获取的工作机会和资源再翻倍。这样的翻倍导致了 1950 年至 2000 年之间人均收入增加了 160%,在 2050 年之前还可以再实现一次。

交通提供了驱动美国经济的车轮。对过去两个世纪的大多数时间而言,那些车轮每年都转得越来越快。但由于设计不良的资金体系、越来越多的政治决策以及误导性的反移动性运动,车轮已经开始放缓。

美国人有一个选择。我们可以在那些听起来不错但只服务了少部分精英的交通项目上,花费上万亿美元。我们也可以恢复一个使用者付费驱动的系统,其将继续改善个人移动性并减少子孙后代的交通成本。前者或许适合欧洲和日本的贵族化传统。但为了更好地服务我们的生活方式,美国必须选择移动性,而不是美好的想象。

注释:

1. *Historical Statistics of the United States*: *Colonial Times to* 1970, p. 728; *Highway Statistics Summary to* 1995, table VM – 201; Bureau of Economic Analysis, "Personal Incomes Expenditures by Type of Expenditure," table 2.5.5, bea. gov.

2. Based on transit's average cost of 81 cents a mile and driving's average cost of 24 cents a mile, both numbers including capital, maintenance, and operating costs. See Bureau of Economic Analysis, "Personal Incomes Expenditures by Type of Expenditure," table 2.5.5, bea. gov.

3. "Report: 98 Percent of U. S. Commuters Favor Public Transportation for Others," *The Onion*, November 29,2000, tinyurl. com/4wvsx3.

4. Eliot Brown，"Paterson Launches Panel to Find M. T. A. Much-Needed Money,"
   New York Observer，June 10,2008，tinyurl. com/3jqlub.
5. Paige Kollock，"New Yorkers Mostly Hostile to Suggested Congestion Charge,"
   City Mayors，June 11,2007，tinyurl. com/a82et3.

索引

页码 t 指表格。所有页码均为英文版本原始页码。

274

269

281

272

275

作者简介

兰德尔·奥图尔是加图研究所高级研究员,已有关于交通、城市开发和公共土地使用问题等的三本著作和众多文章,包括其最新的著作:《最佳规划:政府规划如何危害你的生活质量、你的钱袋、以及你的未来》。他被《美国新闻与世界报道》评为一位"已经赢得了辛勤的实践与复杂数字计算的声誉"的研究者,他一直是环保主义、自然资源和土地使用规划方面的创新思维的领导者。从 1975 年至 1995 年,奥图尔帮助全国领导性环保团体消除对环境有害的补贴。1998 年,耶鲁大学命名奥图尔为麦克劳斯基保护会员。他曾是加州大学伯克利分校 1999 年与 2001 年的斯凯夫访问学者,犹他州州立大学 2000 年的梅林客座教授。在 2003 年,他帮助创立美国梦想联盟,这是一个旨在促进为城市问题提供自由市场解决方案的草根团体。作为一名俄勒冈本地人,奥图尔现在居住在俄勒冈州谢尔曼。

加图研究所(Cato Institute)

加图研究所是一家公共政策研究基金会,成立于 1977 年,致力于拓宽政策辩论的角度,以允许更多与美国传统的有限政府原则、个人自由原则与和平原则相一致的考量。为此,该机构致力于实现智识的更多参与,关注于让公众对政策和政府的恰当角色存疑。

研究所是以《加图的信函》(Cato's Letters)命名的，这本自由主义的小册子 18 世纪初在美洲殖民地广泛传播，并为奠定美国大革命的哲学基础发挥了重要作用。

尽管有着这个国度奠基者们的成就，如今，几乎没有生命的那一部分是不受政府侵犯的。一个普遍的无法容忍的对个人权力的情况，是政府对私人经济交易的任意侵犯，并无视公民自由。

为了应对这一趋势，加图研究所进行了就政策问题的全方面的广泛出版项目。受委托通过书籍、专著以及稍短的研究，对联邦预算、社会保障、法规、国防开支、国家贸易以及其他诸多问题进行研究。全年举办各种重要政策会议，相关论文发表在一年三次的《加图期刊》上。该机构还发行季刊杂志《规制》。

为了保证机构的独立性，加图研究所不接受政府资助。收到的捐款来自基金会、企业及个人，还有一些收入来自出版物的销售。该机构是一家非营利性的，符合美国国内税收法条款 501(c)3 的税务免除的教育基金会。

加图研究所

华盛顿哥伦比亚特区

西北区马萨诸塞大道 1000 号

20001

www. cato. org

（封四，推荐辞）

"真是一本杰作！奥图尔提供了相关的历史、对我们问题的敏锐判断和对未来解决我们国家的交通困局的先见之明。美国的每一个规划者都应当阅读它。"

——Alan Pisarski,《美国通勤》作者

"奥图尔的《交通困局》是对移动性的一曲才华横溢的颂歌。他抨击那些把延伸移动性变为限制移动性的团体,并直击那些想要花费成百上千亿美元来推广很少有人想要乘坐的铁路和轨道公交系统的国会议员、官僚、城市规划者和'精明增长倡导者'们。本书的政策论点十分紧迫和重要,不容忽视。一本不得不读的书。"

——James A. Dunn Jr.

罗格斯大学政治学教授,《驾驶的力量:汽车、它的敌人及移动性政治》作者

"你相信关于公众公交的传统智识吗？大多数系统可能永远无法偿还其投资,但至少可以覆盖运营成本？它们为那些买不起汽车的人提供交通运输？即便没有显著的经济效益,城市公交可以减少污染？每一个老生常谈的观点,事实上都是不正确的——而这些已被熟知长达三十年。从兰德尔·奥图尔那里学习真相,我们因此可以停止把钱浪费在政客们的形象工程上。"

——T. J. Rodgers

赛普拉斯半导体公司总裁兼首席执行官

"交通拥堵有时候被描述为一个市场失灵。在《交通困局》一书中,奥图尔表明,这实际上是一个政府失灵。他戳穿了有关拥堵的常见谜团,并表明这是一个可以解决的问题,如果我们愿意接受市场解决方案和新技术的话。"

——John Charles

Cascade 政策研究所所长

"一本有趣的纲要,探索了高速出行的经济与社会后果——或者,在很多情况下,寻求它的过程。"

——Neil Reynolds

环球邮报

图书在版编目(CIP)数据

交通困局/[美]奥图尔(O' Toole,R.)著;周阳译;傅蔚冈校.
—上海:上海三联书店,2016.6
(城市政策译丛/傅蔚冈主编)
ISBN 978 - 7 - 5426 - 5375 - 8

Ⅰ.①交… Ⅱ.①奥…②周…③傅… Ⅲ.①交通运输经
济一研究 Ⅳ.①F5

中国版本图书馆 CIP 数据核字(2016)第 256581 号

交通困局

著　　者 / [美]兰德尔·奥图尔
译　　者 / 周　阳
特约编辑 / 王笑红
责任编辑 / 殷亚平
装帧设计 / 豫　苏
监　　制 / 李　敏
责任校对 / 张大伟

出版发行 / 上海三联书店
　　　　　(201199)中国上海市都市路 4855 号 2 座 10 楼
网　　址 / www. sjpc1932.com
邮购电话 / 021 - 22895559
印　　刷 / 上海叶大印务发展有限公司

版　　次 / 2016 年 6 月第 1 版
印　　次 / 2016 年 6 月第 1 次印刷
开　　本 / 640×960　1/16
字　　数 / 270 千字
印　　张 / 20.25
书　　号 / ISBN 978 - 7 - 5426 - 5375 - 8/F · 728
定　　价 / 42.00 元

敬启读者,如发现本书有印装质量问题,请与印刷厂联系 021 - 66019858